国家社会科学基金项目（15BGL030）
中国非公有制经济人士统战工作理论浙江研究基地资助

核心企业创新驱动产业集群升级的机理与模式研究

张聪群　等著

中国财经出版传媒集团
中国财政经济出版社

图书在版编目（CIP）数据

核心企业创新驱动产业集群升级的机理与模式研究 / 张聪群等著. --北京：中国财政经济出版社，2020.4

ISBN 978-7-5095-9679-1

Ⅰ.①核… Ⅱ.①张… Ⅲ.①企业创新-研究-中国 ②产业集群-产业结构升级-研究-中国 Ⅳ.①F279.23②F269.23

中国版本图书馆 CIP 数据核字（2020）第 035128 号

责任编辑：牛婧丽　　　　责任印制：张　健

封面设计：孙俪铭

中国财政经济出版社出版

URL：http：//www.cfeph.cn

E-mail：cfeph @ cfeph.cn

社址：北京市海淀区阜成路甲 28 号　邮政编码：100142

营销中心电话：010-88191537　北京财经书店电话：64033436　84041336

北京财经印刷厂印刷　各地新华书店经销

787×1092 毫米　16 开　19.25 印张　302 000 字

2020 年 4 月第 1 版　2020 年 4 月北京第 1 次印刷

定价：68.00 元

ISBN 978-7-5095-9679-1

（图书出现印装问题，本社负责调换）

本社质量投诉电话：010-88190744

打击盗版举报热线：010-88191661　QQ：2242791300

目　录

第 1 章

导　论

1.1　研究的背景

世界版图由于大量产业集群的存在，形成了色彩斑斓、块状明显的“经济马赛克”，世界的财富大都在这些块状区域内创造（张聪群，2007）。产业集群被誉为国家竞争优势的来源（Porter，1998）和创新的空间（王缉慈，2001），被许多国家或地方政府作为促进经济发展的政策工具。20 世纪 70 年代以来，英国、法国、德国、丹麦、日本等发达国家，以及东亚各国或地区通过制定和实施区域产业集群政策，使产业集群发展取得了成功。目前，超过 100 个国家制定并实施了多个集群政策（潘文卿、张晓寒，2016）。我国国家发展和改革委员会（以下简称“发改委”）于 2007 年出台了《关于促进产业集群发展的若干意见》，工业和信息化部又于 2015 年出台《关于进一步促进产业集群发展的指导意见》。实际上，早在 2003 年江苏省发展计划委员会就出台了《关于培育产业集群促进区域经济发展的意见》，2004 年广东省经济贸易委员会出台了《关于建设产业升级示范区加快产业集群发展的意见》，同年，中共福建省委和省人民政府联合出台《中共福建省委 福建省人民政府关于加快产业集聚培育产业集群的若干意见（试行）》，相继河北、湖北、湖南、山东、陕西、河南、辽宁、浙江、江西等省份都以省人民政府的名义出台了促进产业集群发展的相关文件，杭州、厦门、无锡、大连、西安、长沙、成都、泉州、金华、湖州等市级人民政府也出台了促进产业集群发展的相关文件（详见附录1），足以可见各级地方人民政府对产业集群发展的重视和寄予的希望。从省、市相关文件出台的时间可以看出我国产业集群发展的梯度差异，沿海发达地区产业集群的发展早于中西部地区，发达地区产业集群政策着力点转向产业集群升级时，欠发达地区的政策着力点仍然是“培育”“促进”“加快”产业集群的发展。

产业集群之所以引起国家和各级地方人民政府的重视，正如“竞争战略之父”迈克尔·波特在2014产业中国年会上所说，产业集群是推动区域经济发展的重要手段和方式，更是实现繁荣的核心推动力，这种推动力具体表现为产业集群在促进经济增长、创造工作岗位、孕育新企业和新技术方面具有重要作用（余佳群，2012）。我国的产业集群发展已有30多年历史，例如，广东的专业镇、浙江的块状经济、长三角的工业园等称谓各异的典型产业集群在我国沿海发达地区星罗棋布，对沿海发达地区的率先发展功不可没。沿海发达地区的成功示范效应带动了中西部地区产业集群的发展，为中西部地区经济的快速崛起注入了新的活力。然而当下我国的产业集群也存在诸多问题。总体而言，我国产业集群以制造业为主，一方面，在生产环节上处于全球产业链低端的加工制造环节，未能实现向高端的研发设计和品牌营销环节延伸或转移；自主创新动力不足，创新能力较弱，集群内部的低水平竞争依然存在；国际贸易环境风云多变，给出口导向为主的制造业集群带来更大的不确定性。另一方面，集群内企业面对生态环境、自然资源、劳动力成本等约束作用日益明显，企业原有的依赖环境红利、资源红利与人口红利的粗放型发展方式已难以为继。如何规避产业集群的路径依赖（Path Dependence）和锁定（Lock - ins），实现集群的顺利升级并向现代产业集群转型，继续保持集群竞争优势，是当前集群发展的首要问题，也是推动沿海区域经济持续快速发展和中西部地区经济发展实现追赶超越的重要途径，对于推进供给侧结构性改革和我国经济实现由高速发展向高质量发展转型具有重要意义。

现有对产业集群升级的研究大体从创新网络和全球价值链两个视角展开，研究成果也颇为丰富，但对产业集群究竟如何升级仍具有较大的争议性（吴义爽、蔡宁，2010）。基于全球价值链视角，学者们认为集群升级就是在价值链治理下提升在全球价值链上获取附加值的能力，集群企业由全球价值链低端环节向高端环节转变，使企业走向资本密集型或技术密集型领域（Gereffi，1999；Humphrey & Schmitz，2002）。基于创新网络视角，产业集群内的各企业均处于一个集群网络内，网络中各成员的位置及与其他成员的关系均会影响集群内企业和集群整体的发展，创新网络内各构成要素对产业集群升级具有重要影响（余佳群，2012）。

全球价值链理论与区域创新网络理论对集群升级的理论发展起到很大的推动作用，但这两个理论都集中于集群整体层面，忽视了推动产业集群创新网络升级和价值链升级的主体，集群企业是一个独立的利益主体和行为主体。产业集群作为一种具有地缘特征的空间产业组织形式，是一种虚拟组织，是某一特定地域内大量产业联系密切的企业及相关支撑机构在空间上的集聚及其所形成的互动关系，并形成强劲、持续竞争优势的现象（Porter，1998）。因此，集群升级的微观基础是企业，集群内的企业才是集群升级的主体。集群企业的具体行为影响着集群整体的发展方向，集群升级理论也应当围绕集群内企业展开。群体演化的研究焦点从宏观现象转向微观个体的适应性行为（吴结兵、郭斌，2010）。此外，全球价值链理论与创新网络理论都忽略了集群内企业是异质性的，各企业之间行为不独立，交易地位不对等，某些关键性企业对集群有很大的影响力，甚至是控制力，他们的行为会引导产业集群的发展方向。目前已有大量证据表明，绝大多数发展成功的产业集群，企业间是异质的，核心企业有能力去设计和管理集群网络，并负责引导产业集群的发展方向（项后军、裘斌斌、周宇，2015）。这些异质性企业的行为对集群演化与升级的作用不同于其他企业，但现有研究较少从这个角度出发。

在现阶段，我国经济发展步入新常态，发展动力也由要素驱动和投资驱动转变为创新驱动，创新已成为引领经济发展的第一动力。如何实现创新驱动？由谁来实现创新驱动？本书基于产业集群是一个具有复杂网络结构的虚拟组织，并非一个独立的行为主体和决策主体，以及集群企业异质性的现实背景，以新发展理念为指导，致力于探究集群中核心企业创新驱动产业集群升级的机理与模式，希望为实现企业转型和集群升级提供理论指导，以加快和深化我国供给侧结构性改革，提高我国产业的国际竞争力，推进区域经济协调持续发展和高质量发展。

1.2 研究目的与意义

1.2.1 研究目的

本书以长三角地区和珠三角地区的内源型和嵌入型（金祥荣、朱希伟，2002）制造业集群为重点研究对象，在深入实地调研的基础上，掌握产业集群演进与治理的特征、产业差异和外部威胁的第一手资料，以产业集群升级为目标，以创新为驱动力，围绕“谁是产业集群升级的行为主体？主体的个体行为又如何产生群体效应实现集群升级？”两个核心问题，揭示产业集群升级演化的机理，探讨产业集群升级的模式和对策。

1.2.2 研究意义

产业集群作为经济发展的重要基石和产业体系构建的重要载体，加快产业集群升级不仅是区域经济发展和产业竞争力提升的需要，也是深化我国供给侧结构性改革的重要内容。本书以新发展理念为指导，将创新、开放、共享、协同引入核心企业主导下的产业集群升级研究，不仅丰富了相关理论建构，也为地方政府推动产业集群升级提供了新的政策思路，对实现我国产业转型升级和创新驱动发展战略均具有一定的现实意义。

1. 理论意义

第一，揭示产业集群升级的动态演化机理。运用演化经济学的分析结构，通过对微观异质性主体的行为、集群网络内部效应等对集群升级演化影响的研究，探讨集群主体的微观行为与宏观集群的升级“涌现”现象之间的内在联系，揭示产业集群升级演化的微—宏观机理。

第二，拓展产业集群升级模式的研究。根据产业集群是多维度（企业、产业、区域）复合体的特征，通过理论推理和实践总结，从企业、产业、区域三个维度提炼出产业集群升级模式，跳出产业集群升级模式受区域边界和产业边界限制的传统思维。

2. 应用价值

第一，为地方政府创新产业集群发展政策提供科学依据。在新型国际分工格局下，我国产业集群大多被“俘获”于价值链制造环节（张小蒂、张弛，2010），陷入低端锁定、行政区划锁定和社会资本锁定（陈佳贵、王钦，2005），同时又面临资源紧缺、劳动力成本攀升、国际贸易壁垒增多、环境压力凸显等问题，产业集群升级迫在眉睫。本书对核心企业创新驱动产业集群升级的机理与模式研究，能为地方政府创新产业集群发展政策提供科学依据。

第二，为集群内核心企业创新决策提供理论指导。本书对核心企业创新行为及其影响因素的研究、核心企业创新行为对其他主体决策和行为的影响研究，能为集群内核心企业创新决策提供理论指导。

第三，为地方政府推进产业集群升级提供政策建议。在理论研究和实证分析、案例研究、演化仿真的基础上，分析我国产业集群升级的主要模式，提出促进我国产业集群升级的政策建议，为地方政府制定相关政策提供参考。

1.3 国内外研究综述

1.3.1 有关集群中核心企业的研究

1. 核心企业的内涵与特征

在对产业集群的研究中，企业角色和任务的同质性一直作为产业集群研究隐含的前提而存在，但随着研究的深入，学者们逐渐认识到集群企业的异质性。目前已有大量证据表明，绝大多数发展成功的产业集群，企业间是异质的（项后军、裘斌斌、周宇，2015）。

作为介于企业与市场之间的中间组织形式，产业集群是在特定地理范围集聚的某一产业的大量企业和关联机构的集合体（Porter，1998），其组织结构是一个复杂的网络系统，群内各企业相互依赖、相互依存并处于特定的网络结点（吴宣恭，2002），不同结点处的企业在集群中的地位和作用也是不同的，有的企业位居集群网络系统中的关键节点或中心节点，深刻影响着集群内部和整个行业的发展态势，这类企业被称为“核心企业”（项后军、江飞涛，2010；刘友金，2010）。核心企业在集群创新（Tether、Smith & Thwaites ，2004）、知识溢出（吴波、杨菊萍，2008）、风险控制（黄纯，2012）和集群升级（Lazerson & Lorenzoni，1999）中起着主导作用，深刻影响着集群内部和整个行业的态势（Camuffo，2003）。核心企业往往占据战略中心位置，拥有更深程度合作和更大数量的客户和供应商，有能力设计和管理集群网络，负责引导产业集群的发展方向（Lazerson & Lorenzoni，1999）。核心企业一般在研发技术、市场地位和企业规模等方面具有领先优势，给集群内的企业带来积极的外部效应（刘会学、胡蓓、张文辉，2015）。

迄今为止，集群中核心企业的概念尚未达成统一共识，学者们基于不同的研究视角，对核心企业的界定有着不同的见解。如朱嘉红等（2004）、党兴华等（2007）从企业在集群中的地位进行研究，认为核心企业是指处于产业链关键位置，能够创造并扩大集群网络，引领集群的发展方向、绩效及速度的企业。核心企业是集群网络的设计建设者，通过分工协作方式分享集群内部资源（Dyer，1996；谢永平、党兴华、张浩森，2012）。Boari 等（2001）从网络角度将核心企业界定为，与集群内企业、集群外企业、政府及机构等都有密切网络关系的企业；Lorenzoni 和 Baden – Fuller（1995）、吴松强等（2008）从企业自身能力的角度进行探析，提出核心企业拥有专业人才、先进技术等资源优势，具有辨别和吸引出色搭档的能力，能提出科学的商业理念并协调和指导其他企业发展的企业。

核心企业的内涵决定了它的一些基本特征，如何依据这些特征对核心企业进行识别是研究这类异质性企业的前提。从核心企业自身特征来看，核心企业一般具有规模大、合作伙伴多、科研能力强（Langen & Nijdam, 2003）、知识资源丰富、管理经验先进和市场份额较大等特点（Vlachopoulou & Manthou, 2003）。刘友金和罗发友（2005）在回顾相关文献的基础上，将核心企业的基本特征归结为快速成长性、角色不可替换性、行为示范性和网络联系多向性。相比于定性研究，刘会学、胡蓓和张文辉（2015）则通过 270 份问卷数据，运用因子分析得出产业集群核心企业的六力模型。其中，企业家能力、人才聚集力和技术创新力三大特征是核心企业的内生性特征，产业影响力、市场领导力和产业链整合力是核心企业的交互性特征。Langen 和 Nijdam（2003）认为可以通过专家鉴定法和企业数据分析法对产业集群核心企业进行识别，企业数据分析一般通过获取协会成员资格数量、专利数量、国外分公司数量以及企业规模四个维度进行衡量。社会网络分析也可以用来研究核心企业，如李玲和党兴华（2009）结合深度访谈与调研问卷的结果，认为界定与识别技术创新网络中的核心企业应从网络脆弱性、网络结构核心性和网络敏感性三个维度入手，而 Newman（2005）提出核心企业是指创新网络中两结点间的任意路径通过某一结点的次数最多的企业。

此外，在产业集群的研究中，与核心企业相似的概念还有龙头企业（许庆瑞、毛凯军，2003；吴义爽、蔡宁，2010；龚丽敏、江诗松，2012）、焦点企业（刘友金、罗发友，2005；朱嘉红、邬爱其，2004；蔡宁、黄纯、孙文文，2011；）、领导企业（朱华友、王缉慈，2014）、领军企业（王钦，2011）、旗舰企业（Ernst & Kim, 2002；王益民、宋琰纹，2007）。尽管称谓不同，但它们都位居产业集群网络结构中的核心节点，占据价值链的高附加值环节，控制着集群发展的关键资源，也决定着地方产业集群嵌入全球价值链的位置，在产业集群治理中扮演着相同或相似的角色，特别是在集群创新、知识溢出、风险控制、集群治理、集群升级中起着主导作用。这些研究都充分地说明了产业集群的主体具有异质性，核心企业在产业集群升级与演化中扮演着特殊的角色，对产业集群发展具有更大的影响力。

通过对核心企业的内涵、特征及识别等文献进行梳理后，可以发现核心企业在产业集群乃至区域经济发展中具有不可替代的作用，而厘清核心企业的内涵及特征等是对核心企业的创新行为、核心企业与集群成长等问题进行进一步研究的前提。

2. 核心企业的创新

核心企业地位和角色的异质性决定了它行为的不独立，核心企业的出现提高了整个集群的福利水平（项后军、裘斌斌、周宇，2015），事实上，有些核心企业已经能够通过上市、战略联盟、并购、异地研发等各种创新行为来参与行业内领先者的竞争（项后军、江飞涛，2010）。随着核心企业对集群内企业及产业集群的影响进一步加深，集群的创新主体逐渐由群体层面转向个体层面，而核心企业则负担起整个集群创新的发动机作用，对集群内其他企业的发展具有很强的示范引领作用（Langen & Nijdam，2003），Munari、Malipiero 和 Sobrero（2005）也认为作为整个产业集群单元的“技术守门人”，核心企业是区域知识的创新者与传播者，集群创新网络也在它们的带领下不断成长与发展。核心企业是知识溢出的源泉，通过正式交流、非正式交流等方式将知识传递给集群内其他企业（Lorenzoni & Ornati，1988）。因此，核心企业的创新网络、创新绩效、创新模式、创新行为等成为学者们热衷的研究领域，为核心企业创新领域的相关研究奠定了良好的理论基础并推动了相关研究的进一步深化与发展。

网络特征是产业集群独有的竞争优势之一，集群内相关生产企业、本地政府、营销组织及研发机构由各种非正式或正式的社会经济网络相联结，弹性专精的生产优势也凭借集群网络得以形成（徐元国，2010）。孙冰和周大铭（2011）也认为产业集群是一种介于政府和市场之间的特殊中间组织，群内企业间联合形成的创新网络有助于优势互补并提高竞争力，集群中核心企业的形成改变了创新网络治理的格局，形成了核心企业基于网络化设计而主导的互动与协同的网络治理模式（谢永平、党兴华、张浩森，2012）。依据核心企业创新网络的形成过程，张永安和王燕妮（2010）将核心企业创新网络分为市场主导型、政府主导型和相互渗透型三类。核心企业与配套企业协同创新才能实现双赢策略，并最终提升集群供应链的整体竞争力（万幼清、张妮、鲁平俊，2015）。许强和应翔君

(2012) 基于核心企业视角研究了高技术产业集群和传统产业集群协同创新网络的差异，通过对四个典型案例的分析发现由核心企业主导的这两类集群在协同创新的范围和程度上差异较大，并力图对造成这种创新行为差异的原因进行解释。

基于集群创新网络视角，Weidenfeld、Williams 和 Butler (2010) 认为成员间合作程度越高，集群绩效越显著。张永安和付韬 (2010) 解析了核心企业在产业集群创新网络系统动态演化过程中的作用。于斌斌和余雷 (2015) 认为，依据行业特征与企业自身属性合理选择创新模式才是提升集群绩效的核心，他们在运用演化博弈分析和对 201 份实证数据进行研究后认为，创新模式的选择需综合考量技术积累、企业规模、资金实力等自身因素以及选择合作创新或自主创新的成本收益。邓峰 (2016) 运用结构方程模型对创新能力与集群创新绩效影响路径进行了研究，他将集群创新绩效划分为规模绩效、社会绩效和效率绩效，研究结果显示：核心企业的创新能力对集群创新的规模绩效和效率绩效产生直接积极影响，而对社会绩效则是借助网络资源配置效率产生间接影响。

无论是核心企业的创新网络研究还是创新模式或创新绩效研究，核心企业一系列的创新行为都是创新绩效的基础。借助各种途径的传播与扩散，核心企业的创新行为成为其他企业学习和模仿创新的对象 (Lorenzoni & Ornati，1988)，同时，核心企业的创新能力和传递能力也引起了相关行业小企业的衍生与涌现 (黄纯，2012)。但对异质性核心企业的创新行为研究比较笼统，较少进行细致深入研究，如核心企业的创新行为可细分为哪些创新行为？这种行为对其他企业的作用机制如何？核心企业的创新行为如何作用并影响了产业集群升级的过程？这些研究尚属于产业集群核心企业研究的“黑箱”。

3. 核心企业与集群演进

产业集群的演进从微观层面看表现为企业战略与企业环境的共同演进，即借助集群自组织过程实现间断均衡，在这一过程中，一旦企业战略与外界环境无法成功匹配，集群可能由成熟走向衰退 (谭劲松、何铮，2007)。因此，企业成长与集群成长密不可分，相比于同质性产业集群，异质性产业集群更能有效地适应复杂多变的市场环境，核心企业主导性产业集群的演化也呈现出周期性特点，即集群会经历萌发期、快速成长期、平稳期、成熟期等几个阶段（Cook，2001）。Boari（2001）从核心企业成长的视角研究了产业集群演进机理。在集群演进与核心企业成长过程中，核心企业与产业集群联系紧密，产业集群所提供的产业环境、市场环境和技术环境等为核心企业提供了得以发展壮大的基石，产业因素对核心企业成长有着重要影响（项后军、朱晓艳、朱瑞忠，2009）。反之，核心企业的成长决定了集群成长与发展的方向（龙宁，2009）。因此，集群成长的重要驱动力之一就是产业集群内具有特殊地位的核心企业的成长（龚丽敏、江诗松，2012）。

在集群中的特殊地位使核心企业对产业集群演进与成长起着重要的主导作用，现实中核心企业与产业集群往往共生共荣、一损俱损（朱嘉红、邬爱其，2004）。在集群演进的过程中，核心企业对集群演进的影响主要体现在市场发展导向、知识溢出、企业衍生与柔性集聚这四个方面（刘友金、罗发友，2005）。田钢和张永安（2010）通过多主体仿真模型分析了产业集群创新网络的发展演化过程，发现集群企业的异质性能够提升集群整体的创新水平。项后军、裘斌斌和周宇（2015）运用数值仿真和案例分析的方法，把同质性结构和异质性结构的产业集群进行了对比研究，发现拥有核心企业的异质性产业集群具有较强的抵御外部不利冲击的能力和较强的整体竞争力，核心企业能够提高集群整体的福利水平，同时，核心企业又是集群创新的最大受益者，为核心企业创新提供了有效激励。核心企业具有很大的掌控能力，主导着产业集群的创新和发展方向（项后军，2010）。

此外，核心企业投资的外部效应、品牌的促进效应、知识的扩散效应与创新的带动效应等均对产业集群的演化发展产生深远的影响（贾生华、杨菊萍，2007）。在集群成长的不同阶段，核心企业对集群演进的作用有所差异。具体而言，在产业集群起始阶段，核心企业决定了产业集群的产业性质；随着集群的成长，核心企业的市场驾驭能力使得核心企业在生产中发挥横向的支撑作用，纵向上在营销中凭借品牌效应起到纽带作用；集群发展到成熟阶段，核心企业的主导作用体现在集群内部的物流分散、信息交换与任务分配等方面；在集群的衰退阶段，需要核心企业发挥它的创新能力和创新优势以开辟产业集群新的发展空间（Rui & Swann，1998）。

集群的可持续发展离不开创新（赵骅、李雁，2011），核心企业推动了集群知识共享网络的起源与发展，并增强了产业集群持续发展的动力（Cowan、Jonard & Zimmermann，2006），因此，核心企业的创新是集群演进与升级的决定性因素。此外，在应对集群外部风险时，核心企业往往率先进行战略创业并迫使其他企业采取战略跟随，进而实现企业层面的升级并促进集群层面的升级（黄纯，2012）。

1.3.2 有关产业集群升级的研究

1. 产业集群升级的内涵

产业集群本质上是一个动态、竞争、演化、博弈的复杂网络系统（张宏娟，范如国，2014）。产业集群产生后就处于动态演进之中，会因外部威胁以及内部僵化而失去竞争力，甚至可能衰亡（Porter，1998）。产业集群演进呈现出明显的阶段性，具有生命周期的特征（Krugman，1991；Porter，1998；Tichy，1998；Klink，2001）。Krugman（1991）将集群的演化分为形成、增长、饱和与转型、衰退、死亡或复兴五个阶段；Porter（1998）认为产业集群的演进过程可以分为萌芽、发展、衰退和升级四个阶段；Tichy（1998）借鉴产品生命周期理论，将集群演进分为产生、成长、成熟和衰退四个阶段；Klink（2001）将集群演进分为发展、扩张、成熟、过渡四个阶段。我国学者阮建青、石琦和张晓波（2014）则认为成功的产业集群一般会经历数量扩张期、质量提升期和研发与品牌创新期三个阶段。刘友金和罗发友（2005）基于焦点企业的成长，提出产业集群的演进表现为集群萌芽、集群成长、集群成熟与集群层级化四个阶段，其中，层级化是指焦点企业的多元化，此时新的焦点企业出现使集群得以升级或未实现新老焦点企业的更替导致集群走向衰落。可见，集群在其演化过程中会表现出比较明显的阶段特征，国内外学者已经达成了较为一致的认识，但对于如何划分集群发展的阶段、为什么集群发展会形成这些阶段、决定阶段间转变的原因或机制是什么，这些问题的答案在现有研究中还普遍存在着分歧（吴结兵、郭斌，2010）。

将集群成长划分为不同阶段，使集群升级研究找到依托（刘芹，2007）。集群成长从低级到高级阶段的演化过程从某种程度说就是集群升级（朱海燕，2009）。无论是应对集群风险还是延长产业集群的生命周期，抑或是全球化的需要，集群升级都是所有产业集群发展过程中实现长久发展的必然趋势和必要环节（朱小斌、林庆，2008）。产业集群只有摆脱原来的演进路径进行升级，才能在更高层次的路径上继续发展（朱小斌、林庆，2008）。Gereffi 于 1999 年提出对集群能力和自主性的不断提升是集群升级内涵，他还指出这一过程通常是由委托组装（OEA）逐渐向委托加工（OEM）、自主设计加工生产（ODM）、自主品牌生产（OBM）跨越，集群升级分为企业内部升级、企业间升级、国家或地区内部升级与国际升级四个层面。

从全球价值链的视角，对地方产业集群升级的研究成为焦点（Humphrey & Schmitz，2002；Kaplinsky & Morris，2001；Schmitz & Knorringa，2000）。全球价值链下各个地方产业集群无论在全球还是在区域内都有着严格的等级体系，而该等级体系最终是由各个地方产业集群所占据价值环节的附加值高低来决定的（张辉，2005）。分布于全球各地的增值环节所获得的价值不同，并服从经验上的 U 型曲线（也称“微笑曲线”）（段淳林，2009）。产业集群不仅需要挖掘内部联系，更需要积极嵌入全球价值链，主动创造、保持和捕捉价值，通过发挥本地区所独有的优势，积极嵌入全球价值链中某一个或几个位置，并利用各价值活动之间的关系实现产业集群的价值增值（文嫮、曾刚，2005）。全球价值链治理结构并非一厢情愿式的选择，而是一个交易双方利益和权力博弈的内生结果（吴义爽、蔡宁，2010），既紧密合作又相互激烈竞争的各个层级的地方产业集群时刻演绎着升级和反升级的较量（张辉，2005）。附加价值的获取需要创新来完成，这正是产业集群升级的实质所在（梅丽霞、柏遵华、聂鸣，2005）。

从集群自身能力提升的视角，通过在地方产业集群内部建立一种内外互动的机制，使集群拥有不断学习和创新的能力，从而具备持续自我更新与发展的能力（王传宝，2009）。也有学者认为集群升级是企业通过产品、技术、组织等活动提升价值创造能力，其中，集群知识网络结构的调整和更新是它的内在动力（王娇俐、王文平、王为东，2013）。针对地方产业集群升级，张杰和刘东（2006）提出地方产业集群的升级是外向关联度、组织架构、企业家精神和社会资本的协同转化过程。

关于产业集群升级的形式，学者们主要有两种观点：一种是基于竞争力视角，将集群升级划分为产品升级、效率升级和生产环节升级（Porter，1990）；另一种观点是“四阶梯式上升”，认为产业集群升级包括四个阶梯式上升的阶段，即工艺流程升级、产品升级、功能升级和链式升级（Gereffi，1999；Humphrey & Schmitz，2002），也有学者将工艺流程升级称为过程升级（Kaplinsky & Morris，2001）。结合这四个阶段，张杰和刘东（2006）在分析我国产业集群的四种形态后，发现蜂窝型集群处于过程升级阶段；专业化市场领导型处于产品升级阶段且逐步向功能升级过渡；核心企业领导型集群处于链式升级和功能升级阶段，达到了地方产业集群升级的最高阶段。同样是四个阶段的观点，梅丽霞等（2005）和王传宝（2009）则指出集群升级概念的外延分别表现在技术能力升级、外向关联升级、创新能力升级与社会资本升级四个方面。产业集群升级的形式各异，其升级动力也有所差别。

关于产业集群升级的动力，蔡绍洪（2010）认为企业间的协同竞争和持续创新是产业集群向更高层次发展的根本推动力，而刘芹（2007）和朱海燕（2009）则认为集群升级的动力源泉主要有集群成长的创新驱动机制、学习驱动机制和市场驱动机制等。余佳群（2012）也指出产业集群升级的本质是创新，知识是产业集群升级的基础。在梳理集群升级文献时，本书发现集群升级离不开价值的创造与创新活动，如何借助创新实现集群整体价值创造能力和结构的提升是集群升级的核心问题。基于此，本书着眼于集群内微观主体尤其是特殊微观主体的创新行为带动群内其他企业升级以实现集群整体的升级，为我国产业集群升级提供理论与实践指导。

也有学者从其他视角对产业集群演化进行了研究，赫连志巍和邢建军

(2017) 认为产业集群自组织演化经历自创生、自重组、自稳定三个阶段，演化轨迹可能趋于正向转型、逆向衰退和获取新的竞争优势等不同的方向。杨张博和高山行（2017）认为产业集群是由许多组织构成的多重网络，即集群内每一主体可能嵌入不同性质的网络中，集群演化本质上是不同网络涌现的过程。

2. 产业集群升级的路径

关于产业集群如何升级，针对升级动力来源的不同，本书在梳理文献后发现已有研究主要集中在两个方面，即基于全球价值链视角的外部拉动升级和基于创新网络视角的内部推动升级，这两种不同的升级视角在升级动力、关注重点及升级路径等方面存在差异，本书对代表人物及主要观点等内容进行了对比分析（见表 1.1）。

表 1.1　　集群升级的双视角对比

升级视角	价值链视角	创新网络视角
升级动力	外部拉动	内部推动
关注重点	价值链的攀升和附加价值的创造	创新网络内成员的交流与组织方式
代表人物及主要观点	集群升级分为工艺流程升级、产品升级、功能升级、链式升级（Humphrey & Schmitz, 2002）； 在全球价值链的分工体系中通过创新实现价值增值过程（Giuliani、Pietrobelli & Rabellotti, 2005）； 实现升级的两种路径：从价值链低端向高端转移、跨越价值链（谭文柱、王辑慈、陈倩倩，2006）	集群结构变化和内在创新需求动力推动产业集群升级（Iammarino & Mccann, 2006）； 借助不断的学习行为，集群的行为主体逐渐融入集群网络，这个过程带动了创新网络和区域创新环境间的互动，促进了集群的长期发展并实现升级（Capello, 2007）； 集群升级是依赖分工网络的低端产业集群向依赖创新网络的高端产业集群转变，升级的关键是推动焦点企业转型与集群网络升级（刘友金，2010）

（1）基于价值链视角的集群升级

20 世纪 90 年代以来，全球价值链理论为产业集群升级研究提供了一个分析视角。全球价值链是指连接生产、销售、回收处理等流程为实现商品或服务价值的全球性跨企业网络组织（梅述恩、聂鸣，2007）。每条全球价值链都有一个主导者，对价值链的性质起着决定作用（Gereffi，2001）。基于价值链视角的产业集群升级需要集群在全球价值链的分工体系中通过创新实现价值增值过程（Giuliani、Pietrobelli & Rabellotti，2005）。我国的产业集群大多处于全球价值链的低端环节，摆脱低端锁定向高端环节转变是价值链视角下集群升级的关键（王传宝，2009），在价值链视角下实现升级的两种路径是从价值链低端向高端转移和跨越价值链（谭文柱、王辑慈、陈倩倩，2006）。更进一步地，吴义爽和蔡宁（2010）在对渐进式集群升级和跨越式集群升级的效果和效率进行比较后，提出产业集群在全球价值链攀升的过程中，进行升级模式的选择时需放弃原有的渐进式升级模式，采用高端直接嵌入全球价值链的跨越式升级模式。梅述恩和聂鸣（2007）在实证研究的基础上，从全球价值链的视角提出了以技术能力和市场拓展能力为维度的产业集群升级路径。大量研究表明，嵌入全球价值链理论框架下的工艺流程升级、产品升级、功能升级和链式升级的升级路径（见图1.1）基本符合我国外向型产业集群的实际情况（段淳林，2009）。

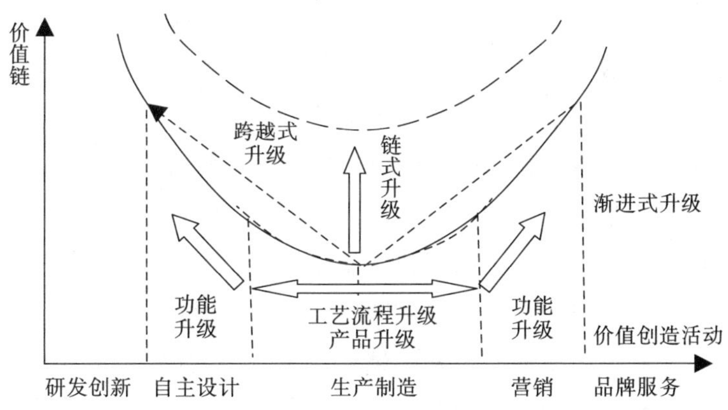

图1.1 产业集群升级路径

资料来源：段淳林．产业集群升级及其自主品牌创建研究［D］．武汉：武汉大学，2009；吴义爽，蔡宁．我国集群跨越式升级的“跳板”战略研究［J］．中国工业经济，2010（10）：55～64.

（2）基于创新网络视角的集群升级

随着集群升级研究的进一步深入，有的学者提出，如果仅仅依靠全球价值链的外部驱动是难以实现产业集群的功能升级和链式升级的（郑准、王炳富、程志宇，2014），还需要挖掘集群内部升级的潜力，特别是集群本身的创新功能对集群升级的根本动力作用（余佳群，2012）。该视角下产业集群的升级强调创新网络与知识网络的构建，重视组织之间的交流与合作。集群创新网络由大学、科研机构、金融机构、中介机构和政府构成（汪少华、汪家蕾，2007）。实现集群升级与长期发展的突破口在于不断完善创新网络结构并积极促进各主体之间的交流（余佳群，2012），生产型服务机构、大学和科研院所、核心企业及政府机构等集群知识网络要素的作用发挥及其匹配是集群顺利升级的关键（王娇俐、王文平、王为东，2013）。知识网络是集群的骨架（李文博、张永胜、李纪明，2010），集群知识网络结构的调整和更新是集群升级的内在动力（王娇俐、王文平、王为东，2013）。具体到创新网络驱动的集群升级途径，刘芹（2007）指出要提高集群内企业个体间的努力和组织化程度，强化企业与其他机构的人际关系网络和合作网络，通过集群网络作用的发挥促进产业集群的升级。而朱建安和周虹（2008）则认为通过构建集群内各组织之间的合作创新体系，实现地方性知识的创造、产生、积累与传递，探讨集群升级更多地是在集群内部寻找根植于地方的组织创新能力和知识体系。王梅和王文平（2012）将集群升级问题转化为社会网络、显性知识网络和隐性知识网络互动的超网络均衡变化问题，体现了集群内存在的相互关联网络的互动对集群升级的影响。

以全球价值链视角和区域创新网络视角推动了集群升级的理论发展，但若仅依赖全球价值链会导致产业集群陷入“被俘获”的困境，若仅依赖创新网络，又有可能使集群陷入“锁定”状态（陈赤平、张曦、彭仲耀，2013）。本书通过梳理相关文献后发现，鲜有文献注意到集群升级的微观主体是企业，集群内企业的行为会对其他企业以及产业集群整体产生重要影响。对于地位特殊的核心企业，仅有少数学者研究了它与集群升级的关系，如黄纯（2012）探讨了在风险环境下核心企业的创业行为对集群转型升级的影响机理。因此，分析核心企业的创新行为与集群升级的关系，有助于丰富和完善集群升级理论。

产业集群升级的研究正逐步从通过外部拉动转向从集群内部挖掘升级

潜力，核心企业、大学和科研院所、生产型服务机构及政府机构等集群知识网络要素的作用发挥及其匹配是集群顺利升级的关键（王娇俐、王文平、王为东，2013）。在不同的升级阶段，集群网络分别体现出以社会网络、经济网络及知识网络为代表的特征，集群的整个网络升级过程在一种稳态—非稳态之间进行（吉敏、胡汉辉、陈金丹，2011）。尽管对产业集群升级的研究已取得了丰硕的成果，但产业集群究竟如何升级尚存在较大的争议性和模糊性（吴义爽、蔡宁，2010）。

3. 产业集群升级的判断标准

如何判断一个集群是否实现了升级？从不同的角度看集群升级会得出不同的结论。基于竞争力视角，反映在集群内部主要有集群技术能力、市场能力、创新能力和自主性的提升等；基于网络视角，反映在集群内部主要有网络关系完善、知识结构强化、知识活动活跃、创新能力提升等（朱海燕，2009；王梅、王文平，2012）。两者有交叉，是因为两者都是从集群内部看集群升级，一个侧重于竞争力的提升，一个虽然从知识网络、创新网络等角度来解释集群升级，但落脚点依旧在竞争力的提升，二者殊途同归。从集群升级的内涵和过程分析，还有相当一部分学者从集群的全球价值链治理的角度观察和判断集群升级，该视角下的集群升级主要体现为工艺流程、产品、功能等的升级以及价值链攀升与附加价值创造（Humphrey & Schmitz，2002）。这些理论均为集群升级的测量指标选择提供了参考价值。

迄今为止，国内外文献对于集群升级的测量主要有两种方法：一种是用创新绩效来反映集群升级，常见的指标有专利授予量、新产品开发数量、产品技术档次等（孙华平，2011；余佳群，2012），其中，使用统计年鉴中数据的研究往往只选用专利授予量作为代理变量；另一种是直接从集群升级的内涵出发，用竞争力提升、产业链攀升、战略更新等变量进行测量（姚刚等，2016），主要适用于问卷题项设计。总体来说，集群升级并没有一套统一的测量指标，学者们根据研究问题、研究方法和所掌握的资料来选择测量指标。

4. 知识溢出与产业集群升级

从创新网络视角研究集群升级必然绕不开知识溢出。知识溢出是创新网络内各主体之间互动的行为方式，是集群内个体创新行为与集群升级之间联系的纽带。产业集群因地理上邻近、企业间的互补或共性产生集聚效应，为产业集群带来了独有的竞争优势。集聚效应主要表现在知识信息外溢（Tallman 等，2004）、弹性专精（Poire & Sable，1984）、区域创新网络（Asheim，1998）等方面。知识溢出作为解释创新、集聚和区域增长的核心概念之一，在新经济地理学、增长理论等领域受到广泛关注（李志国、王伟，2013；赵勇、白永秀 2009），这一概念由 MacDougall（1960）在研究东道国接受外商直接投资（FDI）的社会收益时首次提出。此后，学者们发现知识溢出对经济增长有巨大的推动作用，帮助区域内的组织获得溢出效应，从而促进生产效率的提高和技术的进步（Arrow，1962；Lucas，1988；Cassar & Nicolini，2008）。因此，早期对知识溢出的研究主要集中于创新与技术进步。企业的新知识一方面推动本企业生产排他性产品，另一方面也会溢出到其他企业并促进创新，这些创新获得的知识又会产生溢出，形成企业间知识溢出的循环往复过程，并提高了创新收益（赵勇、白永秀，2009）。

对知识溢出内涵的界定，学者们纷纷提出了自己的观点，如 Atkinson 和 Stiglitz（1969）认为知识溢出是从事相似的业务并从他人的业务中获得额外的收益。Branstetter（1998）则认为当一个企业从另一个企业的研发活动中获得经济收益，且不承担研究成本时就产生了知识溢出。这一定义很好地阐释了外部性与知识溢出之间的关联性，在一定程度上推动了知识溢出研究的发展，针对知识溢出的内涵，国内学者也给出了自己的定义。如金祥荣、汪伟和项力敏（2004）提出在利用周围的知识资源进行创新活动时，相比于集群外企业，集群内企业更有优势，这种知识的外部性形成了知识溢出。许箫迪、王子龙和谭清美（2007）认为知识溢出具有时效性和外部经济性，是不同经济主体间由于知识存量不同所导致的经济交往过程中的知识和技术转移过程。综上所述，知识溢出是显性知识和隐形知识在不同创新主体间借助一些途径进行转移、传播与扩散的过程。

对于知识溢出影响因素的研究，黄娟（2013）利用 Griliche - Jaffe 知识生产函数的测度模型以及空间面板模型参数估计，测算各地区的空间知识溢出效应，并将知识溢出的影响因素归结为空间距离、知识缺口、接收方吸收能力、研究技术差距与溢出方的控制能力五个层面。Romer（1986）则通过增长模型指出技术知识的部分排他性和非竞争性影响了知识溢出的发生。许箫迪、王子龙和谭清美（2007）借助计量经济模型分析了不同影响因素之间知识溢出效度的差异，实证结果表明在模仿结构与知识溢出之间存在模仿收益递减的趋势，并逐渐形成模仿与创新的螺旋式演进过程，最后得出影响知识溢出效应的因素主要有交易成本、R&D 投入总量、时空间距、交通运输条件、知识溢出时滞、劳动力流动性、厂址变迁、市场机制的灵活性等因素。王艳、赵立雨和师萍（2009）在他们的知识溢出模型的基础上总结出知识溢出效应过程的机理模型，并提出知识溢出效应的关键影响因素分别是空间地理距离因素、知识领域因素以及知识接受者吸收能力因素。同样是进行实证研究，余福茂（2009）通过计划行为理论构建了集群企业知识分享行为意向分析模型，分析结果显示集群企业的知识分享行为受到企业间的竞合关系及知识分享能力等因素的综合作用。吸收能力对知识溢出具有重大影响（Los & Verspagen，2000），李燃、王立平和刘琴琴（2012）运用空间动态面板数据研究了企业家的创业活动，发现人均 GDP、研发投入及专利申请量不仅对创业活动影响显著，对知识溢出的影响也同样比较显著。也有学者认为在产业创新网络中，关系质量和知识转移影响了核心企业控制力和知识溢出（王伟光、冯荣凯、尹博，2015）。

事实上，如果研究对象不同，会发现影响知识溢出的因素存在较大差异。Jaffe（1989）就证实了这一结论，他在修正知识生产函数的基础上进行进一步研究，结论表明知识溢出在不同行业内存在显著差异。具体到不同研究对象，王雷（2012）提出影响跨国公司知识溢出的因素主要有内外资企业联系密度、跨国公司嵌入程度等因素。为了探究长三角地区的知识溢出水平，类骁、韩伯棠和尚瑶（2011）将影响知识溢出的因素划分为经济生活环境、知识交流能力及科技创新三个因素。高技术虚拟产业集群知识溢出影响因素主要有知识差距、主观意愿、组织距离、知识能力与信任程度（程璐，2012）。还有学者通过梳理国内外相关文献，在构建知识溢出关键影响因素理论模型的基础上，通过对软件企业的调查数据进行统计分析，总结出影响集群网络中知识溢出的主要因素有组织、环境、网络与知识四个层面。组织层面的因素包括组织学习文化、知识传播能力及知识吸收能力，环境层面是指环境的动态性、复杂性与敌对性，网络层面主要涉及网络密度、强度及稳定性，知识层面包含知识隐性程度、互惠性和复杂性（李文博，2011）。不难发现，影响知识溢出的因素不仅与研究对象的个性特征如吸收能力、地理特征等有关，也与知识本身的特性如知识类别等有关。

知识溢出不仅是集聚效应的动力之一，也是阐述集群的重要概念之一（李志国、王伟，2013），产业集群中的知识溢出问题的提出始于马歇尔对集群正外部性的三个表现的解释，即专业化的资源供给、专业化的劳动力及信息和知识的溢出。产业集群中的知识溢出是指由集群内溢出源溢出后被其他企业消化吸收并进行产出，而后在集群中扩散的动态复制过程（易开刚、马骊，2014），对集群内知识溢出途径的研究，大多数学者认为产业集群内知识溢出主要借由企业间直接合作、企业间非正式交流、企业间员工流动和企业衍生实现（Saxenian，1994）。赵增耀和于海云（2012）针对其中的员工流动提出了 FDI 嵌入型产业集群的知识整合机制，他们认为垂直整合机制、水平整合机制及混合整合机制正向影响了知识转移的效果。还有学者就知识扩散路径、区域中小企业创新能力及吸收能力的关系进行了实证研究，结果表明只有当知识扩散路径与企业吸收能力相匹配时，区域龙头企业的知识扩散才会对本地中小企业的创新起到应有的带动作用（杨菊萍、贾生华，2009）。

产业集群中的知识溢出一般有国际知识溢出和本地知识溢出两种形式，对国际知识溢出的研究大多集中于探讨 FDI 知识溢出对与本地集群的影响。吴波（2008）基于嘉善木业产业集群的大样本调查数据，实证研究了 FDI 知识溢出对本地集群成长的影响，结果表明本地集群企业的高吸收能力促进了企业依据原有路径成长，但同时导致了本地锁定，对利用 FDI 的知识溢出推动企业成长起到消极作用。Storper（2004）研究发现企业在地域上的邻近和集群经济活动在空间范围内的集聚促进了知识溢出效应。王雷（2012）则通过构建理论模型揭示了产业集群的不同因素对跨国公司知识溢出的影响差异。在对本地知识溢出的研究方面，黄志启（2013）基于企业衍生视角，对知识获取、企业研发和知识溢出等进行动态的模型分析，并运用面板数据分析了高科技产业集群中知识溢出效应与研发及差异性，发现随着学习与研发投入的加大，知识溢出的长期效应就会随之出现，并最终形成产业集群技术升级的良性循环。刘满凤和吴卓贤（2013）以我国 54 个高新技术产业开发区为对象，对高技术产业集群知识溢出的 Mar 效应和 Jac 效应进行了实证研究，借助知识溢出半径模型，实证了 Mar 溢出和 Jac 溢出对集群技术进步和经济增长的影响。也有学者基于本地知识溢出的视角给出了产业集群升级的可能性路径，主要包括在知识溢出的源头上，加大人力资本投入，引进创新人才；在知识溢出的水平和层次上，应不断进行技术创新，加快研发高端化与自主化；在知识溢出的机制对策上，应积极借助政府公共平台，促进政产学研合作；在知识溢出的空间结构上，应完善产业集群的空间布局（易开刚、马骊，2014）。

产业集群的本地知识溢出效应与企业成长和集群发展之间也存在紧密联系，杨之雷（2009）基于知识溢出视角提出了企业自律与知识保护是集群可持续发展的条件，把握创新的力度与知识保护的力度是创造集群良好创新氛围的重要理念。吴波和杨菊萍（2008）则认为本地中小企业的认知邻近性与社会邻近性交互影响了产业集群内中小企业的成长与发展。知识溢出与创新对集群升级存在哪些影响，哪些路径对创新行为的传播与扩撒有作用，相关文献却鲜有涉及，因此本书第 3 章致力于探究企业创新行为、知识溢出传播路径及集群升级之间的互动作用机制。

1.3.3 有关战略创业的研究

1. 战略创业的内涵

战略创业的兴起可以说是战略与创业关系的争论与演进过程，学术界对战略与创业的关系一直存在争议，主要有三种观点：从属观，即创业研究属于战略管理研究的一部分；界面观，不直接相交，但有紧密联系；融合观，相互融合，互为补充和支持（孙启梦、余璐，2012）。进入 21 世纪以来，越来越多的学者开始将研究视角聚焦在创业与战略管理的结合上，

“战略创业”的概念应运而生，并受到战略管理和创业管理研究者的广泛关注。虽然学者们对于战略创业的认识仍存在分歧，但综合来看，主要是从以下两个方面对其进行界定：把创业思维引入战略的制定与实施，在战略管理实践中体现企业家精神或创业精神；强调通过战略规划与实施来指导创业活动，为创业制定战略方向（包建华、方世建、罗亮，2010）。

Ireland 等（2003）提出战略创业是公司发掘机会和寻求竞争优势的并行活动，以此来达到组织成长和财富创造的目的，最终实现追求卓越的组织绩效。该观点得到了较为广泛的认可，并使“同步追逐优势与机会”成为战略创业最基本的意涵。传统意义上认为战略活动以寻求优势为导向，创业活动则以寻求机会为导向，二者融为一体，从而在长期演进的过程中，企业能够创造出连续的“机会流”和“优势流”，进而获取持续的竞争优势（吴义爽，2013）。战略管理和创业都注重追求竞争优势，但二者的侧重点不同：战略管理侧重于对既有竞争优势的开发和利用；而创业则侧重于追寻竞争对手还没有注意到或还没有充分开发的机会，以构建未来竞争优势（董保宝、向阳，2012）。

Ireland 等（2007）提出战略创业的两大活动，即尝试、发现、风险承担等寻求机会的探索性活动（exploration），以及改进、执行、提高效率等谋求优势的利用性活动（exploitation），企业必须保持这两种活动之间的平衡。“探索行为”与“利用行为”的提出虽未改变战略创业原有的内涵，却使得战略创业研究与组织二元性研究产生交融。“探索”与“利用”是实现“优势追求”与“机会追逐”的手段，是行为表现。由于无论是“优势追求”还是“机会追逐”，最终目的都是获取持续竞争优势，二者是殊途同归。“探索行为”与“利用行为”可以更好地反映企业在巩固发展已有优势的同时，对新机会的不断追求和转化。但对于“探索行为与利用行为是取舍的还是正交的”，“是同步的还是先后进行的”两个问题，学者们见解不一。取舍的观点（或连续观）认为探索和利用这两种活动是在一个连续体的两端，以零和博弈的方式对稀缺资源和组织惯例进行竞争（刘洋、魏江、应瑛，2011），平衡就是要在探索与利用之间找到一个合适的比例（Lavie、Kang & Rosenkopf，2011）。由于资源有限，企业往往需要权衡分配用于开发当前竞争优势和用于探索未来的机会和新优势来源的资源数量（Hitt等，2011）。但也有学者认为探索与利用是正交的，组织能同时达到高水平的探索和利用，两种行为还可能相互补充（陈颖，2014）。按Ireland等（2003）给出的定义，战略创业是公司发掘机会和寻求竞争优势的并行活动，但戴维奇和魏江（2015）却认为“谋求优势”的利用行为与“探寻机会”的探索行为是此起彼伏、相继进行的。

战略与创业、机会与优势、探索与利用分别从战略创业的内容、目标和行为三个视角对战略创业的内涵进行了阐述，都从不同侧面体现了战略创业的二元特征。为更清楚地界定战略创业的概念，本书根据相关学者的研究成果，将战略创业与公司创业、持续性创业这两个相似的构念进行了比较分析（见表1.2），发现虽然它们都指向公司层面的创业，但其本质和研究情境都有所不同。公司创业强调在位企业要通过风险承担来寻求新的产品、市场和机会（魏江、戴维奇、林巧，2009）；持续性创业强调通过连续的创业行为推动企业的成长（王璜、张聪群，2013）；战略创业比公司创业多了一层内涵，即既要在已有业务范围内追求优势，又要寻求新的市场机会和发展空间（Ireland、Hitt & Sirmon，2003）。从研究对象的角度，公司创业研究主要针对成熟的在位企业，而战略创业和持续性创业关注企业的整个生命周期，不仅关注在位企业，也涉及新创企业（戴维奇，2015）。除此之外，三者要解决的根本问题和目的也有差异。

表1.2 战略创业、公司创业、持续性创业的比较

	战略创业	公司创业	持续性创业
内涵	同步搜寻优势与机会	通过风险承担来寻求新的产品、市场与业务机会	通过连续的创业行为推动企业成长
根本问题	企业如何在动态环境下通过有效的资源调配同步追逐机会与优势，从而创造持续竞争优势	成熟企业如何保持初创阶段的创业激情，通过持续的创业突破生命周期规律的制约，实现向上的、跨越式的发展	企业如何突破发展瓶颈、修正企业战略、提升持续竞争力
目的	价值创造	企业的创新、更新与重生	企业成长
研究情境	包括新创企业和成熟的在位企业	在位的中小企业或大型企业	持续于企业整个生命周期

表 1.2 表明，战略创业不同于公司创业、持续性创业，战略创业最大的特点就是其二元性特征，体现在优势与机会的同步追逐上。战略创业的内涵包括以下几个关键点：对象——在动态环境下的企业，包括新创企业和成熟在位企业；行为——通过有效的资源整合同步追逐机会与优势；目的——获得持续竞争优势并创造财富。

2. 战略创业的研究脉络

自战略创业研究兴起以来，学者们分别从战略创业的内容、过程、结构维度和活动等不同角度展开了大量研究，本节按照研究主题梳理了战略创业的相关研究，如表 1.3 所示。

表 1.3　战略创业的研究脉络梳理

研究角度	代表人物	年份	主要观点
内容	Ireland 等	2001	六个方面内容：创新、网络、国际化、组织学习、高管团队和治理、成长
过程	Eisenhardt	2000	六个基本步骤：即兴创作、相互适应与合作、市场匹配、再生、试验、即时调整
结构维度	Ireland 等	2003	四个构成维度：创业心智、创业文化与创业型领导、战略性资源管理、运用创造力和发展创新
核心要素	Luke 和 Verreynne	2006	六个基本要素：识别机会、创新、承担风险、柔性、愿景、成长； 六个支持要素：战略、文化、品牌、卓越运营、成本效益、知识传播与运用
活动	Ireland 和 Webb	2007	两大活动：开发性活动、探索性活动
活动	郭润萍等	2017	行为反映：企业机会识别和资源整合的互动
具体行为	杨桂菊和刘善海	2013	代工企业：网络关系构建、模仿学习、创新投入、国际化行为
具体行为	李新春、何轩和陈文婷	2008	家族企业：治理结构变革、产业创新、企业资源动态管理、内外部网络构建、国际化发展

资料来源：董保宝，向阳．战略创业研究脉络梳理与模型构建［J］．外国经济与管理，2012，34（7）：25～34.

从表 1.3 可以看出，战略创业研究正从要素研究转向行为研究，从一般化研究转向情景化研究。对战略创业要素从不同角度进行划分，体现了战略创业构成要素的多样性，一方面丰富了战略创业理论，另一方面也使其成为一个边界模糊而备受争议的构念。近年来，有学者开始从“前因—过程—结果”的逻辑对战略创业进行系统研究。董保宝和向阳（2012）将创业机会、创业资源和创业团队作为前因变量，并用寻求机会和追逐优势两个构念揭示战略创业的过程，以竞争优势、绩效、成长与财富创造作为结果变量构建了战略创业的一个理论模型。该模型将战略创业的动因、行为和结果结合起来分析，有利于对战略创业的系统分析和规范化研究，然而该模型并未回答在资源约束下企业如何平衡“寻求优势”的利用行为和“追求机会”的探索行为这一关键问题。如何平衡优势追寻和机会追求既是战略创业实践面临的挑战，也是目前该领域研究聚焦的核心问题（Mazzei 等，2017）。盛亚、周勇和吴义爽（2013）从战略创业“投入—过程—产出”的视角，提出了一个关于战略创业行为的动态过程模型，将内外部环境分析、合作创新、战略型学习作为平衡开发与探索的机制，但忽视了企业家精神、双元组织对平衡开发活动与探索活动的作用，同时，也没有考虑到战略创业行为需要企业动态能力予以支持这一关键因素。随着战略创业研究的深入，越来越多的学者将其与组织二元性、动态能力等理论整合起来研究，探索战略创业成功实行的条件。周俊和薛求知（2009）认为成功的组织往往是双元型的，它们能够有效地追逐同时并存却又彼此相异甚至相矛盾的目标。

战略创业可以从多个视角展开研究，如一些学者分别从战略、创业、网络、系统科学等视角对战略创业展开了研究。Lumpkin 等（2009）从创业视角出发，提出想要准确表达寻找机会和优势的主体的能动行为，必须强调其自主性。Shepherd 等（2009）从战略视角展开了对特殊组织的研究，发现资源互补能够提高联盟和并购的潜在价值。Stuart 等（2007）则从网络视角出发提出“要正确理解创业者有效利用关系网络的动态过程，就要深入探究他与他人之间的互动”。从这些研究中，可以看出自主性、资源互补、创业者与他人的互动在战略创业过程中的重要性，为本书的研究提供了一定的理论指导。

3. 集群核心企业战略创业与集群升级

产业集群的发展不仅要依靠集群内部企业间的竞争与合作，也需要企业适应外部环境的变化（赵进，2011）。集群企业同样可能因无法察觉并实施变革与创新而导致“核心刚性”，或因反应过度而跌入“创新陷阱”（包建华、方世建、罗亮，2010），协调好“战略”与“创业”的关系是其健康发展的关键。战略创业意指“同步追求优势与机会”的行为，即既要在已有业务范围内保持优势，又要寻求新的市场机会和发展空间（戴维奇，2015）。促使集群核心企业进行战略创业的驱动因素主要有两个，即外部环境变化和企业战略匹配。集群企业所面临的外部环境包括集群网络环境和外部大环境。其中，集群网络环境嵌入区域和产业环境之中，受制于产业环境（刘春玉、杨蕙馨，2005），与企业的创业行为关系紧密；外部大环境则既包含产业环境，又包括政府政策、经济状况等大背景。集群企业做出战略创业行为的动机可能是出于自身发展的主动性行为，也有可能是源于竞争与合作的反应行为。核心企业感知环境变化所带来的机会进而采取战略创业行为，会带动与之关联的配套企业进行相应的战略匹配（战略跟进），进而产生协同效应。正因如此，关于核心企业战略创业的研究往往是与集群绩效、集群升级联系在一起的。集群核心企业的战略创业行为不仅对其自身发展具有重大意义，更是对整个产业集群的升级影响深远，核心企业创业可以推动集群升级（黄纯、龙海波，2016）。如吴义爽和蔡宁（2010）提出通过核心企业战略创业的“行动跳板”和跨国混合网络构建的“结构跳板”可以推动集群“跨越式升级”，但并没有解释核心企业战略创业是如何驱动产业集群升级的，且过于强调集群内聚网特征的重要性。由于测度量表的缺乏，关于核心企业战略创业的研究多停留在理论层面，缺乏实证检验。吴义爽（2016）通过对海宁皮革集群的案例研究发现，基于间接网络效应，服务型龙头企业战略创业能够带动集群升级。该研究将视角聚焦于服务型龙头企业，对核心企业引导的产业集群升级的研究提供了新视角。

1.3.4 有关产业集群式转移的研究

产业集群易地升级具体呈现为产业集群式转移。因此，本节对产业集群式转移的相关研究进行梳理。

1. 产业转移的主流理论

产业转移是指产业在地理空间上转移或迁移的现象（赵建吉等，2014），是由于产品供求状况发生变化，部分产业从一个国家或地区转移到另一个国家或地区的一种经济行为（陈建军，2002），是企业区位再调整过程（魏后凯，2003）。国外学者较为深入地研究了产业转移的相关问题，并形成了一些著名的产业转移理论。

绝对优势理论。产业转移理论是在亚当·斯密（Adam Smith）的“绝对优势理论”的基础上发展演变而成。按照该理论的逻辑，各国为了提高劳动生产率，都会发展其在资源或者资本方面具有绝对优势的行业，进而实现最优的经济社会效益。“绝对优势理论”揭示了国际分工的主要原因，并由此衍生出许多相关的产业转移理论（赵建吉等，2014）。

雁行模式理论。从发展中国家的视角出发，日本著名经济学家赤松要最早提出了产业转移理论——“雁行形态发展理论”（Akamatsu，1962）。他认为日本产业的发展大致可以划分为三个阶段：进口—本国生产—出口，即发展中国家先从发达国家进口所需的商品，然后通过承接发达国家转移的产业，在本国开办工厂进行加工生产，随着本国产业良好发展及国内市场的满足，将部分产品出口到欠发达国家，同时进口较为先进的产品，经过一段时间的发展，将产品出口国外，然后再进口更先进的产品，等等，如此循化发展，不断优化升级本国产业结构，使国际上整个产业结构呈现高低错落有致的雁行发展格局。

边际扩张理论。在雁行模式理论的基础上，日本著名经济学家小岛清从发达国家的角度提出了“边际产业扩张理论”（Kojima，1978）。该理论认为，日本应该发展具有比较优势的产业，把边际产业（位于或者即将属于比较劣势的产业）依次转移到国外，这不仅能够优化升级转移国的产业结构，还有利于承接国吸收先进的技术、管理经验和资本等，促进本国经济的发展。边际扩张理论可以解释日本1960～1970年对国际投资的行为，但它存在一定的时空局限性，不能分析日本1980年以后的国际投资的行为，也无法解释经济落后国家的国际投资的实践。此外，该理论以国家为主体，没有考虑企业自身特征因素对经济活动的作用。

劳动密集型产业转移理论。依据要素禀赋理论，美国经济学家刘易斯运用发展经济学理论，最先研究了产业转移的动因。他认为发达国家劳动力供不应求、工资水平上涨，逐步削减劳动密集型产业发展的比较优势，发达国家为了寻找新的优势产业，把一些劳动密集型的夕阳产业转移到欠发达地区，优化升级本国的产业结构（Lewis，1979）。由于历史条件的制约，刘易斯并没有建立一套系统的产业转移理论，仅简单地分析了劳动密集型产业转移的动因，没有解释资本密集型产业和技术密集型产业转移的相关问题，但对于分析我国东部沿海地区产业为何会转移仍有很大的启示意义。

产品生命周期理论。美国雷蒙德·弗农认为产品的发展主要包括新产品阶段—成熟产品阶段—标准化产品阶段三个阶段，一个国家的产业比较优势会随着产品发展阶段演变而不断变化，产品的加工地也随之变化（Vernon，1966）。在新产品阶段，产品的需求弹性较小，企业可凭借国内的垄断地位获得利益，并在本国生产。在成熟产品阶段，企业积累了生产的技术和方法，同时也出现了竞争对手，企业为了追求经济利益最大化，开始寻求国际市场。在标准化产业阶段，产品流通到国际市场之后，会被仿制。仿制国通常拥有廉价的劳动力、丰富的资源，促使产业转移到仿制国。该理论反映了发达国家如何顺应着产业生命周期将产业转移到国外的过程。

新经济地理理论。克鲁格曼最先提出了“核心—周边”模型（Krugman，1991），宋哲（2013）指出该理论主要包括三个方面：规模报酬递增、空间集聚的区位理论和路径依赖。新经济地理基于垄断竞争和规模报酬递增的分析思路，探讨了产业转移的原因。该理论认为“第一自然”的区别不是产业转移的充分条件，在同一外部条件下，产业聚集效应、市场拥挤效应、路径依赖效应等所构成的向心力和离心力的共同影响，也会发生产业转移现象。

可见，学者对产业转移理论的研究已取得了丰硕的成果，为更深层地研究产业转移问题奠定了基础，但这些理论大多是以国家为研究主体来分析国际产业转移问题。随着经济的发展，一个国家内部区际间也出现了产业转移，特别是我国地域辽阔，区域间经济发展的梯度明显，国内区域间的产业转移也比较普遍。

2. 产业集群式转移的内涵及动因

随着产业分工格局的变化，产业转移呈现出新的特点：集群内企业不再是单个行动，而是“组团式”转移到同一目的地（刘友金、李彬、刘天琦，2015）。如台商以“群居链”方式转移到中国大陆（郑胜利，2002）；浙江省的“块状经济”以“抱团”方式向外转移或者投资（潘海平，2004）。

产业集群式转移实质上就是产业集群从一个国家或地区整体地迁徙到另一个国家或地区的经济活动（丘兆逸，2006；蒙丹，2007）；本国产业集群内的企业利用跨国投资或国际贸易渠道实现国际转移，并且这些企业在东道国依然保持网络关联关系的经济活动称为产业集群式转移（吉敏、胡汉辉，2009）。王缉慈（2010）认为，集群企业离开原产业集群到另外地区重建产业集群或者直接融入承接地产业集群的经济行为就是产业集群式转移。产业集群式转移是一个包括主体、客体和载体的集群网络组织转移过程，是由于产品或者资源供求情况的变动以及资本变化使得产业集群在国际或区际间转移的过程（毛广雄，2010）。刘友金等（2012）认为产业集群转移如同生物群落的迁徙一样，在企业生存环境压力或发展需要的驱动下，以集群内的企业为主体，为了继续保持产业集群原有的网络关系，发生在核心企业的驱动下，以空间一致性和时间先后性为基本特点的企业群体性转移过程。产业集群式转移具有“整体性”“羊群效应”和网络“复杂性”的特征，能有效地降低产业的风险、增加产业转移的收益（王立军，2007）。

关于产业集群式转移的动因，Klimenko（2004）、陈耀（2008）认为能源短缺、劳动成本上升、环境约束趋紧及政府政策变动等导致“拥挤成本”大于“聚集经济效应”，使传统型的产业集群面临转型升级或者向外转移，当企业无法进行改造升级时，就必然选择转移。臧旭恒（2007）的研究表明，产业集群租金高低与对要素的吸引力呈正相关，当租金下降时企业便转移到另外地区，以获得更高的租金。产业集群存在网络性风险、周期性风险和结构性风险，当一种风险增大时，集群将会降低其他的风险以规避衰亡，这会致使产业集群内上下游产业的整体外迁（林帅、胡汉辉、朱依曦，2011）。刘军跃等（2015）从聚集经济、成本、竞争优势等视角梳理了产业集群转移的动因，其研究表明，经济环境的变化使得集群失去了已有的经济优势，导致集群整体试图转移到更优的地区，以寻找新的经济优势。沈潇（2015）从微观角度出发，总结了产业集群式转移的动因，在产业集聚的向心力和离心力以及企业之间的关联关系的综合作用下，企业“组团式”向外迁移；从宏观方面来考虑，需求因素、政府因素等推动了产业集群式转移。杨菊萍（2010）认为产业集群式转移受企业自身特征因素、区位特征因素、环境特征因素、网络特征因素四个因素的共同影响。

朱华晟和王缉慈（2009）认为产业集群式转移不仅是迫于产品同质化、核心技术约束等内在因素作用，还可能在集体治理效率和集群创新能力等集群效应的驱动下发生。李世杰和唐潇丹（2013）研究表明，集群内企业为了继续保持或者形成技术创新、市场效率等竞争优势，会采取抱团式转移策略。朱华友等（2008）指出共享劳动力市场、缩短运输距离、减少生产成本等集群效应是企业参与集群式转移的重要动因。

3. 产业集群式转移的模式与效应

产品外包带动、跨国公司转移带动和创新本土化带动是产业集群转移三种主要路径（隋映辉等，2007）。符正平和曾素英（2008）研究结果表明产业集群式转移可分为复制性转移和选择性转移，并且网络中心度和网络异质性越弱，群内企业就越偏好于复制性转移，反之，倾向于选择性转移。朱华友等（2008）指出产业集群式转移具有“分散的集中”特征，其转移路径主要包括跨国公司带动、龙头企业驱动、承接工业园区打造的引领及制造业生产外包带动四种方式。

吉敏和胡汉辉（2009）认为，国际产业集群式转移主要包括两类，一类是“集群企业的跨国整体转移”，集群内企业一起转移到同一个国家，转移之后，为了生产的需要驱动部分当地企业共同创建新的产业集群；另一类是“主导企业带领中小配套企业的组团式转移”，主导企业先在东道国设立总部或分公司，带动上下游配套企业，同时吸引当地的配套企业向其集聚，逐步形成新的产业集群。刘友金、袁祖凤和周静（2011）将产业集群式转移归结为“核心企业驱动型和产业链驱动型”两种模式，并用 Logistic 模型对其进行了具体分析。金广荣和汪彩君（2012）通过案例分析发现，产业集群式转移通常是某个主导企业先行转移，然后带动群内其他企业跟随转移的过程。

产业集群式转移会带来怎样的经济效应呢？从转出地看，陈建军（2002）、俞国琴（2006）指出产业转移在一定程度上是转出地产业结构的优化、调整和升级过程。罗若愚和申瑀琴（2013）认为我国东部资本西移不仅可以增加东部地区的资本收益率、提高东部产业的市场占有率，使企业获取较大的转移利润；同时还可以充分利用西部廉价的劳动力和丰富的自然资源，优化资源空间配置，应合理引导产业转移，以优化升级东部地区的产业结构。魏后凯（2003）认为虽然产业转移短期内不利于转出地的产业的发展，但从长期发展来看，科学合理的产业转移将优化升级转出地产业结构，提升其整体实力。吴汉贤和邝国良（2010）以广东省为研究对象，发现转出地可以扩大市场份额、整合空间资源、优化升级产业结构，并促进东西两翼和山区快速发展，但产业转移也可能导致广东省出现“产业空洞化”现象。符正平和曾素英（2008）指出复制性转移会给转出地带来很多负面影响，如就业率、居民收入、政府税收等指标下降，但选择性转移仍然保持了集群的网络结构（如协作网络）、认知模式、科技研发等，能够促进产业集群的扩展和升级。刘军跃等（2014）认为发达地区应转移已丧失优势的产业并保留具有发展前景的优势产业，有效地推进转出地产业结构的调整和升级。

从转入地看，Markusen 和 Venables（1997）认为产业转移等带动转入地相关产业的需求，通过纵向关联和横向关联对其产业结构产生正面积极影响。陈红儿（2002）研究表明产业转移能给转入地带来许多福利，如先进的技术、雄厚的资本、先进的管理经验等。夏业良和程磊（2010）研究表明，FDI 所引进的先进技术和资本供给等能加快中国产业高层次和高效率发展的步伐。袁境（2012）、罗若愚和申瑀琴（2013）指出中国西部地区承接东部地区的产业不仅可以扩大产业规模、提高就业率，还能开发新的产业、优化升级产业结构。然而，产业转移对转入地也会有不利的影响，会对承接地产生替代效应、冲击效应、挤出效应等负效应（成学真、王超，2005）。张云（2011）从采购者驱动和生产者驱动两个维度进行分析，其研究表明产业转移将扩大东道主国家和投资国之间的发展差距，并导致东道主国家产业链低端价值锁定。

产业集群升级要突破传统思维，要突破地理边界的锁定，产业集群式转移是产业集群的易地升级，是产业集群升级的一种模式。已有研究成果表明，产业集群式转移对转出地和转入地的产业升级都发挥了促进作用。通过对国内外文献的梳理发现，学者们对产业集群式转移的研究已取得了丰富的成果，但大多集中于对其内涵、动因、模式和效应方面的研究，对产业集群式转移内在机理的研究较为薄弱，同时鲜有文献探讨产业集群在怎样的条件下才能成功地转移。

1.3.5 已有研究存在的不足

基于“核心企业创新驱动产业集群升级”这一研究主线，本书首先对集群中的核心企业和产业集群升级的研究成果进行了比较系统的梳理。本书认为，核心企业创新驱动不应仅局限于技术创新驱动，应该包括战略创新驱动，核心企业战略创业属于其战略创新行为；同时，本书也认为产业集群升级不应仅限于“原地升级”，应该包括因产业集群式转移引发的“易地升级”，上一节还对核心企业战略创业和产业集群式转移的相关研究成果进行了系统梳理。

已有研究成果为本书提供了重要的研究基础，但仍存在以下不足：

第一，现有研究忽视了产业集群是一个具有复杂网络结构的虚拟组织，不是一个独立的行为主体和决策主体，研究成果存在产业集群升级主体的缺位，导致政策主张的对象模糊、研究成果难以“落地”。

第二，已有研究多将产业集群升级视作目标，更多关注实现目标的路径，具有明显的结果导向；而将产业集群升级视作过程，并对其演化的内在机理的研究不足。

第三，在研究视角上，对集群升级的研究仅拘泥于集群所在区域经济发展的层面，是一种“封闭式”升级，带有狭隘的地方保护色彩。虽然不乏从创新视角对集群升级的研究，但多停留在笼统的集群创新层面，忽视了创新主体；且对产品创新、技术创新的研究较多，对管理创新、战略创新关注不够。

第四，在研究方法上，现有研究大多基于个案的微观分析，限制了研究成果的普遍意义和实践价值。

1.4 研究思路与研究方法

1.4.1 研究思路

本书以“核心企业创新促进产业集群升级”为研究主线，以新发展理念为指导，以演化博弈论和演化经济学的相关理论为基础，构建以创新机制、共享机制、协同机制为主要内容的核心企业创新驱动产业集群升级的分析框架，从理论上分析产业集群升级的微观基础、动力系统和传导系统（即本书第 2 章的内容）。

本书认为，核心企业创新驱动不应仅局限于技术创新驱动，应该包括战略创新驱动，核心企业战略创业属于其战略创新行为；但核心企业战略创业对产业集群升级的驱动作用又区别于通常意义上的创新行为，本书第 3 章与第 4 章运用不同的研究方法分别对此进行了研究，以揭示核心企业不同创新行为驱动产业集群升级的机理。产业集群升级不应仅限于“原地升级”，应该包括因产业集群式转移引发的“易地升级”，本书第 5 章运用演化博弈的方法探讨了核心企业驱动产业集群易地升级的机理。因此，本书运用不同的研究方法对核心企业创新驱动产业集群升级、核心企业战略创业驱动产业集群升级、核心企业驱动产业集群易地升级分别作了实证研究、案例研究和演化博弈分析，旨在从多视角揭示核心企业创新驱动产业集群升级的机理。

本书在理论分析和实证研究、案例研究、演化博弈分析的基础上，探讨了产业集群升级的模式（第6章），从协同治理的视角提出了促进产业集群升级的对策（第7章）。

技术路线如图1.2所示。

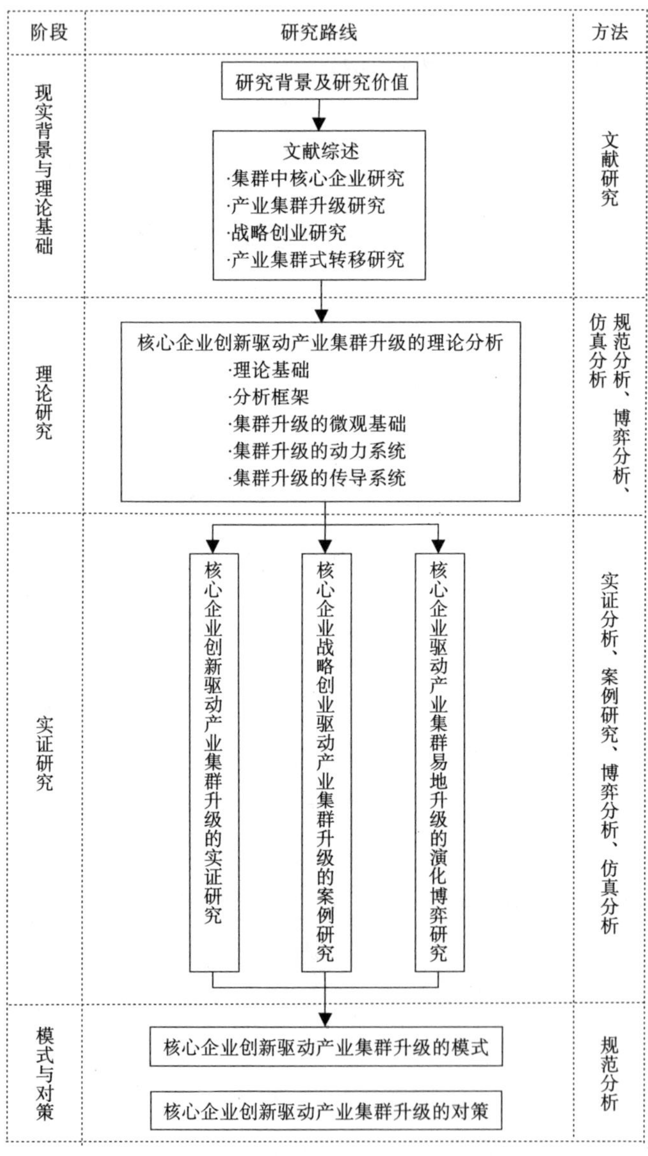

图1.2　技术路线图

1.4.2 研究方法

从图 1.2 可以看出，本书针对不同的研究内容采用了不同的研究方法，主要研究方法如下：

（1）文献研究方法

本书以前人的研究成果为基础，文献来自中国知网、百度学术等网络资源和学校图书馆、学院资料室馆藏资源，以及国内外学者相关领域的研究成果。通过梳理已有的研究成果，一方面从中发现本书独特的研究视角，从产业集群的微观基础——企业的视角研究产业集群升级的微观机理，并聚焦于集群中具有特殊地位和作用的核心企业的创新驱动对产业集群升级的作用机理；另一方面，为后续实证研究和案例研究中的理论框架的构建和变量（构念）的测度提供了启示和参考。

（2）实证分析法

本书第 3 章主要采用了实证分析的方法。在理论分析的基础上构建了核心企业创新驱动产业集群升级的理论模型，对浙江、广东、福建等典型产业集群的企业进行了调查问卷的发放与收集，并运用 SPSS 21.0、Amos 21.0 等软件对所收集的相关数据进行了描述性统计分析、相关性分析、数据的信度与效度检验、探索性因子分析与验证性因子分析等。依据适配模型的结果对模型进行适当的修正，并通过结构方程模型检验该章所提出的假设，为本章的研究结论提供实证支撑。

（3）案例研究法

本书第 4 章主要采用了案例研究方法。案例研究适合揭示复杂情境中系统的动态演化过程及其机理（Eisenhardt，2007），由案例研究构建理论的优势之一是其具有产生新颖理论的潜质，所获得的理论可能具备实证效度（李平、曹仰峰，2012）。基于核心企业战略创业驱动产业集群升级这一研究主题在现象上的典型性、内容上的复杂性和相关研究有限，且研究重点是理清“核心企业战略如何驱动集群升级”的问题（属于“How”问题），该章以乐清电气产业集群为研究对象，采取嵌入式案例研究方法探讨正泰、德力西等核心企业的战略创业行为，以及其对乐清产业集群升级的驱动作用，以更好地揭示核心企业战略创业驱动集群升级的内在机制。本书严格按照扎根理论中的开放式编码、主轴编码和选择性编码对案例资料进行逐级编码，对不同来源的数据资料进行编码、诠释、归纳、验证，以提高案例研究的信度与效度。

本书第5章也运用了案例研究方法，主要对温州制鞋产业集群转移到重庆璧山的案例进行分析，探究核心企业（奥康集团）驱动产业集群转移的内在机理，旨在对该章的博弈分析与仿真分析结果作进一步的分析说明。

（4）博弈分析与仿真分析

本书第2章和第5章都运用到博弈分析和仿真分析。第2章是理论分析部分，由于集群企业是产业集群升级的微观基础，每一企业的行为都要受制于其他企业，并对其他企业产生影响。集群内企业因其在集群网络结构中的地位和作用不同而具有异质性，核心企业在集群演化中具有主导作用。集群内核心企业的创新驱动、企业间创新知识的共享与行为协同是产业集群升级的内在机理。创新、共享、协同是集群企业间互动与博弈的过程。第2章的理论分析中主要采用三种博弈分析法。第一，演化博弈。核心企业之间、配套企业之间属于地位对等的情况，为了研究地位对等下知识共享的条件，通过演化博弈探讨各因素相互作用下的选择调整、动态演化以及均衡的实现。由于不是完全理性的，集群企业需要不断地调整策略，选择对自己有利的，放弃不利的，在反复地权衡下最终达到稳定状态。第二，Stackelberg博弈。对于集群中地位不对等的两个企业，例如，核心企业与配套企业，核心企业居主导地位，引领着集群发展，并判断出配套企业会观察它的选择，为了获取协同收益只能配合核心企业，为了分析两者之间知识共享的实现机制，建立相应的双寡头（Stackelberg）博弈模型。第三，博弈树。集群环境错综复杂，是由产业链条构成的网络，核心企业的“龙头”作用决定其位于核心层；配套企业的协同角色决定其位于辅助层；地方政府的调节作用决定其位于边缘层（李慧，2012）。运用博弈论的理论方法构建政府、核心企业和配套企业的博弈树模型，探求三方策略演化的均衡状态；在此基础上，运用MATLAB R2010a软件，对核心企业、配套企业、政府的策略演化进行仿真，以验证理论分析的准确性和均衡点的稳定性。

产业集群升级不仅限于原地升级，也可以实现易地升级。第 5 章以核心企业驱动产业集群易地升级为研究主线，借鉴演化博弈论的思想，首先找出影响集群内有限理性企业进行转移的因素，并结合研究的需要，提出假设，进而构建集群内企业的支付矩阵，推导出集群内企业演化博弈的策略稳定点，分析了集群内企业达到稳定点的动态演化过程，并用仿真分析的方法来验证集群内企业演化博弈的结果。

规范分析是管理学领域普遍运用的常规研究方法，在此不再赘述。

1.5 本书创新之处

本书的创新之处主要体现在三个方面：

第一，在研究视角上，从产业集群升级的微观主体切入，以产业集群升级的主导者——集群内核心企业的创新驱动为主线，明晰了产业集群升级的行动主体和动力之源，发现了产业集群升级实质上是微观主体的创新行为及其互动（共享、协同）在宏观集群层面的"涌现"。

第二，在研究内容上，本书创新之处主要有三个方面：

①构建了基于新发展理念的产业集群升级机理的理论框架。本书以新发展理念为指导，借鉴演化博弈论和演化经济学的思想，构建了以核心企业为主导的创新机制、共享机制、协同机制为架构的分析框架，揭示了集群企业是产业集群升级的微观基础，创新机制是产业集群升级的动力系统，共享机制和协同机制是产业集群升级的传导系统，核心企业的创新驱动与集群内其他主体的相机抉择是产业集群升级演化的微观机理，突破了集群创新系统研究中固守的知识产权保护理念和固有的竞争思维，强调以创新、开放、共享、协同、合作的理念与思维推进产业集群升级的研究，并指导产业集群升级的实践。

②拓展了创新驱动发展的视野。"创新是引领发展的第一动力"，但创

新绝不限于科技创新。核心企业创新驱动不应仅局限于技术创新驱动，应该包括战略创新驱动，核心企业战略创业属于其战略创新行为，核心企业战略创业依托于技术创新，同样会驱动产业集群升级。企业战略创业是企业的创新行为，是企业创新活动的最高境界。本项目运用嵌入式案例分析对核心企业战略创业驱动产业集群升级机理的研究，既拓展了创新驱动发展的视野，又丰富了创新创业领域的研究。

③跳出了产业集群原地升级传统思维。以我国丰富的产业集群升级实践为背景，以产业集群竞争力提升和产业集群发展为集群升级的目标，将集群升级模式从企业、产业、区域三个维度抽象为集群结构升级、集群产业升级、集群产业转型和集群易地升级四种模式。特别强调产业集群升级不应仅限于原地升级，应该包括因产业集群式转移引发的易地升级。集群迁徙对集群本身而言是易地升级。我国区域经济的梯度差异特征明显，区域协调发展和“一带一路”倡议将会加快推进我国产业集群的易地升级。本项目对核心企业驱动产业集群易地升级的演化博弈研究，使产业集群升级的研究脱去了狭隘的地方保护色彩。

第三，在研究方法上，本书根据研究内容采用多种研究方法，主要特点体现为案例研究、博弈分析、仿真分析的综合运用。在本章“1.4.2 研究方法”中已进行了详述。

第 2 章

核心企业创新驱动产业集群升级的理论分析

产业集群是由众多共生于特定地域的具有产业关联性的异质性主体构成的企业群落，集群内每个企业都是独立的利益主体和行为主体。在这种群落里，企业间的互动推进着产业集群的演化。演化博弈采用的是“种群思维”（Population Thinking）方法论，它强调种群中个体的异质性，描述不同类型个体间的互动（黄凯南，2009）。因此，本章运用演化博弈论和演化经济学的理论与方法揭示核心企业创新驱动产业集群升级的内在机理。

2.1 理论基础：演化博弈论与演化经济学

本书以演化博弈论和演化经济学的相关理论为基础。为什么要二者并用？演化博弈的分析方法有利于解释集群内具有异质性的利益主体之间的互动关系；而演化经济学的共同演化理论有利于分析集群内个体创新行为与产业集群升级的关系。二者互补有利于分析核心企业创新驱动产业集群升级的内在机理。

演化博弈的发展和现代演化经济学的复兴几乎处在相同时期（Maynard Smith，1982；Nelson & Winter，1982；黄凯南，2009、2011）。从理论发展的脉络来考察，演化博弈与演化经济学是独立发展起来的，它们的分析方法有明显差异（Witt，2006；黄凯南，2009）。

演化博弈论的兴起受到博弈论和生物演化的双重影响（黄凯南，

2009）。演化博弈首先存在一个博弈框架，即博弈的结构和规则。演化博弈是有限理性的参与者在特定的结构和规则下进行。某一种策略的选择既取决于它在博弈中发生的支付，又受到特定社会文化环境下个体对该策略的主观判断，以及个体对该策略的学习能力和个体间社会互动模式的影响（黄凯南，2009）。演化博弈的演化过程主要包含两个机制，即变异机制和选择机制（Weibull，1995）。在演化博弈中，变异机制是很有限的，主要是为了检验演化均衡的稳定性（Maynard Smith，1982）。演化稳定策略是纳什均衡的一种精炼，个体的策略学习过程是策略演化的重要动力机制（黄凯南，2009）。

演化经济学作为一个庞大的理论体系，各流派在本体论和方法论上都存在显著差异。将达尔文主义的“变异、选择和遗传”转述为“创新、选择和扩散”，既可以体现达尔文主义的基本原则，又体现了社会经济演化的主要特征，也避免了生物学隐喻引起的争议，使各演化流派都能够接受；创新、选择、扩散这三种机制及其互动构成了演化经济学比较完整而又抽象的分析结构，涵盖了各种演化经济学流派的一般分析方法（黄凯南，2009、2014）。在达尔文选择理论的基本框架下，融合了复杂系统理论，从单一层级的演化理论拓展到多个层级的共同演化理论，是现代演化经济学发展的重要成果之一。共同演化具有双向或多向因果关系、多层级和嵌入型、复杂系统、正反馈效应和路径依赖等特征（黄凯南，2008、2012）。共同演化理论越来越重视个体认知、技术与制度的共同演化（黄凯南，2012），特别是组织微观演化和环境宏观演化的多向因果关系、技术与制度的共同演化机制等为核心企业创新驱动产业集群升级的机理的研究提供了分析思路和理论支持。

演化博弈论和演化经济学都包含创新、选择和扩散三个演化机制，都遵循个体有限理性假设，都采取“种群思维”的方法论，都强调时间和路径依赖的重要性，但二者之间也存在着很大的差异。主要表为：创新机制是演化经济学最核心的动力机制，演化博弈本质上不涉及任何创新，策略突变仅是从某一已知策略随机地转向另一种已知策略，并不产生任何新策略。演化博弈的创新或突变机制服务于演化稳定均衡分析，而演化经济学强调创新是打破均衡的重要力量；从三个机制的关系来看，在演化博弈中不存在三个机制之间的互动，而演化经济学强调三个机制之间的互动（黄凯南，2009）。

由于演化博弈中的博弈形式是既定的，演化博弈能够考察在既定的博弈形式（即既定的技术和制度）下某些策略频数的演变，但无法解释博弈形式的变化，而后者恰是演化经济学关注的主题（黄凯南，2011）。演化博弈更加侧重于均衡分析，演化博弈对演化过程的考察旨在寻找精炼的均衡解；而演化经济学更加侧重于对均衡内生演变的分析。演化经济学试图论证利他偏好的存在性，认为纯粹利他行为的演化只能在群体选择的视角下得到解释。并非所有“有利于群体的特征”都能够在群体选择的作用下得到演化，只有当群体选择的力量大于个体选择的力量时，这些特征才能够被选择出来（黄凯南，2012）。集群内企业是产业集群升级的微观主体，各主体之间的博弈与协同推进产业集群的演进。由此可见，演化博弈和演化经济学二者互补，共同为本书提供理论支持和方法论指导。

2.2　核心企业创新驱动产业集群升级的分析框架

产业集群是一个多维度（企业、产业、区域）的复合体，产业集群升级是一个复杂社会经济系统的演化过程。产业集群是一个虚拟组织，不是一个独立的行为主体和决策主体，产业集群升级是微观主体的创新行为及其互动（共享、协同）在宏观集群层面的“涌现”。集群企业是产业集群升级的微观基础，具有异质性行为的集群主体通过不断地创新、模仿、学习以及进行试错择优过程实现集群升级演化。因此，可以借鉴演化经济学的创新机制、扩散制机、选择机制及其三者的互动关系这一分析结构，构建创新机制、共享机制、协同机制及其三者之间的互动关系作为本书的分析框架（见图 2.1）。产业集群升级是集群主体行为协同的过程和结果，创新是产业集群升级的驱动力，模仿、学习、试错、择优既是集群主体创新知识的共享过程，又是集群主体协同创新与协同行动的过程。共享既是扩散的过程，也是扩散的结果；同样，协同本身既是选择的过程，也是选择的结果。共享机制相当于扩散机制，协同机制相当于选择机制。在演化经济学中，许多演化理论认为扩散机制与选择机制的区分是模糊的，创新的扩散过程也被视为一种选择过程，同样，共享机制与协同机制也往往是交织在一起的。

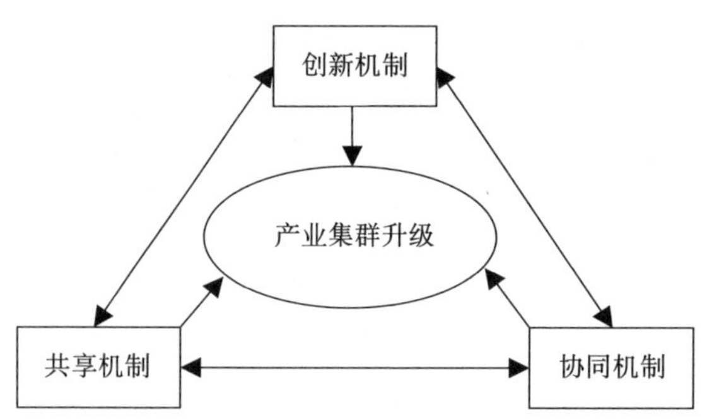

图 2.1　分析框架

核心企业对集群内其他企业和相关主体具有控制权或影响力，核心企业的创新行为会影响集群内其他主体的决策和行为，核心企业的创新驱动与其他主体的相机抉择共同推进产业集群升级。以核心企业为主导的创新机制、共享机制、协同机制及其三者的互动关系是产业集群升级的内在机理。

（1）创新机制与共享机制的互动

创新是产业集群升级的源动力。创新是一种充满不确定性的过程，创新主体必须能够获得一定时期的垄断利润以补偿其承担的风险是创新的动力机制，创新主体也面临集群内外大量抵制创新的惯性（黄凯南，2009）。创新是技术可能性和市场机会相互匹配的过程（Freeman & Soete，1997），体现了核心企业对创新行为的选择机制。创新的实现依赖于知识的获取和运用，知识共享作为知识管理的核心环节，是决定集群企业创新成败的重要因素（韩莹、陈国宏，2016）。在产业集群中，每一主体都处在特定的知识分工格局中，互动是集群主体搜寻新知识的重要途径，任一主体的知识都可能成为其他主体知识创新和生产的投入要素。尤其是当知识共享程度比较高时，知识的正外部性就更加显著。共享可以是集群内创新的知识、技术、理念等的共享，也可以是其他创新资源的共享。共享过程是新知识、新理念和新技术的扩散过程，从接受者角度讲，也是一种学习过程，涉及对集群知识的识别、消化、转化、应用到再次创新。因此，共享机制本质上是一种多层次的学习机制。共享机制具有路径依赖和报酬递增的特征。集群企业具有异质性和能动性（吸收能力、学习能力、创新能力），知识在共享中将引起更多的创新，通过知识与创新的多次迭代使知识的边际报酬递增。创新在正反馈效应的作用下，集群内的核心企业不仅会加大创新的深度、广度和速度，还会引起不同层次的制度创新；制度创新反过来又影响和推动技术创新，从而形成了技术与制度的共同演化。借助于产业链和集群内的社会网络在集群企业之间能实现新知识、新理念和新技术的"对流"（双向扩散）、"传导"（单向扩散）和"辐射"（一对多式扩散），这一共享过程所引发的主体之间的互动能够推动产业集群升级。一方面，这一共享过程能够引致新的创新，即创新内生于共享机制之中，在共享的过程中，集群网络的各主体之间的互动不仅能产生创新的灵感，而且也获得了创新的资源（信息、技术、知识等）；模仿者可能在原有创新的基础上实现模仿再创新，而这种创新的共享也可能会再次引致创新，从而在集群内形成连续性创新和创新竞争。另一方面，共享过程也可能因路径依赖和报酬递增形成锁定而抑制创新。创新机制也会对共享机制产生影响，如某些技术或制度创新可能会引起个体间互动模式和信息结构的变化，从而改变原有的共享机制。可见，创新与共享的良性互动能够推动产业集群升级。

（2）创新机制与协同机制的互动

集群企业都嵌入在集群网络结构中，集群内任一企业的创新行为都不是独立的，要么对其他企业产生影响，要么受制于其他企业。创新行为的互动使协同创新成为集群运行的常态。核心企业孤立的创新活动也不能引起产业集群的升级，只有核心企业利用其集群网络的控制力、产业市场上的影响力和对集群成员的号召力，使其创新行为得到集群其他主体的响应，并能协同创新和协同行动，才能推动产业集群升级。集群内各主体之间的协同创新和协同行动既是各主体的行为选择过程，也是各主体互动的结果。核心企业创新对集群内不同主体的行为选择产生的影响存在差异。集群企业都是有限理性的行为主体和利益主体，长期或短期的利益最大化是其最基本的行为选择机制，而集群企业的不同行为选择对产业集群升级的影响存在差异。协同机制不仅仅是在创新发生后才起作用，它还会影响创新的产生，集群内其他主体的协同行为能够促进核心企业的合作创新。

（3）共享机制与协同机制的互动

创新的扩散过程被视为一种选择过程，反之，创新的选择过程有时也被视为一种扩散过程（黄凯南，2009）。许多演化理论并不分开讨论这两种机制，通常是将它们等同起来，或者只偏重于一种机制（Nelson & Winter，1982；黄凯南，2009）。共享机制与协同机制之间的关系也类似于演化经济学中的扩散机制与选择机制。创新的共享过程实际上也是个协同的过程，协同以共享为前提。尽管两种机制具有相似之处，但它们仍存在一定的差别。在许多演化过程中，这两种机制相互作用，并交织一起（黄凯南，2009）。集群内部的创新共享使集群企业之间的关系从垄断与竞争趋向于合作与竞争，从利益独占趋向利益共享，从独立行动趋向联合行动，对集群企业的协同选择会产生影响。集群内各主体在偏好、认知、信念、知识存量、学习能力和吸收能力等方面存在较大差异，每一主体对共享知识的利用及其收益存在差异，对主体间协同行为及其预期利益的判断存在差异。集群企业协同机制的变化会影响个体对创新价值的判断，进而影响创新的共享。由此可见，共享与协同的良性互动能够助推产业集群升级。

综上所述，产业集群升级是微观主体的创新行为及其互动（共享、协同）在宏观集群层面的“涌现”，核心企业的创新驱动与集群内其他主体的相机抉择是产业集群升级演化的微观机理。

2.3　集群企业：产业集群升级的微观基础

产业集群的相关理论随着研究的不断深入逐渐成熟与完善，研究思路经历了由集群外部到集群层面转而到企业层面的变迁，呈现出从宏观到微观、从“结构导向”到“行为导向”、从同质性到异质性的发展趋势（郑准、王炳富、程志宇，2014）。站在企业层面研究集群升级，对详细考察集群内部的企业组织变迁及企业间的相互作用具有重要意义（徐元国，2010），更有利于揭示产业集群升级的内在机理。因此，从微观层面而非集群整体层面去研究集群逐渐发展成为集群研究的主流趋势。在微观层面，集群企业是产业集群的组成单元，是构成产业集群的微观基础，也是产业集群技术能力、市场能力、国际化能力升级的主体。因此，集群成长、演化与升级都离不开集群的微观基础。由于集群企业是构成产业集群的主体，产业集群升级实质上就是要求集群内的相关企业完成企业自身的转型升级（郑准、文连阳、庞俊亭，2014；屈佳英、张聪群，2016）。可见，集群企业的创新与转型升级是产业集群升级的前提和基础。

作为产业集群的微观主体，集群内企业要从自身出发，随时关注市场需求变化、及时调整战略、保证企业的持续发展。同时，集群内每一企业又在共享集群资源、分享集群协同效应时，受到其他主体的牵制与影响，使得每个企业的行为具有不独立性，表现在单个企业的行为和策略既受集群内其他企业影响，同时也会影响其他企业的行为和策略选择。这种行为的不独立性还决定了集群企业嵌入在集群网络结构中，是一个息息相关的共生体，且在长期合作或竞争关系的影响下，产业集群内企业的交易地位具有不对等性，各企业之间是异质的（Lazerson & Lorenzoni，1999）。在产业集群中，每一企业所拥有的资源与能力存在差异，在顾客价值创造中的作用存在差异，对价值链的控制能力存在差异，都有各自的相对竞争优势，这些异质性形成了集群企业不对等的交易地位。

产业集群内存在一个或多个核心企业及为其配套的大量中小企业，还有中介组织及高校、科研院所等服务机构。各核心企业之间的关联主要包括模仿、竞争、人员流动、战略合作等，但往往竞争多于合作；核心企业与配套企业的关系则更为复杂，一家核心企业有大量配套企业为其提供原材料、零部件或服务，而一家配套企业往往也会与多家核心企业合作。配套企业的多少，主要取决于集群主导产品的结构和产品线的长度，产品结构越复杂、产品线越长，涉及零部件的种类、规格、型号就越多，配套企业就越多；反之，配套企业就越少。由于核心企业与配套企业之间是互补关系，以合作为主，因此在产业集群内，竞争关系主要由核心企业主导，而合作则主要体现在核心企业与配套企业之间（项后军、江飞涛，2010）。当然，提供相同产品或服务的配套企业之间也存在激烈竞争，但从对产业集群发展的影响来看，核心企业之间的竞争更易转化为产业集群转型升级的动力。核心企业的创新行为与创新成果通过合作与竞争机制，在集群内相关主体之间传导，集群内其他主体采取模仿、追赶、定向超越、重构合作关系和战略联盟等行为与创新主体之间互动，这一互动过程促进了集群企业间的学习与知识共享，形成了产业集群的协同创新，推进产业集群升级。因此，核心企业创新是产业集群升级的引擎，基于核心企业创新驱动视角，集群内的企业是产业集群升级的微观基础。

2.4 创新机制：集群升级的动力系统

演化经济学认为，创新是社会经济演化的源动力；演化的主要动力源自创新，创新为社会经济演化提供必要的燃料。产业集群升级是集群内具有有限理性的异质性微观主体互动演化的过程，创新同样是产业集群演化升级的主要动力。

2.4.1 产业集群创新系统

产业集群创新系统是创新机制的核心，是产业集群升级的引擎系统。产业集群创新是产业集群研究的重要领域，产业集群被视为“区域创新系统”（Rosefield，1997；Padmore & Gibson，1998；Asheim & Isaksen，2002；魏江，2003；许继琴，2006）、“创新的空间”（王缉慈，2001），也有学者聚焦产业集群的创新方式，如集群式创新（刘友金，2004），更多的研究关注产业集群的创新环境、创新优势及其来源。

产业集群主体具有异质性。产业集群内不仅存在不同规模、不同技术水平的企业，还有科研院所、高校和培训机构、行业协会等社会中介组织，地方政府也被视为产业集群的主体之一，它们共同构成了产业集群的创新系统（见图 2.2）（赵运平、綦良群，2016），每一主体在集群创新系统中扮演的角色不同。在这一创新系统中，位于不同价值链环节、既竞争又合作的企业构成创新系统的主体层，集群企业既是创新主体，又是产业集群升级的微观基础；地方政府、科研院所与高校、行业协会、其他中介组织与服务组织构成创新系统的支持层，它们既为集群企业创新提供支持，又是产业集群升级的助推器；集群企业所处的技术环境、市场环境、政策环境和社会文化环境构成创新系统的环境层，是集群企业创新与产业集群升级的外部环境。

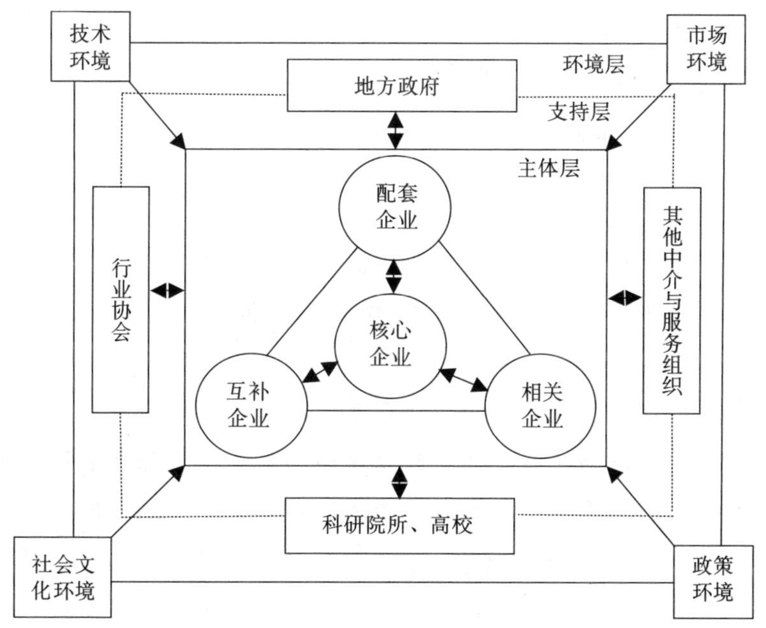

图 2.2　产业集群的创新系统

集群企业是创新的主体，也是独立的利益主体，但每一主体的创新行为都不是孤立的，受制于集群结构和集群内其他主体的行为，又受自身创新资源和创新能力的限制。创新作为一种充满不确定性的过程，具有较高的风险，并受创新资源的约束和创新外部性的影响，因此，每一企业在产业集群创新系统发挥的作用是不同的。

产业集群是一个系统，产业集群升级是集群系统的升级。产业集群系统升级包含技术升级和结构升级两个维度：技术升级是指集群企业技术水平与集群整体产业共性技术水平的提升，具体表现为产品质量的提高和产业层次的提升，新产品、新工艺的不断推出，产品由低端市场进入高端市场，附加价值提高；结构升级则是指集群企业间的联系更为紧密并富有柔性，集群企业间关系逐渐由竞争转向竞合，以共赢作为行为选择的准则，从资源独占转向资源共享，从个体的孤军奋战转向各集群主体的联合作战，从虚拟的产业组织转向动态战略联盟。技术升级与结构升级相互促进，能够提升产业集群的竞争力。因此，集群内某一企业孤立的创新行为或创新活动难以实现产业集群升级，只有集群创新系统内主体层、支持层、环境层的层内与层间互动和协同，才能实现产业集群升级。

2.4.2　核心企业创新与产业集群升级

集群内核心企业是产业集群创新系统的主导者。核心企业位于产业集群创新系统的中心位置，是产业集群创新系统的中枢。核心企业创新不仅包括产品创新、技术创新，还包括管理创新、战略创新（战略创业）和商业模式创新等。核心企业利用其人才优势、技术优势、市场竞争优势，能够把握创新的方向，拥有整合集群内外创新资源的能力。核心企业占据有利网络位置，拥有产业发展的稀缺性资源和很强的创新能力，对产业集群网络具有很大的影响力和控制力，有能力控制集群价值网络的价值分配。核心企业的创新行为具有示范性、引导性、带动性，主导着产业集群升级的路径与方向。在产业集群中，存在单核心企业与多核心企业两种情形。对多核心企业集群而言，产业集群是多个核心企业主导的相互交织的多个供应链的集聚，核心企业间的创新互动对集群演化具有主导作用。

核心企业创新是产业集群创新系统的动力中枢。核心企业的利益驱动和集群内外的竞争压力是其创新的动力。核心企业创新不仅具有自身的利益驱动，还有引领产业集群发展的社会责任。核心企业的利他行为也是追求其战略利益或长期利益需要，这种利他行为会带动集群内其他企业的共同成长，会推动产业集群的演化与升级。集群中的核心企业也可能不只一家，核心企业之间有竞争、也有合作，在我们的实地调研中发现，往往竞争多、合作少，以竞争为主，核心企业间的竞争成为其创新的重要动力。核心企业之间的创新竞争会拉动产业集群技术层次的提升。

核心企业创新能够激活产业集群创新系统，启动了产业集群升级的动力系统。在共享机制和协同机制的作用下，核心企业的产品创新、技术创新、管理创新借助于集群网络系统，在配套企业、互补企业或其他关联企业间扩散，引发其他企业的跟随、模仿，或激发新的创新灵感；核心企业的战略创新，如战略创业、产业转型、集群式转移等创新行为，能够战略性地整合集群内中小企业资源、改善竞合关系，能够带动集群结构优化，形成具有集体行动效率的生产网络，提升集群企业的价值创造与价值捕获能力，实现产业集群的产业升级或易地升级。同时，核心企业对集群内其他企业具有投资外部性、知识转移与扩散、品牌促进等效应，扮演了“公共物品”供给者的角色，促进集群整体发展。核心企业与其他集群企业间协同互动推进了产业集群的演进与升级。

集群升级过程实质上是系统自组织过程，基本特征表现为在一定的环境压力下，由核心企业创新驱动并主导的集群内各微观主体的适应性行为，形成集群内主体之间的协同互动，从而实现产业集群升级。

我们在调研中发现，驱动产业集群升级的核心企业不只是像正泰、德力西、奥康、康奈、雅戈尔、杉杉等制造型企业，还有服务型的核心企业。例如，海宁中国皮革城股份有限公司，作为海宁皮革产业集群的商贸平台，立足于与集群内生产企业、各类客户之间的交易关系，通过平台高级化与国际化、研发包络、塑造集群品牌文化三个方面的创新创业行动，策动并主导了集群内交易网络的协同升级，实现了海宁皮革产业集群产业架构变迁与集群升级的群体效应（吴义爽，2016）。浙江中国轻纺城集团股份有限公司（以下简称“中国轻纺城”）在绍兴纺织产业集群升级中也扮演了核心企业的角色。

2.5 共享机制与协同机制：产业集群升级的传导系统

在传统演化博弈中，复制者动态模型通常将扩散过程等同于选择过程，这种简化也出现在演化经济学理论中（黄凯南，2009）。在核心企业创新驱动产业集群升级演化过程中，共享的过程也是一个协同的过程，协同过程也必然伴随共享；共享与协同都是集群企业间的互动和博弈过程。共享也是习近平总书记提出的五大新发展理念之一。在产业集群内生产要素的共享面越宽，共享程度越高，其外部经济正向作用力就越大（张小蒂、曾可昕，2012；冯德连，2017）。因此，本书也采用类似方法，将共享机制与协同机制一并分析。共享机制与协同机制之间的关系在 2.2 节中已作分析。集群企业之间的技术重合性、知识的相关性是促进集群内知识共享和协同创新的重要机制。由于集群企业间地位的差异，集群企业知识共享存在多个层次，本节将综合运用演化博弈、双寡头博弈、群体博弈树和 MATLAB 仿真的方法，分别对集群内企业地位对等条件下、地位不对等条件下、复杂集群网络结构条件下的知识共享条件进行分析，进一步探讨知识共享参与主体的博弈均衡，并用数值模拟进行验证，本节分析的逻辑框架如图 2.3 所示。

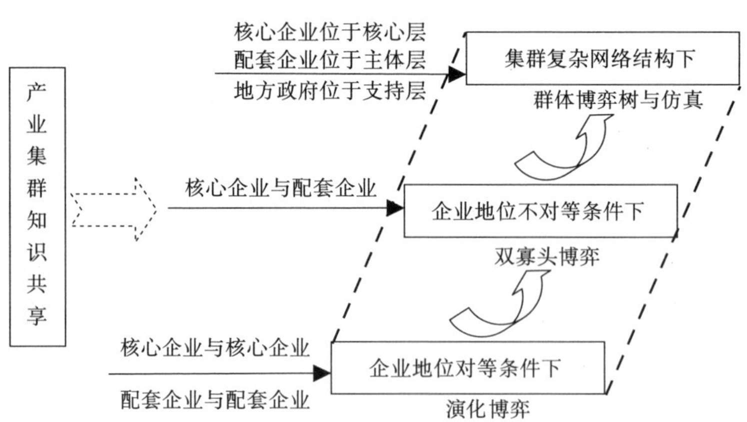

图 2.3 逻辑框架图

2.5.1 知识共享的内涵及其影响因素

集群企业间的知识共享是相关主体互动与博弈的动态过程。共享即集群内各主体创新成果包括产品、技术、理念、制度、方法、信息等的共享，统称为知识共享，是溢出方知识资源的“盘活”，是吸收方知识资源的“补短板”，是集群整体创新的“降成本”，是知识的供给侧改革。分享经济浪潮下集群知识共享研究不仅是对产业集群知识溢出研究的新拓展，而且对于产业集群的创新驱动发展具有推动作用，也丰富了供给侧改革的内涵。知识共享产生的协同效应能够促进集群网络中企业间的合作，加快集群创新网络的发展，助力协同创新并实现互利共赢，提高集群整体绩效从而加快集群升级步伐和集群经济的增长。可见，知识共享对社会的回报率明显高于对企业的回报率（赵勇、白永秀，2009）。

1. 知识共享的内涵

在现有相关研究中，知识共享的概念界定不够清晰，常与其他概念混淆。Alavi 和 Leidner（2001）认为知识共享就是知识的扩散，把知识共享看作知识在组织内扩散的过程；Lin 和 Lee（2004）认为知识共享就是知识转移。现有对集群知识共享的研究主要从知识溢出的角度（吉敏、谢庆红，2013；梁祺，2015），强调知识的产权归属和保护，是一种被动分享。在分享经济新背景下，使用权高于产权，共享高于独占，动态演化高于静态均衡（刘权，2016）。不同学者对知识共享的界定不同，从基本关注点可将知识共享的概念划分为效果观和过程观。效果观聚焦于知识共享的作用和结果；过程观关注知识共享的实现过程。

第一，效果观。Hendriks（1999）提出知识共享主体，即知识拥有方与知识需求方，知识拥有方通过直接或间接的方式提供知识，而知识获取方通过察觉、倾听、阅读、模仿等方式吸收利用这些知识。知识具有公共物品的属性，不具有排他性。Lucas（2002）认为，投入企业生产过程的技术知识与同样投入机器设备等物质资本的作用有明显的不同；机器设备的使用具有专有性和排他性，并且会随着使用强度和使用时间而逐渐折旧耗损；技术知识具有非排他性，一个企业对某一技术知识的使用不会影响其他企业对它的使用；技术知识也不会因使用而损耗，反而会在使用中得到进一步的创新和提升（张聪群，2007；刘禹宏、蔡志强，2008）。从这个意义上来说，技术知识是具有外溢扩散的自然趋向和兼容共享的生产性潜能的资本要素（张聪群，2007）。知识资源与一般资产的区别是，知识是无形的，在利用过程中不但没被消耗，而且自身价值会随着共享而不断增大，即边际成本稳定，边际收益递增（刘启春，2012）。知识是一种经验的积累，知识的学习吸收、创造利用可以促进企业核心业务能力的提高，增强核心竞争力（刘蕾，2003）。共享行为包含知识重构，有学者认为知识共享如同交易，注重互惠、交换的运行机制，知识市场中互惠、声誉、利他等非经济变量起着支付机制的作用（Davenport & Prusak，1999）。从效果观来看，知识共享是知识扩散或知识溢出的结果。集群内企业由于地理邻近性，有利于企业通过正式或非正式渠道分享集群内部知识；由于企业产业的关联性，集群企业间具有相似的认知结构和相似或关联的知识内容，有利于企业对外部知识（集群知识）价值的识别、消化、转化和应用。知识共享使集群企业整体技术水平得到提升，有利于促进产业集群的技术升级。

第二，过程观。从创新主体角度来看，知识共享的过程实际上就是一个知识溢出的过程或知识扩散的过程，也是集群企业技术学习的过程。在这一过程中，集群企业间的互动与协同促进产业集群的演化。从学习过程的视角，集群企业知识共享要经过探索性学习、转化性学习和应用性学习三个阶段（李俊、赵立龙，2010），探索性学习主要是识别和理解外部的新知识，转化性学习主要是消化有价值的外部知识，应用性学习主要是应用所消化的外部知识。这一学习过程既可能提高企业绩效，也可能会有新知识的产出。学习绩效既与知识特点、集群内部环境有关，也与企业自身的心智模式、组织结构、业务流程和战略等有关。Gilbert 和 Cordey - Hayes（1996）认为知识共享过程包括获取、交流、应用、接受和消化五个阶段，其实质是知识创造的过程，其中，接受和消化是关键，知识共享是动态的过程。从企业层面看，集群企业的共享意愿、预期的共享成本与共享绩效、企业间的信任、自身的创新能力和吸收能力都会影响知识共享行为。从集群层面来看，集群结构、产业特征、地域产业文化、集群内部合作与竞争的氛围、政府对创新激励的政策、行业协会搭建的公共服务平台等也会影响知识共享行为与共享绩效。

与知识共享相似或相关联的概念还有知识分享、知识溢出、知识扩散、知识转移等，它们之间有交集，也有差异，只有比较才能厘清它们间的细微差别。

第一，知识分享与知识共享。知识分享与知识共享对应的英文单词都是“Knowledge sharing”，要界定知识分享与知识共享，首先需要明确“分享”和“共享”的区别和联系。“分享”是指知识的拥有者将所拥有的知识提供给集群内其他主体享有和使用，在此过程中带有一定的目的性，既可能是有条件的“分享”，也可能是自愿地无条件“分享”；而“共享”则是共同享有，强调互利共赢基础上的分享，更加契合协同发展的理念，是实现“分享”发展的最高级形式（李炳炎、徐雷，2017）。由此可见，分享是途径，共享是目的，集群内各主体有目的、有条件的知识分享行为，最终实现知识资源在集群内的共同享有。

第二，知识溢出、知识扩散与知识共享。知识溢出是由知识的外部性特征（非排他性）决定的，不具有目的性，是在无意识的知识传播中获取的智力成果，知识创造者不能从中获取补偿，或获取的补偿小于溢出知识的价值（赵勇、白永秀，2009）。知识扩散是指知识借助于市场或非市场等多元化渠道发生的流动、传播与采用，知识扩散一般包括三个层次：企业内部的扩散、产业内部的扩散、产业之间的扩散。产业集群内知识扩散渠道既可能是交易、投资、合作研发等，也可能是人员流动、人际接触、展会、论坛等媒介。没有创新扩散，创新就不可能产生大的经济影响和社会影响，创新扩散能使创新成果的价值产生乘数效应。知识扩散就其本质而言，也是知识溢出，扩散的结果是实现了知识共享。从这个视角来看，知识扩散是知识共享的途径。知识共享强调知识在合作者中的双向流动，逐渐从个体之间的双向流动扩散到整个组织层面（史江涛，2011）。知识共享是一个交换信息或辅助他人的行为集合，通过交换信息帮助弱势个体提升经营能力，从而实现双方更好的合作（李菁楠、邓勇、刘合艳，

2010）。

知识转移是借助于知识的提供者与接受者之间的互动，通过各种媒介获得所需知识，并将知识加以吸收、发展、创新与应用的过程（谢运，2012）。知识共享、知识转移与知识扩散之间既有联系又有区别（谢荷锋，2007）。史江涛（2011）认为，知识转移是知识共享的过程，知识共享通过知识转移使知识由个体扩散到群体；知识共享是知识的双向传递，而知识转移和知识扩散侧重的都是知识单向流动。

从过程观来看，知识溢出、知识扩散、知识转移是实现产业集群内知识共享的过程或方式，知识共享是产业集群内各主体间的互动与协同的结果。

2. 知识共享的影响因素

产业集群内知识共享过程涉及多个主体，即知识的拥有方和知识的需求方。知识拥有方以各种形式提供知识，知识需求方则吸收、利用这些知识，构成知识共享的过程（任岩，2006）。

产业集群内知识共享受以下因素影响：

（1）知识本身的特征

产业集群内知识可以区分为显性知识（Explicit Knowledge）与隐性知识（Tacit Knowledge），显性知识的溢出程度一般比隐性知识高，显性知识的溢出与空间距离关系不大，隐性知识的溢出是空间距离的函数（张聪群，2005；张聪群，2007）。产业集群环境更有利于知识溢出，特别是隐性知识的溢出。知识的异质性、互补性和可整合性影响知识共享的效果，互补知识在共享过程中创造更多价值（翁莉、仲伟俊、鲁芳，2009）。

（2）集群企业的异质性

产业集群内企业具有异质性，每个企业的知识创新能力、学习能力、知识吸收能力以及利用知识创造财富的能力都存在较大的差异，因此，每个企业对集群知识共享的贡献和获益存在差异，会影响集群企业知识共享的动机和行为。集群核心企业的主导地位决定了其拥有更先进的技术知识和更高的创新能力，能够溢出可以共享的知识资源，配套企业以较低成本学习核心企业知识，获取增量收益（刘权、张聪群 2016）。知识吸收能力影响知识共享的效果，较强的吸收能力能更好地转换知识，并进一步扩散来改善整体知识水平（张旭梅、陈伟等 2009）。集群企业是以利润为中心，而不是以知识为中心，企业对知识市场价值的识别和将知识转化为产品竞争优势的能力将决定企业在知识共享中的收益。

（3）利益机制

产业集群内企业的知识共享是一种经济行为，知识共享的背后是创新收益的共享。创新收益的独占性会限制集群企业间的知识共享。知识补偿机制影响知识共享动机，动机又进而影响知识共享效果（任岩，2006）。在集群企业进行知识共享时，专有知识的互补与融合会创造协同收益，协同收益影响知识共享的动机，双方知识共享的整体价值大于各个参与企业的价值之和，即实现了“1 + 1 > 2”的协同效应（张肖，2014）。共享利益分配机制影响知识共享的效果，完善的分配机制可以保障知识共享过程的顺利进行（翁莉、仲伟俊、鲁芳，2009）。风险成本、运营成本和平台建设成本等影响知识共享活动（雷俊霞，2015），较小的知识交流成本是和谐持久合作的保障，企业会采取互动成本最小的方式实现知识共享。

（4）政府因素

地方政府是产业集群的主体之一。作为服务型政府，纠正“市场失灵”、弥补市场供给不足、加强市场监管是其重要职责。Keeble 和 Wilkinson（1999）认为在推动企业间相互学习、知识转移和促进内部合作方面，各种公共机构扮演着非常重要的角色。Izush（1999）进一步指出，地方政府可以通过政策措施，促进企业间知识共享，帮助建立合作关系，但应采取措施消除企业可能丧失独立性的风险。政府应该营造良好的知识共享环境，加强企业对合作的认识，构建便利的互动平台，如知识技术交流会、创新产品展览会等（雷俊霞，2015）。在追求地方政府财政收入和个人政治升迁的激励下，地方政府官员致力于利用手中的权力、资源和政策工具为产业集群发展搭建平台，以带动本地经济增长（张聪群，2007）。

2.5.2 地位对等下集群企业知识共享的演化博弈分析

核心企业与核心企业、配套企业与配套企业之间的知识共享行为，不考虑地位差异，是集群知识共享的一般情况。产业集群的知识共享具有特殊性，但也不失其一般性，要研究其特殊性，需要在一般性的基础上逐步推进，不断深入。从集群内单个企业的知识分享入手，分析集群知识共享的形成机制，探讨集群知识共享的动态收敛过程。演化博弈模型是从有限理性社会人的角度出发，分析博弈参与者的资源配置行为，为预测群体最终行为提供依据。其基本思想是给定群体所处的状态，随着时间的演化，合适的策略会被更多参与者采用，最终达到博弈均衡。本书将采用演化博弈模型加以分析，由于有限理性假设，集群企业不可能在每一次博弈中都能趋向最优均衡，于是，最佳策略的形成往往是改进过去的策略，最终趋于某个稳定的策略，从而达到均衡状态。研究思路是在满足一定的条件下，各个参与主体的策略选择相互影响，最终合适的策略会被全体采用，达到均衡状态。

1. 相关假设及模型构建

（1）理论假设

为了便于分析，本书假设集群内的企业 A 和企业 B 是参与知识分享的主体，所得的研究结论同样也适用于集群内多个企业参与知识分享的情形。

①独立性假设。集群企业都是独立的，能根据自身在分享过程中获取的经济收益进行决策，决定是否分享知识资源。

②有限理性假设。受不确定性和信息不充分的影响，参与博弈的企业不是完全理性的，很难根据自身情况瞬间作出决策，还受到其他企业的影响，即分享的知识资源是否能从其他企业的知识分享中获取补偿。

③策略空间假设。每个企业有“分享”和“不分享”两种选择，利益主体演化趋势的均衡会产生四种组合——（分享，分享）、（分享，不分享）、（不分享，分享）和（不分享，不分享），构成博弈双方的策略空间。当参与双方的策略组合是（分享，分享），即都选择“分享”时，实现集群内企业的知识共享。

④知识异质性假设。集群内各企业的知识是有差异的，由于集群企业的产业关联性，它们所分享的知识虽有差异但有内在联系，即知识供给和

知识需求能够高效按需匹配，这样可以促进企业间的知识互补，有利于实现集群协同效应。

（2）变量假设

在理论假设的基础上，提出变量假设。

①企业 A 的知识存量为 k_1，企业 B 的知识存量为 k_2。知识存量是某阶段内特定主体（组织或经济系统）对知识资源的占有总量，是不断积累的历史过程，具有价值和使用价值，可以用于经济活动领域（杨志锋、邹珊刚，2000），是由企业自身的创新能力、学习能力、吸收能力决定的；企业 A、B 的知识分享率分别为 e_1、e_2，是企业权衡收益后愿意分享的知识比率。知识分享能够促进集群企业技术创新，降低集群交易成本，使参与企业相信其在分享过程中能够实现互利共赢、构建良好的合作关系。则企业 A、B 的知识分享量分别为 e_1k_1、e_2k_2。

②知识吸收率是将学习到的知识转换为收益的能力，企业 A、B 的知识吸收率分别为 α_1、α_2。企业必须具备一定的吸收能力才能获取、消化、整合和利用集群其他主体共享的知识。从某种意义上说，知识吸收率是对企业知识分享的一种补偿，也是企业知识分享的利益机制。如果没有吸收能力，那么知识分享对集群是毫无意义的。由于知识共享是一种经济行为，在获取分享收益的同时难免有成本的发生，企业 A 的知识分享成本率为 γ_1，企业 B 的知识分享成本率为 γ_2。随着集群规模的扩大和文化多样性的增加，内部企业之间的沟通成本增加，加上集群资源和空间限制，知识分享不可能无限扩张下去，使集群企业倾向于本地收敛（陈傲、柳卸林、程鹏，2011），知识分享成本增加。

③企业 A 选择知识分享策略的概率为 x，选择不分享策略的概率为 $1-x$，$x\in[0,1]$；企业 B 选择知识分享策略的概率为 y，选择不分享策略的概率为 $1-y$，$y\in[0,1]$。企业 A 和企业 B 同时选择分享策略时的协同收益为 $\Delta\pi$，即知识共享创造的“$1+1>2$”效应，其中，企业 A 享有的比例为 α，企业 B 享有的比例为 $1-\alpha$，$\alpha\in[0,1]$，反映知识共享的集群效应给企业创造的收益。

④分享知识的企业获得政府的资助或补贴为 β。知识共享是知识外部

性的体现，使知识具有“准公共产品”的属性，盘活了企业拥有的知识，扩大了集群知识供应面，提升了集群知识供给总量，使知识的价值产生了“乘数效应”，既能实现集群的创新驱动发展，又能促进区域经济发展和社会的全面进步。因此，政府可以通过财政补贴、税收优惠和政策引导等措施对集群企业知识分享行为予以支持。

（3）模型构建

集群企业的收益包括不存在知识分享时的正常收益、吸收对方分享知识增加的收益、双方同时分享知识创造的协同收益以及政府基于促进创新给予的分享支持。由于知识本身的复杂性和集群环境的不确定性，在知识分享过程中，伴随着成本的发生以及对方竞争实力的增强，有可能导致自身收益相对减少。结合变量假设可知，企业A、B不考虑分享时的正常收益分别为π_1、π_2；企业A吸收对方分享知识增加的收益为$\alpha_1 e_2 k_2$，企业B吸收对方分享知识增加的收益为$\alpha_2 e_1 k_1$；企业A获得的协同收益为$\alpha\Delta\pi$，企业B获得的协同收益为$(1-\alpha)\Delta\pi$；企业A、B知识分享所产生的成本分别为$\gamma_1 e_1 k_1$、$\gamma_2 e_2 k_2$；选择分享策略的企业获得政府的支持β，最终反映为企业收益的增加。综上可知，集群企业知识分享的博弈矩阵如表2.1所示。

表2.1　集群企业知识分享的博弈矩阵

—		企业B	
		分享（y）	不分享（$1-y$）
企业A	分享（x）	$\pi_1+\alpha_1 e_2 k_2-\gamma_1 e_1 k_1+\alpha\Delta\pi+\beta$，$\pi_2+\alpha_2 e_1 k_1-\gamma_2 e_2 k_2+(1-\alpha)\Delta\pi+\beta$	$\pi_1-\gamma_1 e_1 k_1+\beta$，$\pi_2+\alpha_2 e_1 k_1$
	不分享（$1-x$）	$\pi_1+\alpha_1 e_2 k_2$，$\pi_2-\gamma_2 e_2 k_2+\beta$	π_1，π_2

2. 演化博弈分析

（1）企业A知识分享的稳定性分析

企业A选择分享和不分享策略时的收益，以及其期望收益依次为：

$$u_{1A}=y(\pi_1+\alpha_1 e_2 k_2-\gamma_1 e_1 k_1+\alpha\Delta\pi+\beta)+(1-y)(\pi_1-\gamma_1 e_1 k_1+\beta) \tag{2.1}$$

$$u_{2A}=y(\pi_1+\alpha_1 e_2 k_2)+(1-y)\pi_1 \tag{2.2}$$

$$\overline{u_A}=xu_{1A}+(1-x)u_{2A} \tag{2.3}$$

企业 A 知识分享复制动态方程的计算公式为（谢识予，2001）：

$$\begin{aligned} F(x) &= \frac{\mathrm{d}x}{\mathrm{d}t} \\ &= x(u_{1A} - \overline{u_A}) \\ &= x(1-x)(u_{1A} - u_{2A}) \\ &= x(1-x)[\alpha\Delta\pi y - (\gamma_1 e_1 k_1 - \beta)] \end{aligned} \tag{2.4}$$

对 x 求导后得

$$F'(x) = (1-2x)[\alpha\Delta\pi y - (\gamma_1 e_1 k_1 - \beta)] \tag{2.5}$$

令 $F(x)=0$ 可解得：$x_1=0$，$x_2=1$，$y=\frac{\gamma_1 e_1 k_1 - \beta}{\alpha\Delta\pi}$，设 $z_y=\frac{\gamma_1 e_1 k_1 - \beta}{\alpha\Delta\pi}$。

根据微分方程的定理和演化稳定策略的性质，只有满足 $F'(x)<0$ 的点才是演化稳定策略（张良桥，2003）。

①当 $y=z_y$ 时，$F'(x)=0$，对所有的 x 都能达到均衡状态，即当企业 B 选择分享策略的概率等于临界值 z_y 时，企业 A 选择分享策略的概率在 $x\in(0,1)$ 上都是稳定的，企业 A 的相位图如图 2.4（a）所示。

②当 $z_y=\frac{\gamma_1 e_1 k_1 - \beta}{\alpha\Delta\pi}<0$ 时，$F'(0)>0$，$F'(1)<0$，$x=1$ 是演化稳定策略。其现实含义为：由 $z_y=\frac{\gamma_1 e_1 k_1 - \beta}{\alpha\Delta\pi}<0$，可得 $\beta>\gamma_1 e_1 k_1$，即政府支持足以补偿企业 A 分享知识时的成本，分享知识带来的差额收益是确定的，有限理性的企业 A 无论如何都会选择分享策略。由此可见，政府的财政补贴、税收优惠和政策引导等措施可以促进企业知识分享，扩大集群网络知识供应量，提升集群知识供给总量，有利于实现集群知识共享，企业 A 对应的相位图如图 2.4（b）所示。

③当 $0<z_y=\frac{\gamma_1 e_1 k_1 - \beta}{\alpha\Delta\pi}<1$ 时，$\beta<\gamma_1 e_1 k_1<\beta+\alpha\Delta\pi$，如果企业 A 的知识分享成本 $\gamma_1 e_1 k_1$ 大于政府支持 β，即政府支持不足以抵销分享成本，有限理性的企业 A 选择不分享策略；如果企业 A 的知识分享成本 $\gamma_1 e_1 k_1$ 小于政府支持 β 与协同收益 $\alpha\Delta\pi$ 之和，有限理性的企业 A 为了获取共享知识收益 $\alpha\Delta\pi$，一定会选择分享策略，则该条件下企业 A 有两种策略选择。

下面从企业 A 与企业 B 的博弈中分情况进行讨论：

当 $y < z_y$ 时，$F'(0) < 0$，$F'(1) > 0$，$x = 0$ 是企业 A 的演化稳定策略。其现实含义为：当企业 B 选择知识分享策略的概率小于一定值 z_y 时，企业 A 吸收到企业 B 分享知识的可能性较小，有限理性的企业 A 为了降低知识分享成本以及避免企业 B 创新能力增强对自身竞争力造成威胁，宁愿闲置知识资源也不选择分享策略，企业 A 的相位图如图 2.4（c）所示。

当 $y > z_y$ 时，$F'(0) > 0$，$F'(1) < 0$，$x = 1$ 是企业 A 的演化稳定策略。其现实含义为：当企业 B 选择知识分享策略的概率大于一定值 z_y 时，企业 A 获得企业 B 知识的可能性较大，有限理性的企业 A 为了获取协同收益，最终会复制企业 B 的行为，选择分享策略，其最终的博弈结果是集群知识共享，企业 A 对应的相位图如图 2.4（d）所示。

④当 $z_y = \dfrac{\gamma_1 e_1 k_1 - \beta}{\alpha \Delta \pi} > 1$ 时，$F'(0) < 0$，$F'(1) > 0$，$x = 0$ 是企业 A 的演化稳定策略。其现实含义为：由 $z_y = \dfrac{\gamma_1 e_1 k_1 - \beta}{\alpha \Delta \pi} > 1$ 可推得 $\gamma_1 e_1 k_1 > \beta + \alpha \Delta \pi$，企业 A 分享知识的成本大于政府支持与协同收益之和，也就是说企业 A 的知识分享成本是无法弥补的，有限理性的企业 A 只能选择不分享策略，这符合知识分享的现实状况，企业 A 的相位图如图 2.4（e）所示。

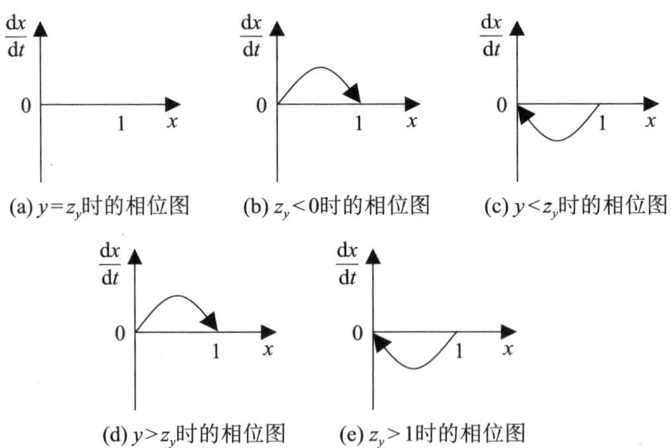

图 2.4　集群中企业 A 知识分享的复制动态相位图

（2）企业 B 知识分享的稳定性分析

企业 B 选择分享和不分享策略时的收益，以及其期望收益依次为：

$$u_{1B}=x[\pi_2+\alpha_2 e_1 k_1-\gamma_2 e_2 k_2+(1-\alpha)\Delta\pi+\beta]+(1-x)(\pi_2-\gamma_2 e_2 k_2+\beta) \tag{2.6}$$

$$u_{2B}=x(\pi_2+\alpha_2 e_1 k_1)+(1-x)\pi_2 \tag{2.7}$$

$$\overline{u_B}=yu_{1B}+(1-y)u_{2B} \tag{2.8}$$

企业 B 知识分享复制动态方程的计算公式为（谢识予，2001）：

$$\begin{aligned}F(y)&=\frac{\mathrm{d}y}{\mathrm{d}t}\\&=y(u_{1B}-\overline{u_B})\\&=y(1-y)(u_{1B}-u_{2B})\\&=y(1-y)[(1-a)\Delta\pi x-(\gamma_2 e_2 k_2-\beta)]\end{aligned} \tag{2.9}$$

对 y 求导后得

$$F'(y)=(1-2y)[(1-a)\Delta\pi x-(\gamma_2 e_2 k_2-\beta)] \tag{2.10}$$

令 $F(y)=0$，可解得：$y_1=0$，$y_2=1$，$x=\frac{\gamma_2 e_2 k_2-\beta}{(1-\alpha)\Delta\pi}$，设$z_x=\frac{\gamma_2 e_2 k_2-\beta}{(1-\alpha)\Delta\pi}$。

只有 $F'(y)<0$ 的点才能称得上是演化稳定策略（张良桥，2003）。

由于企业 A 和企业 B 拥有相同的动态相位图，此处不再罗列企业 B 的动态相位图及其具体推导过程。

①当 $x=z_x$ 时，$F'(y)=0$，对所有的 y 都是稳定状态，相位图可参照图 2.4（a）。

②当 $z_x=\frac{\gamma_2 e_2 k_2-\beta}{(1-\alpha)\Delta\pi}<0$ 时，$F'(0)>0$，$F'(1)<0$，$y=1$ 是企业 B 的演化稳定策略，相位图可参照图 2.4（b）。

③当 $0<z_x=\frac{\gamma_2 e_2 k_2-\beta}{(1-\alpha)\Delta\pi}<1$ 时，分情况讨论：

当 $x<z_x$ 时，$F'(0)<0$，$F'(1)>0$，$y=0$ 是企业 B 的演化稳定策略，相位图可参照图 2.4（c）。

当 $x>z_x$ 时，$F'(0)>0$，$F'(1)<0$，$y=1$ 是企业 B 的演化稳定策略，相位图可参照图 2.4（d）。

④当 $z_x = \dfrac{\gamma_2 e_2 k_2 - \beta}{(1-\alpha)\Delta\pi} > 1$ 时，$F'(0) < 0$，$F'(1) > 0$，$y = 0$ 是企业 B 的演化稳定策略，相位图可参照图 2.4（e）。

（3）集群知识共享的稳定性分析

为了综合、直观地反映集群知识共享的动态演化趋势，将企业 A 相位图中的图 2.4（a）、图 2.4（c）、图 2.4（d）和相对应的企业 B 相位图放在一个平面坐标中，得到集群知识共享的复制动态相位图（见图 2.5）。

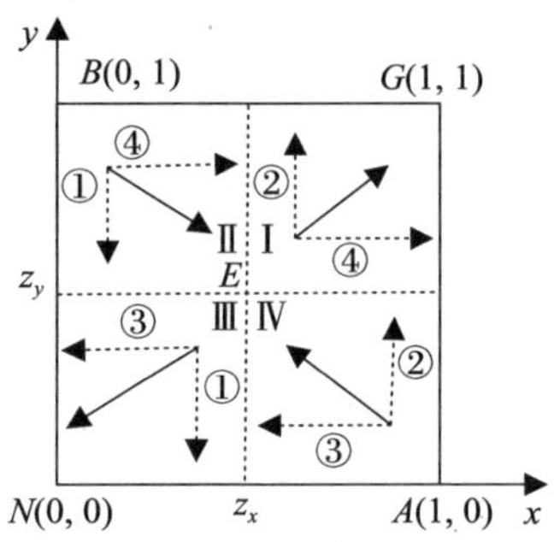

图 2.5　集群知识共享复制动态相位图

从图 2.5 可以看出，直线 $x = z_x$ 和 $y = z_y$ 将平面区域分成 4 个区间（Ⅰ、Ⅱ、Ⅲ、Ⅳ），并相交于鞍点 E（z_x, z_y）（魏晓平、李昆，2005）。当 $x < z_x$ 时（企业 A 选择分享策略的概率小于 z_x），企业 B 趋向 $y = 0$ 的演化稳定状态，最终选择不分享策略，正如区间Ⅱ、Ⅲ向下的虚箭头①所示；当 $x > z_x$ 时（企业 A 选择分享策略的概率大于 z_x），企业 B 趋向 $y = 1$ 的演化稳定状态，最终选择分享策略，正如区间Ⅰ、Ⅳ向上的虚箭头②所示；当 $y < z_y$ 时（企业 B 选择分享策略的概率小于 z_y），企业 A 趋向 $x = 0$ 的演化稳定状态，最终选择不分享策略，正如区间Ⅲ、Ⅳ向左的虚箭头③所示；当 $y > z_y$ 时（企业 B 选择分享策略的概率大于 z_y），企业 A 趋向 $x = 1$ 的演化稳定状态，最终选择分享策略，正如区间Ⅰ、Ⅱ向右的虚箭头④所示。图 2.5 中的实线箭头则表示两个企业相互影响下"合力"的作用结果，即策略选择总趋势。为了更好地反映集群知识共享的动态演变过程，由图 2.5 的实线箭头可绘出集群知识共享的稳定性趋向图，如图 2.6 所示。

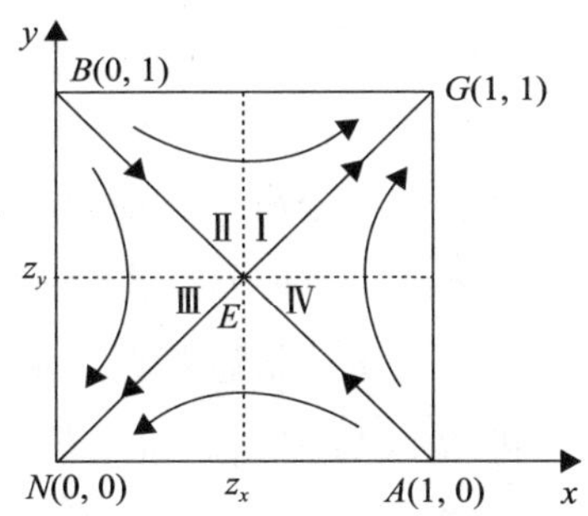

图 2.6　集群知识共享稳定性趋向图

由图 2.6 可知，当博弈初始状态位于Ⅰ区时，企业 A、企业 B 均以大于一定概率（$x>z_x$，$y>z_y$）选择分享策略，最终都会分享知识，从而使博弈结果收敛于 G（1，1）点，实现集群知识共享。因为当一方分享知识的可能性较大时，另一方为了获得共享协同收益，也会选择分享策略。

当博弈初始状态位于Ⅲ区时，企业 A、企业 B 均以小于一定的概率（$x<z_x$，$y<z_y$）选择分享策略，即分享知识的可能性都很小，最终都选择不分享策略，从而使博弈结果收敛于 N（0，0）点，达到稳定状态。因为当一方分享知识的可能性很小时，另一方的知识分享不能取得对方的知识资源作为交换，有限理性的企业就会选择不分享策略。

当博弈初始状态位于Ⅱ区和Ⅳ区时，博弈结果既有可能收敛于 G（1，1）点，即实现知识共享；也有可能收敛于 N（0，0）点，即全部选择不分享策略。由图 2.6 可知，初始状态位于Ⅱ区的右上部分时，企业 B 以大于一定的概率（$y>z_y$）选择分享策略，企业 A 以小于一定的概率（$x<z_x$）选择分享策略，企业 A 观察到企业 B 的分享趋向后，为了获得协同收益，忽略了企业 B 选择不分享策略的小概率事件带来的损失，最终以大于一定的概率（$x>z_x$）选择分享策略，双方逐渐趋向共享稳定状态。初始状态位于Ⅱ区左下部分时，企业 B 以大于一定的概率（$y>z_y$）选择分享策略，企业 A 以小于一定的概率（$x<z_x$）选择分享策略，企业 B 观察到企业 A 的不分享趋向后，忽略了企业 A 选择分享策略的小概率事件带来的收益，最终以小于一定的概率（$y<z_y$）选择分享策略，双方逐渐趋向不分享稳定状态。同理可分析Ⅳ区的右上部分和左下部分。

综上所述，图2.6中只有N（0，0）点、G（1，1）点是稳定点，即演化稳定策略，A（1，0）点、B（0，1）点是不稳定平衡点。企业A和企业B除了初始状态选择分享或不分享外，他们分享策略的选择要经过一段时间的博弈才能演化到稳定点，当初始状态落在区域$BEAN$内时，博弈将逐渐收敛于N（0，0）点；当初始状态落在区域$BEAG$内时，博弈将逐渐收敛于G（1，1）点，随着区域$BEAG$面积的增大，演化到均衡点G（1，1）的概率也在增大，实现集群知识共享的可能性增大。设区域$BEAG$的面积为S。

$$则\ S=\frac{z_x(1-z_y)}{2}+\frac{z_y(1-z_x)}{2}+(1-z_x)(1-z_y)$$

$$=1-\frac{z_x+z_y}{2} \tag{2.11}$$

将z_x、z_y的值代入后可得S为：

$$S=1-\frac{(1-\alpha)\gamma_1 e_1 k_1+\alpha\gamma_2 e_2 k_2-\beta}{2\alpha(1-\alpha)\Delta\pi} \tag{2.12}$$

从企业A、企业B的分享稳定性博弈过程可以看出，知识分享成本率γ_1和γ_2、政府对知识分享的支持β、协同收益$\Delta\pi$对企业分享策略的选择有重大影响，下面通过求一阶偏导数来研究各要素对知识共享均衡的影响。

$$\frac{\partial S}{\partial\gamma_1}=-\frac{e_1 k_1}{2\alpha\Delta\pi}<0 \tag{2.13}$$

$$\frac{\partial S}{\partial\gamma_2}=-\frac{e_2 k_2}{2(1-\alpha)\Delta\pi}<0 \tag{2.14}$$

即S的变化与γ_1、γ_2的变化负相关，当其他变量一定时，γ_1、γ_2的值越大，$BEAG$的面积就越小，博弈演化到均衡点G（1，1）的概率也越小。可见，随着知识分享成本的增加，集群企业最终选择不分享策略的可能性增加。

$$\frac{\partial S}{\partial\beta}=\frac{1}{2\alpha(1-\alpha)\Delta\pi}>0 \tag{2.15}$$

即S的变化与β的变化正相关，当其他变量一定时，β值越大，$BEAG$的面积就越大，博弈演化到均衡点G（1，1）的概率也越大。因为不考虑政府支持时，鞍点 E 的坐标为 $(\frac{\gamma_2 e_2 k_2}{(1-\alpha)\Delta\pi}, \frac{\gamma_1 e_1 k_1}{\alpha\Delta\pi})$；考虑政府支持后，鞍点 E 的坐标就变为 $(\frac{\gamma_2 e_2 k_2-\beta}{(1-\alpha)\Delta\pi}, \frac{\gamma_1 e_1 k_1-\beta}{\alpha\Delta\pi})$，可以看出横坐标和纵坐标值都变小，鞍点 E 的位置向左下方移动，*BEAG* 的面积变大，从而双方演化到知识共享稳定状态的概率也变大。可见，政府支持有利于促进集群知识共享。

$$\frac{\partial S}{\partial \Delta\pi}=\frac{(1-\alpha)\gamma_1 e_1 k_1+\alpha\gamma_2 e_2 k_2-\beta}{2\alpha(1-\alpha)\Delta\pi^2} \tag{2.16}$$

当 $(1-\alpha)\gamma_1 e_1 k_1+\alpha\gamma_2 e_2 k_2>\beta$ 时，$\frac{\partial S}{\partial \Delta\pi}>0$，即当企业 A 和企业 B 知识分享的加权平均成本 $[(1-\alpha)\gamma_1 e_1 k_1+\alpha\gamma_2 e_2 k_2]$ 大于政府支持 β 时（权重分别为 α 和 $1-\alpha$），协同收益 $\Delta\pi$ 越大，*BEAG* 的面积 S 就越大，博弈演化到均衡点 G（1，1）的概率也越大，从而实现集群知识共享的可能性增大。当政府支持不足以补偿知识分享的加权平均成本时，企业只能寄希望于相互分享创造的协同收益，协同收益越大，收敛于共享稳定状态的可能性越大。可见，集群效应产生的协同收益有利于实现集群知识共享。

当 $(1-\alpha)\gamma_1 e_1 k_1+\alpha\gamma_2 e_2 k_2<\beta$ 时，政府支持大于企业 A、企业 B 知识分享的加权平均成本，这种情况只有在企业 A 的相位图 2.4（b）（满足 $z_y<0$，$\beta>\gamma_1 e_1 k_1$）和对应的企业 B 相位图（满足 $z_x<0$，$\beta>\gamma_2 e_2 k_2$）中才能实现，由于平面坐标中面积 S 的计算是在 $0<z_x<1$，$0<z_y<1$ 的条件下完成的，所以这种情况不予考虑。

综上所述，核心企业与核心企业、配套企业与配套企业间的知识共享属于地位对等企业间的知识共享，当知识共享成本大于政府激励但小于政府激励与协同收益之和时，博弈方最终有可能实现知识共享，也有可能都不分享，这取决于鞍点 E 的位置。

2.5.3 企业地位不对等下集群企业知识共享的 Stackelberg 博弈分析

在产业集群中，企业具有异质性，集群企业间的地位并不对等。核心企业与配套企业之间的知识共享行为是在地位不对等的情况下进行的，遵循主从关系。核心企业既是集群的主导者，又是集群效应最大的受益者，核心企业利益与产业集群利益是高度一致的，这就决定了核心企业必须始终将集群利益放在第一位，然后才能考虑自身利益最大化（许强、应翔君，2012）。一般认为，核心企业具有较高的创新能力和先进的技术知识，能够溢出可以共享的知识资源，倡导企业之间彼此信任与协同创新（杜欣、邵云飞，2013）。核心企业具备选择优秀伙伴的能力，选择优秀的配套企业并将技术知识溢出，可以提高配套企业能力，配套企业已嵌入核心企业的生产体系和创新体系之中。由于业务上的互补性，配套企业知识溢出也可以提高核心企业能力（李志国、王伟，2013）。然而，集群内核心企业与配套企业知识溢出和吸收能力存在差异，交易地位也不对等，形成了核心企业与配套企业之间的主从关系。

分享是途径，共享是目的，实现“分享”发展的最高级形式就是“共享”发展（李炳炎、徐雷，2017），要实现集群知识共享，先从单个企业知识分享入手，综合考虑集群内企业地位的不对等性，强调核心企业对配套企业的主导作用，并将政府因素作为条件变量，进行核心企业与配套企业之间的寡头博弈，探讨知识共享的实现机制。在此，采用 Stackelberg 博弈对核心企业和配套企业的知识分享策略进行分析。

1. 相关假设及模型构建

（1）理论假设

①地位不对等假设。核心企业与配套企业交易地位不对等，核心企业主导着产业集群，并借助集群优势与行业领先者竞争，有优先决策权，配套企业决策受核心企业限制。

②整体利益假设。核心企业不能脱离产业集群追求自身利益最大化，否则会因为核心企业发展过快，配套企业无法及时跟进而导致集群整体收益低下。

③最大收益假设。核心企业、配套企业都是独立经营主体，都具有收益最大化的诉求，能根据自身的收益成本进行决策。

④合作创新投入不变假设。集群企业在合作创新过程中共同消耗的知识资源，即分享的知识总量不变。

（2）变量假设

①集群知识分享总量 C 是合作创新过程中共同消耗的知识资源，并且假定在一定时期不变，即核心企业与配套企业合作创新的共同投入。

②核心企业的知识分享量在 C 中的占比为 x，配套企业观察到核心企业的选择后再分享剩余的 $1-x$，$x \in (0,1)$。

③核心企业知识吸收率为 e_1，配套企业知识吸收率为 e_2，反映将知识转换为收益的能力，且 $e_1 \neq e_2$，即核心企业与配套企业的知识吸收能力和转换为收益的能力存在差异。

④政府对核心企业知识分享奖励程度为 I。政府为实现集群整体创新能力提升，鼓励核心企业的知识分享，对核心企业创新及其成果分享予以补偿，补偿力度的大小取决于核心企业的知识分享量。核心企业分享越多，政府就越有必要给予补偿，激励核心企业创新和更多的知识分享行为。由于处于配套地位的中小企业数量多，且在集群中处于从属地位，政府激励难以取得预期成果，在本书中不予考虑。

（3）Stackelberg 博弈模型构建

Stackelberg 博弈模型存在两个参与者，分别是核心企业和配套企业。核心企业分享知识，配套企业意识到核心企业的分享行为后做出回应，也分享一定量的知识资源。核心企业知道配套企业会观察它的选择，并判断配套企业不能在将来采取非配套企业行动，即配套企业只能被动地作出选择。由于地位的不对等性，配套企业不会主动地分享知识，只有在核心企业有知识需求时，配套企业才会被动地分享知识，核心企业与配套企业间的知识分享存在 Stackelberg 博弈（杨之雷，2009）。首先根据文献（张建宇、李逢源，2014；Fallick、Fleischman & Rebitzer，2005），构造集群知识分享绩效函数如下：

$$F(C)=\alpha-C^{-\gamma} \tag{2.17}$$

式中，C 表示集群知识分享总量；γ 表示知识分享弹性系数，用来衡量 C 增加对 F 的影响；F 表示集群分享知识总量 C 创造的整体绩效，伴随着 C 的增加而增加，当 C 增加到一定程度时，F 达到最大值 α，即集群知识分享绩效在理论上的最大值。

再结合变量假设，得到核心企业的知识分享收益函数

$$\pi_1 = \xi_1(\alpha - C^{-\gamma}) - xC + e_1(1-x)C + IxC \tag{2.18}$$

式中，ξ_1 表示核心企业将（集群）整体绩效转换为（自身）收益的能力，即单位绩效收益；$\xi_1(\alpha - C^{-\gamma})$ 表示站在集群的角度，抵销了企业间相互知识分享收益后，核心企业从集群整体分享绩效中获取的收益。如果站在单个企业的角度，要得到核心企业的收益，必须减去核心企业知识分享成本 xC，加上吸收配套企业知识形成的收益 $e_1(1-x)C$，再加上政府对其知识分享的奖励 IxC。

同理，得到配套企业的知识分享收益函数

$$\pi_2 = \xi_2(\alpha - C^{-\gamma}) - (1-x)C + e_2xC \tag{2.19}$$

式中，ξ_2 表示配套企业的单位绩效收益；$\xi_2(\alpha - C^{-\gamma})$ 表示配套企业的整体绩效收益；$(1-x)C$ 表示配套企业知识分享成本；e_2xC 表示配套企业吸收核心企业知识形成的收益。

2. Stackelberg 博弈分析

（1）核心企业基于集群收益最大化目标

一方面，由于核心企业不能脱离产业集群追求自身利益最大化，否则会因为核心企业发展过快，配套企业无法及时跟进而导致集群整体收益低下和集群优势丧失；另一方面，核心企业也是集群发展最大的受益者。因此，核心企业的知识分享行为以集群利益最大化为目标，借助集群整体利益最大化实现自身利益。

①核心企业知识分享效应分析

从集群整体的角度出发，没有政府对核心企业分享的激励时，核心企业的收益函数如下：

$$\pi_1 = \xi_1(\alpha - C^{-\gamma}) - xC + e_1(1-x)C \tag{2.20}$$

公式（2.20）加公式（2.19）得到集群总收益函数

$$\begin{aligned}\pi &= \pi_1 + \pi_2 \\ &= (\xi_1 + \xi_2)(\alpha - C^{-\gamma}) + (e_2 - e_1)xC + e_1C - C\end{aligned} \tag{2.21}$$

公式（2.21）式对 x 求偏导数得

$$\frac{\partial \pi}{\partial x} = (e_2 - e_1)C \tag{2.22}$$

当 $e_1 < e_2$ 时，$\frac{\partial \pi}{\partial x} > 0$，核心企业分享率 x 越大，集群收益 π 越大。由此说明：当配套企业知识吸收率 e_2 大于核心企业知识吸收率 e_1 时，配套企业知识吸收率相对较高，核心企业分享的知识能够更多地被吸收，反映核心企业对配套企业的带动效应明显。此时应该加大核心企业知识分享量以适应配套企业高的吸收率，使集群整体收益增大。

当 $e_1 > e_2$ 时，$\frac{\partial \pi}{\partial x} < 0$，核心企业分享率 x 越大，集群收益 π 越小。由此说明：当核心企业知识吸收率 e_1 大于配套企业知识吸收率时 e_2 时，配套企业知识吸收率相对较低，核心企业过多的知识分享因不能被有效吸收而浪费，使集群整体收益受损，核心企业的理性选择是减少知识分享。

然而，核心企业吸收率 e_1 小于配套企业吸收率 e_2 的情况只有在知识"对口"时才会出现，即核心企业分享的知识恰恰是配套企业所需要的。现实的集群环境中，核心企业吸收能力明显强于配套企业，对于流动在集群内的知识资源，往往比配套企业更有能力吸收并转换为收益。为了配套企业能够及时跟进和集群内企业的协同发展，政府要对核心企业知识分享行为予以奖励和支持，以补偿核心企业因知识分享而引起的利益损失，以激励核心企业更多的知识分享，发挥核心企业对集群发展的引领作用，给配套企业模仿学习创造条件，提高配套企业学习和创新能力，进而增强产业集群整体的协同创新能力，促进集群转型升级。

当政府对核心企业的知识分享进行奖励时，公式（2.18）加公式（2.19）得到集群收益函数为：

$$\begin{aligned}\pi &= \pi_1 + \pi_2 \\ &= (\xi_1 + \xi_2)(\alpha - C^{-\gamma}) + [(e_2 + I) - e_1]xC + e_1 C - C \qquad (2.23)\end{aligned}$$

公式（2.23）对 x 求偏导数得

$$\frac{\partial \pi}{\partial x} = [(e_2 + I) - e_1]C \qquad (2.24)$$

当 $e_2 + I > e_1$ 时，$\frac{\partial \pi}{\partial x} > 0$，即核心企业知识分享率 x 越大，集群收益 π 越大。由此可见，虽然政府的奖励是针对核心企业，配套企业成为间接的受益者。因为政府的激励增加了核心企业知识分享量，配套企业通过不断学习，使自身吸收能力得到改善，此时核心企业的知识分享能够很好地被吸收，集群整体收益增大，知识分享所产生的协同效应得以实现。

当 $e_2 + I < e_1$ 时，$\frac{\partial \pi}{\partial x} < 0$，即核心企业分享率 x 越大，集群收益 π 越小。政府通过奖励核心企业知识分享，增加集群企业知识供应量，为配套企业的学习创造更多机会，进而提高了配套企业吸收能力，此时核心企业过多的知识分享会被浪费，造成集群整体的不经济，因此核心企业会减少分享。

由此可见，并非政府奖励必然会引发核心企业知识分享，还取决于奖励的具体程度。产业集群知识分享总收益最大化的过程，其实是核心企业与配套企业知识吸收能力博弈的过程，而政府对核心企业分享的奖励则为双方博弈创造了条件。当核心企业知识吸收率大于配套企业知识吸收率时，配套企业吸收率相对较低，核心企业分享的知识因配套企业吸收能力有限而不能很好地利用，造成知识资源的浪费，此时核心企业应该选择降低知识分享量；当配套企业知识吸收率大于核心企业知识吸收率时，核心企业选择分享更多的知识，提高配套企业能力，以便减小后期与配套企业的合作成本，提高核心企业与配套企业的合作收益。

②集群知识分享总量效应分析

公式（2.21）对 C 求偏导

$$\frac{\partial \pi}{\partial C} = (\xi_1 + \xi_2)\gamma C^{-\gamma-1} + e_1(1-x) + e_2 x > 0 \tag{2.25}$$

集群知识分享总量 C 越大，集群总收益 π 越大。由此说明：核心企业和配套企业知识总分享越多，集群的整体收益越大。总分享的增加提升了核心企业和配套企业知识吸收空间，给集群内企业间的学习创造了条件。

③知识吸收率效应分析

公式（2.21）对 e_1、e_2 分别求偏导

$$\frac{\partial \pi}{\partial e_1} = (1-x)C > 0 \tag{2.26}$$

$$\frac{\partial \pi}{\partial e_2} = xC > 0 \tag{2.27}$$

知识吸收率 e_1、e_2 越大，集群整体收益 π 越大。由此说明：知识吸收率越高，对流动在集群企业间的知识利用程度就越高。只有不断提高集群企业自身的学习能力和知识吸收能力，才能更好地利用集群内部的知识共享，提高产业集群的协同收益。

（2）核心企业基于自身利益最大化目标

核心企业并非一直仅考虑集群收益，其作为经济人，也要追求自身利益的最大化。为了获取集群竞争优势，核心企业必须在集群收益最大化基础上实现自身收益最大化。从核心企业角度出发，必须将（2.18）式中核心企业知识分享 xC 分为两个部分：被配套企业吸收的部分 e_2xC，没有被吸收而浪费的部分 C_1，因为从单个企业的角度出发，必须更加细化企业间的知识流动，这样才能保证博弈分析的准确性。原来的收益函数（2.18）式就变为：

$$\pi_1 = \xi_1(\alpha - C^{-\gamma}) - (e_2xC + C_1) + e_1(1-x)C + IxC \tag{2.28}$$

①核心企业知识分享效应分析

当没有政府对核心企业知识分享的奖励时，去掉（2.28）式中的 IxC，得到核心企业收益函数

$$\pi_1 = \xi_1(\alpha - C^{-\gamma}) - (e_2xC + C_1) + e_1(1-x)C \tag{2.29}$$

公式（2.29）对 x 求偏导

$$\frac{\partial \pi_1}{\partial x} = -(e_1 + e_2)C < 0 \tag{2.30}$$

即核心企业知识分享率 x 越大，其收益 π_1 越小。一方面，从单个企业角度出发，知识分享不能得到直接补偿，或所得直接补偿小于知识分享的成本，分享越多自身收益就越小；另一方面，知识分享会增加竞争对手的创新能力，从而会威胁核心企业在集群中的主导地位。

当政府对核心企业分享进行奖励时，（2.28）式核心企业收益 π_1 对其知识分享率 x 求偏导

$$\frac{\partial \pi_1}{\partial x} = [I - (e_1 + e_2)] \tag{2.31}$$

当 $I>(e_1+e_2)$ 时，$\frac{\partial\pi_1}{\partial x}>0$，核心企业知识分享率 x 越大，其收益 π_1 越大。由此说明：知识分享是一种资源消耗，在被吸收前是不会转换为收益的，而知识的吸收利用又是一个漫长的过程。由本书变量假设可知，一定时期被吸收掉的知识可以货币化为成本来处理（吸收不会立即增加收益，只是将来要转换为收益的成本）。当政府对核心企业分享的奖励大于被吸收掉的知识成本时，核心企业会选择增加知识分享量以提高企业收益，同时知识分享量的增加又可获得政府更多的奖励，可谓双向激励，此时核心企业选择不断增加知识分享量。

当 $I<(e_1+e_2)$ 时，$\frac{\partial\pi_1}{\partial x}<0$，核心企业知识分享率 x 越大，其收益 π_1 越小。如果政府对分享的奖励小于被吸收掉的知识成本时，核心企业认为政府奖励不足以抵偿可能发生的损失，就会选择降低知识分享量。

至于为什么政府奖励是大于吸收掉的知识成本而不是全部分享成本？原因在于：研究阶段主要是新知识的吸收阶段，吸收的知识有可能在开发阶段转换为收益，也有可能因开发失败全部成为损失，其收益具有极大的不确定性。政府的奖励实际上是为这种不确定性收益提供了风险担保，当核心企业认为政府的担保足以抵偿不确定收益风险时，就会加大知识分享。

②知识分享吸收率效应分析

公式（2.28）对 e_1 求偏导

$$\frac{\partial\pi_1}{\partial e_1}=(1-x)C>0 \tag{2.32}$$

核心企业吸收率 e_1 越大，其收益 π_1 越大。由此说明：核心企业知识吸收率越高，就能更好地利用配套企业分享的知识，给自身创造更多的收益。

③政府奖励效应分析

公式（2.28）对 I 求偏导

$$\frac{\partial\pi_1}{\partial I}=xC>0 \tag{2.33}$$

政府对核心企业分享的奖励 I 越大，其收益 π_1 越高。政府对核心企业知识分享的激励不仅直接增加其收益，而且刺激其分享更多的知识，提高配套企业能力，优秀的配套企业又能给核心企业带来收益。

(3) 配套企业的利益最大化目标

在产业集群中，核心企业与配套企业的地位是不对等的。核心企业确定相应的知识分享决策后，配套企业只能被动地分享知识并调整自身吸收率以实现收益最大化，被动分享是为了获取核心企业的认可，表达自己的合作意愿。从配套企业的角度出发，同理可将 (2.19) 式中配套企业的知识分享 $(1-x)C$ 分为两个部分：被核心企业吸收的部分 $e_1(1-x)C$，没有被吸收而浪费的部分 C_2，得到配套企业收益函数

$$\pi_2 = \xi_2(\alpha - C^{-\gamma}) - [e_1(1-x)C + C_2] + e_2xC \tag{2.34}$$

由于模型假定 C 不变，并且分享率 x 由核心企业决定，所以配套企业不能主动决定自身分享率，只能调整自身的知识吸收率。(2.34) 式配套企业收益 π_2 对其知识吸收率 e_2 求偏导

$$\frac{\partial \pi_2}{\partial e_2} = xC > O \tag{2.35}$$

配套企业知识吸收率 e_2 越大，其收益 π_2 越大。由此说明：核心企业主导着产业集群，起着领导者作用，具备选择优秀伙伴的能力，且具有更高的创新能力和更多的知识资源。在日常经济活动中，核心企业有选择性地分享较多知识，让配套企业跟踪学习，有利于它们之间的合作创新。配套企业只有提高自身知识吸收率，通过学习缩小与核心企业的差距成为完美搭档，才不会被核心企业抛弃。

基于上述分析，可以得出以下结论：

第一，从集群角度出发，核心企业与配套企业间的知识共享属于地位不对等企业间的知识共享，当核心企业知识吸收率大于配套企业知识吸收率时，核心企业具有较强的学习能力，配套企业为了获得合作认可，提升其在集群中的市场地位，应该不断加强互补性知识的分享；当核心企业知识吸收率小于配套企业知识吸收率时，配套企业具有较强的学习能力，核心企业为了以后更好的外包合作，应该在保证核心技术不外泄的前提下加

大知识分享，提高配套企业能力。

第二，从核心企业角度出发，核心企业应该认识到集群竞争优势越强，对核心企业与行业领先者竞争越有利。如果过分追求自身利益的最大化而忽略集群整体的利益，就可能加大与配套企业的知识缺口，从而影响知识溢出和知识吸收的双向互动关系，降低集群整体收益和集群竞争优势。因此，核心企业应该根据自身吸收率和配套企业吸收率合理地选择知识溢出。

第三，从配套企业角度出发，其知识存量与核心企业存在一定的差距，配套企业分享的知识对核心企业未必有用，但核心企业分享的知识对配套企业有较高价值。由于地位的不对等性，配套企业不会主动分享知识，只有在核心企业需要时，才会被动地分享知识；但配套企业也不是完全被动，可以通过提高自身知识吸收率、模仿学习和创新，争取与核心企业合作的主动权。核心企业与配套企业的主从协同推动实现集群整体收益最大化。

第四，从地方政府的角度出发，配套企业竞争优势不明显，对其分享行为的奖励难以取得预期成果，本节模型的构建只考虑政府对核心企业的分享激励，但配套企业仍是间接的受益者，因为政府对核心企业奖励越多，核心企业作为集群知识的供给者分享的越多，配套企业就很可能吸收越多，通过不断地模仿学习后，吸收能力和创新能力有所提高。核心企业扮演了“准公共产品”供给者的角色，政府对核心企业的激励应该达到一定的程度（大于知识分享的部分成本），能够为知识分享成本提供补偿，将风险降低到企业可承受的范围内，否则不会激励核心企业分享更多的知识。

2.5.4 复杂网络结构下集群企业知识共享的群体博弈分析

产业集群具有复杂的网络结构，核心企业位于集群网络结构的核心层，居于主导地位；配套企业位于网络结构的主体层，从属于核心企业；地方政府则位于集群网络结构的支持层，激励和扶持集群发展。本节在前文研究的基础上，不再将政府作为条件变量，而是作为独立的利益主体，建立三方群体的博弈树模型，解析三方群体的策略选择及演化均衡，并研究其形成的条件。核心企业对配套企业的知识分享使集群主体各取所需、互利共赢。配套企业获取新知识，弥补技术短板；核心企业加强网络关联，巩固主导地位；地方政府增加税收收入，推动区域经济发展。地方政府不可能激励集群内的所有企业，核心企业作为产业集群创新的引领者和知识源，政府对其创新和知识分享行为的激励能够更好地发挥杠杆效应，实现知识价值的乘数增长，推动产业集群的转型升级。

1. 相关假设及模型构建

（1）地方政府

地方政府也是经济人，追求自身利益最大化。税收的增加可以改善收入、福利和办公条件，是上级用来评价政绩的主要依据（张聪群，2007）。若政府激励核心企业的分享行为，则激励投入为 β，因集群发展增加的税收收入为 s_1；若政府不激励核心企业的分享行为，知识资源的外部性决定了核心企业很难从中获得补偿，主动分享的动机不足，导致集群知识的共享和价值增值受限，网络关联度减弱，进而引发集群经济衰退，减少的税收收入为 c_1。其中，政府选择激励策略的概率为 x，选择不激励策略的概率为 $1-x$，$x\in[0,1]$。

（2）核心企业

若核心企业分享知识给配套企业，风险损失为 r，包括商业秘密、技术专利等核心知识资源外泄所引起的损失；知识分享可以让配套企业更好地服务于核心企业，减少交流与沟通障碍，提高配套服务能力和效率，因交易成本降低增加的收益为 s_2；若核心企业不分享知识，宁愿闲置资源也不愿与其他企业分享，网络关联度减弱，配套企业无法跟进，核心企业在集群中的交易成本增加为 c_2。如果获得政府激励后不分享知识，则会失去政府的信任，形成一定的违约损失 c_3，主要表现为后期获得政府激励和支持的减少。其中，核心企业选择分享策略的概率为 y，选择不分享策略的概率为 $1-y$，$y\in[0,1]$。

（3）配套企业

若配套企业选择吸收策略，则为获得知识付出的成本为 a，吸收转换后获取的收益为 a_1；若配套企业选择不吸收策略，此时有关知识吸收的成本、收益都为零。其中，配套企业选择吸收策略的概率为 z，选择不吸收策略的概率为 $1-z$，$z\in[0,1]$。

根据以上变量假设，构建核心企业知识分享过程中利益群体的博弈树模型，如图 2.7 所示。

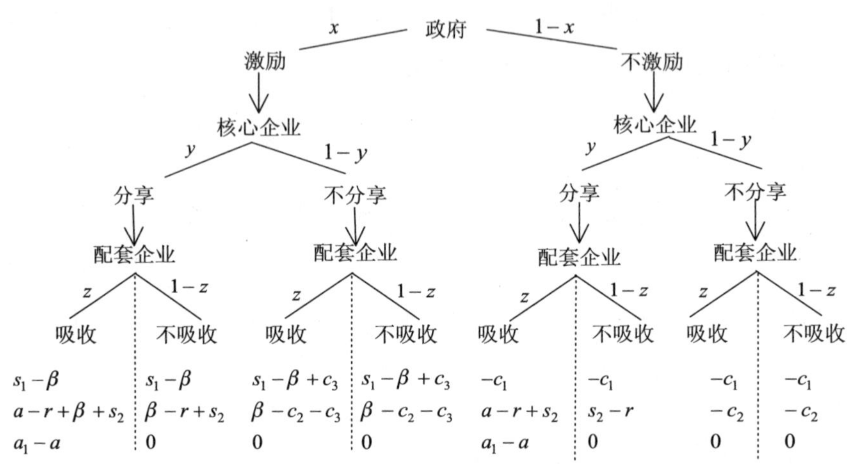

图 2.7 核心企业知识分享过程中相关利益群体的博弈树模型

2. 群体博弈树分析

设政府选择“激励”和“不激励”策略的期望收益分别为 U_1、U_2，政府的平均收益为 $U_{政}$；核心企业选择“分享”和“不分享”策略的期望收益分别为 U_3、U_4，核心企业的平均收益为 $U_{核}$；配套企业选择“吸收”和“不吸收”策略的期望收益分别为 U_5、U_6，配套企业的平均收益为 $U_{配}$。

$$\begin{aligned} U_1 &= (s_1-\beta)yz+(s_1-\beta)y(1-z)+(s_1-\beta+c_3)(1-y)z+(s_1-\beta+\\ &\quad c_3)(1-y)(1-z) \\ &= s_1-\beta+c_3-c_3y \end{aligned} \tag{2.36}$$

$$\begin{aligned} U_2 &= -c_1yz-c_1y(1-z)-c_1(1-y)z-c_1(1-y)(1-z) \\ &= -c_1 \end{aligned} \tag{2.37}$$

$$\begin{aligned} U_{政} &= xU_1+(1-x)U_2 \\ &= x(s_1-\beta+c_3-c_3y)-(1-x)c_1 \\ &= s_1x-\beta x+c_3x-c_3xy-c_1+c_1x \end{aligned} \tag{2.38}$$

$$\begin{aligned} U_3 &= (a-r+\beta+s_2)xz+(\beta-r+s_2)x(1-z)+(a-r+s_2)(1-x)z+\\ &\quad (s_2-r)(1-x)(1-z) \\ &= \beta x+az+s_2-r \end{aligned} \tag{2.39}$$

$$U_4 = (\beta - c_2 - c_3)xz + (\beta - c_2 - c_3)x(1-z) - c_2(1-x)z - c_2(1-x)(1-z) = \beta x - c_3 x - c_2 \tag{2.40}$$

$$U_{核} = yU_3 + (1-y)U_4 = y(\beta x + az + s_2 - r) + (1-y)(\beta x - c_3 x - c_2) = ayz + s_2 y - ry + \beta x - c_3 x - c_2 + c_3 xy + c_2 y \tag{2.41}$$

$$U_5 = (a_1 - a)xy + (a_1 - a)(1-x)y = (a_1 - a)y \tag{2.42}$$

$$U_6 = 0 \tag{2.43}$$

$$U_{配} = zU_5 + (1-z)U_6 = (a_1 - a)yz \tag{2.44}$$

根据马尔萨斯的方法（盛昭瀚、蒋德鹏，2002），政府、核心企业和配套企业随时间演化的复制动态方程分别为：

$$\begin{cases} F_1 = \dfrac{dx}{dt} = x(U_1 - U_{政}) = x(1-x)(U_1 - U_2) = x(1-x)(s_1 - \beta + c_3 - c_3 y + c_1) \\ F_2 = \dfrac{dy}{dt} = y(U_3 - U_{核}) = y(1-y)(U_3 - U_4) = y(1-y)(az + s_2 - r + c_3 x + c_2) \\ F_3 = \dfrac{dz}{dt} = z(U_5 - U_{配}) = z(1-z)(U_5 - U_6) = z(1-z)(a_1 y - ay) \end{cases} \tag{2.45}$$

令 $F_1 = 0$，$F_2 = 0$，$F_3 = 0$ 得到九个均衡点 $E_1(1,1,1)$、$E_2(1,0,0)$、$E_3(0,1,0)$、$E_4(0,0,1)$、$E_5(1,1,0)$、$E_6(1,0,1)$、$E_7(0,1,1)$、$E_8(0,0,0)$、$E_9(x^*,y^*,z^*)$。其中，$E_9(x^*,y^*,z^*)$是下列方程组的解。

$$\begin{cases} s_1 - \beta + c_3 - c_3 y + c_1 = 0 \\ az + s_2 - r + c_3 x + c_2 = 0 \\ a_1 y - ay = 0 \end{cases} \tag{2.46}$$

在多群体演化博弈过程中，复制动态系统的渐进稳定解一定是严格的纳什均衡（Ritzberger & Weibull，1996），因此只需分析均衡点 E_1 到 E_8。当 $y = 0$ 时，核心企业不分享知识资源，配套企业没有学习吸收的机会，从而没有发生实际的知识分享活动，因此不需要考虑点 E_2、E_4、E_6、E_8。

根据 Friedman（1991）的方法，微分系统中集群均衡点的稳定性可以通过该系统相应的雅可比矩阵的局部稳定分析得到。对 F_1、F_2 和 F_3 关于 x、y 和 z 求偏导，得到雅可比矩阵 J。

$$J=\begin{pmatrix}\frac{\partial F_1}{\partial x} & \frac{\partial F_1}{\partial y} & \frac{\partial F_1}{\partial z}\\ \frac{\partial F_2}{\partial x} & \frac{\partial F_2}{\partial y} & \frac{\partial F_2}{\partial z}\\ \frac{\partial F_3}{\partial x} & \frac{\partial F_3}{\partial y} & \frac{\partial F_3}{\partial z}\end{pmatrix}$$

$$=\begin{pmatrix}(1-2x)(s_1-\beta+c_3-c_3y+c_1) & -x(1-x)c_3 & 0\\ y(1-y)c_3 & (1-2y)(az+s_2-r+c_3x+c_2) & y(1-y)a\\ 0 & z(1-z)(a_1-a) & (1-2z)(a_1-a)y\end{pmatrix} \tag{2.47}$$

①将均衡点 $E_1(1,1,1)$代入（2.47）式的矩阵 J 中得

$$J_1=\begin{pmatrix}(\beta-s_1)-c_1 & 0 & 0\\ 0 & [r-(a+s_2)]-(c_2+c_3) & 0\\ 0 & 0 & a-a_1\end{pmatrix} \tag{2.48}$$

命题 1：由三方博弈的均衡条件可知（顾幸生、刘漫丹、张凌波，2008），当矩阵 J_1 对角线上的$(\beta-s_1)-c_1$，$[r-(a+s_2)]-(c_2+c_3)$，$a-a_1$都是负数时，均衡点 $E_1(1,1,1)$是演化稳定策略；当$(\beta-s_1)-c_1$，$[r-(a+s_2)]-(c_2+c_3)$，$a-a_1$ 都是正数时，$E_1(1,1,1)$是不稳定点；当$(\beta-s_1)-c_1$，$[r-(a+s_2)]-(c_2+c_3)$，$a-a_1$ 有 1 个或 2 个是正数时，$E_1(1,1,1)$是鞍点，但在此不作分析，因为本节研究的重点是均衡点以及达到均衡的条件。

结论 1：当政府的激励支出与激励后税收增加之差小于不激励后的税收减少时，其激励损失小于不激励损失，选择激励。当核心企业知识分享的风险损失与分享收益之差小于不分享增加的交易成本与减少的政府激励之和时，其知识分享损失小于不分享损失，选择分享。当配套企业知识吸收收益大于吸收成本时，选择吸收。此时，政府、核心企业、配套企业三方均受益，实现理想的那什均衡，也实现了集群内知识共享和行为协同。

当政府的激励损失大于不激励损失时，政府选择不激励。当核心企业不分享损失小于分享损失时，核心企业选择不分享。当配套企业知识吸收收益小于零时，配套企业选择不吸收，此时的群体博弈陷入囚徒困境。

②将均衡点 $E_3(0,1,0)$ 代入（2.47）式的矩阵 J 中得

$$J_2=\begin{pmatrix} c_1-(\beta-s_1) & 0 & 0 \\ 0 & (r-s_2)-c_2 & 0 \\ 0 & 0 & a_1-a \end{pmatrix} \tag{2.49}$$

命题 2：当矩阵 J_2 对角线上的 $c_1-(\beta-s_1)$，$(r-s_2)-c_2$，a_1-a 都是负数时，均衡点 $E_3(0,1,0)$ 是演化稳定策略；当 $c_1-(\beta-s_1)$，$(r-s_2)-c_2$，a_1-a 都是正数时，$E_3(0,1,0)$ 是不稳定点；当 $c_1-(\beta-s_1)$，$(r-s_2)-c_2$，a_1-a 有 1 个或 2 个是正数时，$E_3(0,1,0)$ 是鞍点。

结论 2：当政府不激励后的税收减少小于激励支出与激励后税收增加之差时，其不激励损失小于激励损失，政府选择不激励。当核心企业知识分享的风险成本与分享后节约的交易成本之差小于不分享后增加的交易成本时，其分享损失小于不分享损失，核心企业选择分享。当配套企业知识吸收收益小于吸收成本时，配套企业选择不吸收，此时，达到博弈均衡状态。

上述的均衡并不是理想的那什均衡，原因在于：核心企业为了加强在集群网络中的主导地位、构建以自我为中心的集群网络，在无政府激励的条件下，分享自身知识资源，而配套企业的知识需求和学习能力可能有限，导致配套企业采取不吸收策略，分享的知识不能得到有效的利用而浪费。在群体博弈的渐进稳定过程中，核心企业扮演独角戏，最终会脱离政府和配套企业，造成集群网络关联度减弱，没有能够形成集群主体间的协同效应，不利于集群长期健康发展。

当政府激励损失小于不激励损失、核心企业不分享损失小于分享损失、配套企业吸收成本小于吸收收益时，政府选择激励，核心企业选择不分享，配套企业选择吸收。此时，政府的激励不能取得预期的效果，配套企业没有可供吸收的知识，从而没有发生实际的知识分享活动，不能达到博弈均衡，集群内未能实现知识共享和行为协同。

③将均衡点 $E_5(1,1,0)$ 代入（2.47）式的矩阵 J 中得

$$J_3 = \begin{pmatrix} (\beta - s_1) - c_1 & 0 & 0 \\ 0 & (r - s_2) - (c_2 + c_3) & 0 \\ 0 & 0 & a_1 - a \end{pmatrix} \tag{2.50}$$

命题 3：当矩阵 J_3 对角线上的$(\beta - s_1) - c_1$，$(r - s_2) - (c_2 + c_3)$，$a_1 - a$ 都是负数时，均衡点 $E_5(1,1,0)$是演化稳定策略；当$(\beta - s_1) - c_1$，$(r - s_2) - (c_2 + c_3)$，$a_1 - a$ 都是正数时，$E_5(1,1,0)$是不稳定点；当$(\beta - s_1) - c_1$，$(r - s_2) - (c_2 + c_3)$，$a_1 - a$ 有 1 个或 2 个是正数时，$E_5(1,1,0)$是鞍点。

结论 3：当地方政府的激励支出与激励后税收增加之差小于不激励后税收减少时，激励损失小于不激励损失，政府选择激励。当核心企业知识分享的风险损失与分享后节约的交易成本之差小于不分享增加的交易成本与减少的政府激励之和时，分享损失小于不分享损失，核心企业选择分享。当配套企业知识吸收收益小于吸收成本时，配套企业选择不吸收，达到博弈均衡状态。此时，地方政府激励核心企业，促进集群企业发展，地方政府因税收收入增加而获益；核心企业获得激励分享知识，建立良好的政企合作关系，同时核心企业也因在集群中地位巩固、影响力扩大而获益；配套企业尽管选择不吸收策略，整个复制动态系统仍然可以达到均衡状态。与结论 2 相似，此均衡并不是理想的那什均衡。虽然政府和核心企业都获得各自的利益，但配套企业并没有从中获益，不利于提高配套企业的协作能力，从而削弱集群整体的创新能力和竞争实力。当政府激励损失大于不激励损失、核心企业分享损失大于不分享损失、配套企业吸收收益大于吸收成本时，政府不激励核心企业，核心企业不分享知识，尽管配套企业有吸收意向也无从获取知识，博弈不能达到均衡状态。在产业集群中，每一个主体都扮演着不可或缺的角色，只有主体间有效协同才能真正地形成集群效应。

④将均衡点 $E_7(0,1,1)$代入（2.47）式的矩阵 J 中得

$$J_4 = \begin{pmatrix} c_1 - (\beta - s_1) & 0 & 0 \\ 0 & [r - (a + s_2)] - c_2 & 0 \\ 0 & 0 & a - a_1 \end{pmatrix} \tag{2.51}$$

命题 4：当矩阵 J_4 对角线上的 $c_1 - (\beta - s_1)$，$[r - (a + s_2)] - c_2$，$a - a_1$ 都是负数时，均衡点 $E_7(0,1,1)$是演化稳定策略；当 $c_1 - (\beta - s_1)$，$[r - (a +$

$s_2)]-c_2$，$a-a_1$ 都是正数时，$E_7(0,1,1)$是不稳定点；当 $c_1-(\beta-s_1)$，$[r-(a+s_2)]-c_2$，$a-a_1$ 有 1 个或 2 个是正数时，$E_7(0,1,1)$是鞍点。

结论 4：当政府不激励后的税收减少小于激励支出与激励后税收增加之差时，不激励损失小于激励损失，选择不激励策略。当核心企业知识分享的风险成本与分享收益（分享后减少的交易成本以及分享知识而获取的直接补偿）之差小于不分享增加的交易成本时，分享损失小于不分享损失，核心企业选择分享策略。当配套企业的吸收成本小于吸收收益时，配套企业选择吸收策略，达到博弈均衡状态。此时，虽然没有来自政府的激励，但核心企业和配套企业之间形成了良好的知识交流，在知识分享过程中实现互利共赢，核心企业分享知识培养最佳合作伙伴，配套企业吸收知识弥补自身短板，博弈趋向均衡状态。此均衡虽然没有实现三方参与，但不失为最理想的那什均衡，因为没有政府参与的情况，往往更能说明集群企业的知识分享是一种市场行为，更能体现集群企业良好的互动与协同能力。

3. 策略演化的仿真分析

本节为说明不同情况下核心企业知识分享的演化策略，对命题的参数进行赋值，使参数值分别满足各命题的均衡条件：命题 1 满足$(\beta-s_1)-c_1$，$[r-(a+s_2)]-(c_2+c_3)$，$a-a_1$ 都小于 0；命题 2 满足 $c_1-(\beta-s_1)$，$(r-s_2)-c_2$、a_1-a 都小于 0；命题 3 满足$(\beta-s_1)-c_1$，$(r-s_2)-(c_2+c_3)$，a_1-a 都小于 0；命题 4 满足 $c_1-(\beta-s_1)$，$[r-(a+s_2)]-c_2$，$a-a_1$ 都小于 0。参数值如表 2.2 所示。

表 2.2　命题参数赋值一览表

命题	β	s_1	c_1	r	a	s_2	c_2	c_3	a_1
命题 1	6	4	5	11	8	2	2	7	9
命题 2	6	4	1	3	8	2	2	7	7
命题 3	6	4	5	10	8	2	2	7	3
命题 4	6	4	1	11	8	2	2	7	9

根据表 2.2 参数值利用 MATLAB R2010a 软件对相应的命题进行数值模拟（郑月龙，2015），以验证理论分析的准确性和均衡点的稳定性，将利益群体策略选择的演化过程可视化。在以下动态演化图中，x 轴坐标为政府选

择激励策略的概率，y 轴坐标为核心企业选择分享策略的概率，z 轴坐标为配套企业选择吸收策略的概率。为了保证数值模拟的准确性和客观性，我们不再主观选取具有代表性的观测值，而是各个概率从 0 到 1 连续取值，系统、全面地对各利益群体博弈均衡进行三维空间的立体仿真。以下各仿真图的上半部分为演化进程，下半部分是对演化进程的简化，通过上、下两部分对应颜色的比较，可以判断三方群体最终的策略选择趋势。

①当 $\beta - s_1 < c_1$，$r-(a+s_2)<c_2+c_3$，$a<a_1$ 时，政府激励损失小于不激励损失，选择激励策略的概率较大，因此在 x 轴方向上，概率从 0 趋向于 1，最终达到稳定状态；核心企业分享损失小于不分享损失，选择分享策略的概率较大，由于政府激励的推动作用，核心企业更有可能分享知识，因此在 y 轴方向上，概率从 0 趋向于 1，最终在 1 点达到稳定状态；配套企业吸收成本小于吸收收益，选择吸收策略的概率较大，因此在 z 轴上，概率从 0 趋向于 1，最终达到均衡状态，仿真结果如图 2.8 所示，验证了命题 1 的博弈结果。

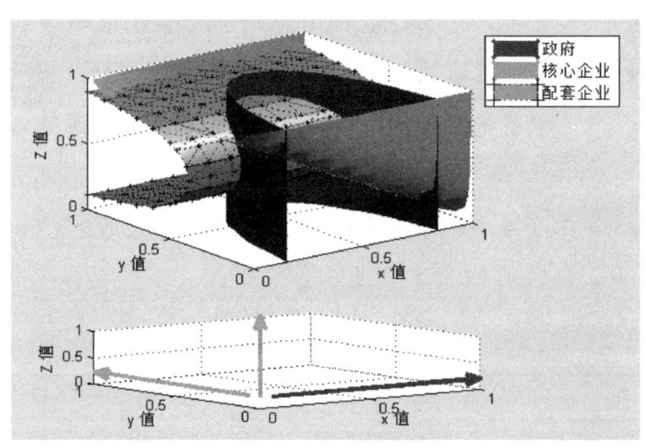

图 2.8　命题 1 三方博弈的演化进程

②当 $c_1 < \beta - s_1$，$r - s_2 < c_2$，$a_1 < a$ 时，政府最终选择不激励，核心企业最终选择分享知识，配套企业最终选择不吸收。因此在 x 轴方向上，概率从 1 趋向于 0；在 y 轴方向上，概率从 0 趋向于 1 但达不到 1，对比图 2.8 可见政府激励的重要性；在 z 轴上，概率从 1 趋向于 0。仿真结果如图 2.9 所示，验证了命题 2 的博弈结果。

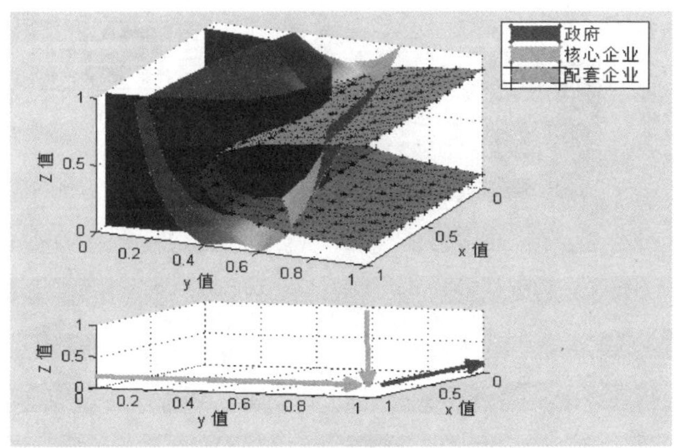

图 2.9　命题 2 三方博弈的演化进程

③当 $\beta - s_1 < c_1$，$r - s_2 < c_2 + c_3$，$a_1 < a$ 时，政府最终选择激励，核心企业最终选择分享知识，配套企业最终选择不吸收。因此在 x 轴方向上，概率从 0 趋向于 1；在 y 轴方向上，概率从 0 趋向于 1；在 z 轴上，概率从 1 趋向于 0。仿真结果如图 2.10 所示，验证了命题 3 的博弈结果。

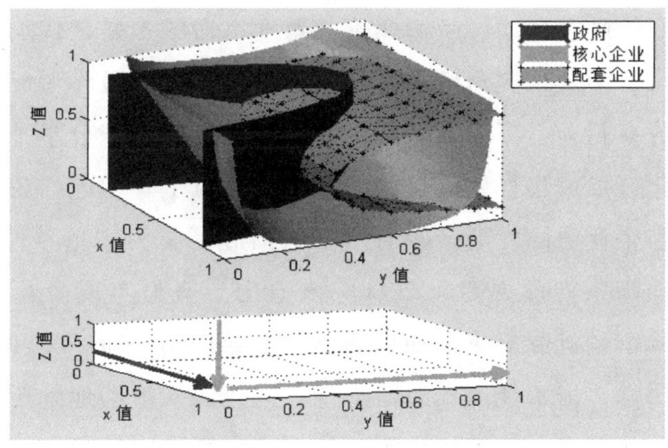

图 2.10　命题 3 三方博弈的演化进程

④当 $c_1 < \beta - s_1$，$r - (a + s_2) < c_2$，$a < a_1$ 时，政府最终选择不激励，核心企业最终选择分享知识，配套企业最终选择吸收。因此在 x 轴方向上，概率从 1 趋向于 0；在 y 轴方向上，概率从 0 趋向于 1；在 z 轴上，概率从 0 趋向于 1。仿真结果如图 2.11 所示，验证了命题 4 的博弈结论。

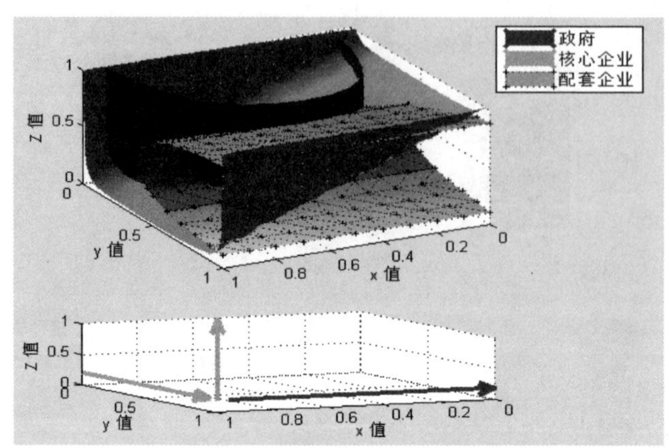

图 2.11　命题 4 三方博弈的演化进程

由此可见，从集群整体角度出发，即综合考虑集群、核心企业、配套企业和政府，集群演化进程中各命题的均衡条件并不是孤立的，而是相互联系的。命题 1 的演化均衡往往是在集群企业沟通机制不完善、缺乏主动分享的条件下，政府通过税收优惠、财政激励和政策引导，对核心企业知识分享行为的鼓励和推动。从博弈论的角度，命题 1 是最优均衡，最终实现了三方参与，但从现实角度，命题 4 是最优均衡，最终形成市场机制主导下的知识分享行为，因为在核心企业构建良好的知识分享平台后，政府作用应该弱化，形成集群内部良好的互动交流氛围。因此，为了实现核心企业带动配套企业协同发展，政府应采取措施，努力创造条件达到命题 1 的均衡，待均衡条件成熟后，政府应该退出，努力实现命题 4 的演化均衡，最终形成市场机制对集群知识共享的主导作用。命题 2 和命题 3 不是理想的那什均衡，但不能因此忽略不计，只有深入透彻地解析各均衡条件的形成机理，才能避免不理想均衡，使演化进程趋向最理想的稳定状态。

第3章

核心企业创新驱动产业集群升级的实证研究

产业集群是由大量关联性的企业构成的虚拟产业组织形式，它的转型升级需要以集群内企业的转型升级为基础。其中，异质性的核心企业对集群内其他相关企业具有控制力或影响力，其创新行为会影响群内其他主体的决策和行为，核心企业的创新驱动与其他主体的相机抉择共同推进产业集群升级。基于第2章核心企业创新驱动产业集群升级的理论分析，为了实证检验创新机制、共享机制和协同机制对产业集群升级的机理，本章以核心企业创新驱动为切入点，以知识溢出与传导具体体现共享与协同，以“核心企业创新驱动—知识溢出—产业集群升级”为逻辑主线构建实证检验模型，对核心企业创新驱动产业集群进行实证研究。本领域的相关理论回顾与研究现状评述在第1章已进行了阐述，本章从研究假设的提出与理论模型构建开始。

3.1 研究假设与理论模型构建

3.1.1 核心企业创新：产业集群升级的动力机制

企业是创新活动的主体，创新也必须借助企业的连续活动得以实现（陈赤平、张曦、彭仲耀，2013）。企业创新不仅实现了产品或工艺流程的质的提升，同时生产出较高附加值的产品，顺利进入较高壁垒的目标市场，完成了集群的升级（梅述恩、聂鸣，2007）。地位特殊的核心企业在产业集群中往往充当集群知识创新的“发动者”角色（陈赤平、张曦、彭仲耀，2013），它的创新行为既满足了自身发展的需要，也影响了集群内其他核心企业和配套企业的行为选择，对核心企业本身、集群演进甚至整个产业的作用都不可忽视。具体而言，集群核心企业为保持持续的竞争优势不断调整战略或创新产品、更新技术，同时借助其优势地位，要求与之合作的配套企业接受不断削减成本或同步技术升级等超市场契约条款，核心企业进行技术动态升级时也会帮助供应商体系协同升级，以柔性、敏捷的方式应对多变的市场环境（张杰、刘东，2006）。在实践中，许多核心企业构建了供应商帮扶体系，如在乐清电气产业集群中，正泰集团、德力西集团都建有供应商帮扶体系和经销商帮扶体系，能够协助与其配套的上下游企业同步实现产品创新和技术升级。

结合已有的研究成果，核心企业的创新行为可分为产品创新、工艺创新、管理创新与战略创新。其中，产品创新是指对产品技术、性能、结构及材质等的改进或创造；工艺创新则是使用信息化手段或集成技术等对工艺设备、工艺技术与生产设施布置等进行改善，它们是核心企业创新的基础。战略创新需要核心企业依据企业内外部环境的变化，特别是市场需求变化对战略实施动态调整，如业务的延伸与重组、竞争策略的改变、并购和国际化等。管理创新则是指组织结构、治理机制、管理制度、管理方法与管理理念上的创新，它是企业转型升级的支撑和保障。近年来，随着互联网技术和信息技术的迅猛发展，商业模式创新也成为业界和学界共同关注的焦点。但由于商业模式创新的测度比较困难，在本章的实证研究中尚未考虑。

核心企业一系列的创新行为在产业集群内对其他有竞合关系或互补关系的企业产生关联效应和示范效应，借助创新这一动力机制，在长期的模仿和学习后，集群企业逐渐实现自身能力的提升。具有竞争关系的同类企业可以通过模仿或逆向工程，对核心企业的产品创新实现定向超越。集群企业间的学习、追赶、超越等互动行为推动产业集群技术升级。同时，企业的产品创新和工艺创新提升了集群企业的技术水平与集群的产业共性技术水平，避免集群陷入“路径依赖”和“锁定”，为集群向高层次发展提供技术支撑；而管理创新和战略创新在优化企业自身资源配置、提高企业运营效率、构建战略联盟与合作网络的同时，也使集群企业之间的关系由松散转向紧密但富有柔性，从竞争转向竞合，行为选择以互利、共享、共赢为目标，集群内各主体间的结构进一步优化，即推动了产业集群的技术升级与结构升级。因此，核心企业创新是产业集群升级的动力机制，基于此，本书提出如下假设：

H_1：核心企业创新行为对集群升级有积极影响；

H_{1a}：核心企业产品创新对集群升级有积极影响；

H_{1b}：核心企业工艺创新对集群升级有积极影响；

H_{1c}：核心企业战略创新对集群升级有积极影响；

H_{1d}：核心企业管理创新对集群升级有积极影响。

3.1.2 知识溢出：产业集群升级的传导机制。

知识溢出是集群企业知识共享的前提和基础，知识共享是知识溢出的结果。核心企业是产业集群的创新主体，是集群内主要的知识“溢出源”，核心企业知识溢出效应的发挥也取决于产业集群的知识环境和各主体间的联系与互动。核心企业不仅具有较强的创新能力，而且对技术和市场的变化趋势具有前瞻性；同时，核心企业处于产业集群网络的核心位置，具有较强的产业关联效应。集群内各主体之间的产业关联性、地理邻近性和复杂的社会关系网络使集群内知识溢出速度快、效率高、交易成本低。产业集群的知识溢出既有国际知识溢出，也有本地知识溢出；既有显性知识溢出，也有隐性知识溢出；既有主动溢出，也有被动溢出。溢出知识的类型、方式与集群类型和结构有关。随着学习与研发投入的加大，知识溢出的长期效应就会随之出现，并最终形成产业集群技术升级的良性循环（黄志启，2013）。

知识是产业集群升级的战略性资源。集群升级更应当注重知识系统而非生产系统（Bell & Albu，1999）。知识溢出效应为产业集群升级创造了良好的条件和环境，推动了产业集群升级（余佳群，2012）。知识溢出不仅是集群企业间的知识流动，也是集群企业学习与创新的过程，能够促进集群企业间的行为协同。依托产业集群的知识网络，知识的溢出和扩散效应推动了集群企业的创新活动（黄晓、胡汉辉，2013）。集群企业的技术学习和知识转移对集群升级尤为重要，企业通过对技术和知识的分享、创新与学习，不仅有效提高生产效率和资源配置能力，同时也实现了区域综合竞争力的提升和产业集群的升级（易开刚、马骊，2014）。

基于核心企业创新驱动视角，核心企业创新作为产业集群升级的动力的源泉，其创新行为和创新成果需要通过知识溢出进行传导，实现集群的知识溢出效应进而引发集群企业的大量创新活动。产业集群的知识溢出一般借助于企业间直接合作、企业间非正式交流、企业间员工流动和企业衍生等途径得以实现（Saxenian，1994）。其中，直接合作主要是指企业间的业务往来、信息交流及战略合作等；非正式交流的主要形式有行业协会、企业家沙龙、技术合作论坛等；员工流动是企业员工在集群内企业间的流入与流出，员工是企业各类知识、技术的创造者和拥有者；企业衍生则是指企业员工离职创业，单独组建相关产品的研发、生产、销售等配套服务的新企业或同类型企业。产业集群不仅是一个创新空间，也是个创业空间。实际上，产业集群的形成是“种子”企业的衍生过程（张聪群，2007），浓郁的创业氛围、丰富的创业机会、充足的创业资源、活跃的创业活动使一个个新企业在特定地域诞生，产业集群便在此形成。企业衍生既是创新创业的结果，又是集群知识溢出的重要路径。新衍生企业与原企业之间有着千丝万缕的联系，既可能为原企业做配套，也可能成为原企业的竞争对手。核心企业的创新行为和创新成果可以借助于知识溢出这一路径传导给集群内其他企业。具体来说，既有产业链上的横向传导，也有纵向传导；既有直接合作与员工流动，也有企业衍生与非正式交流。传导的方式和影响程度与企业间关系类型及密切程度有关。核心企业的创新成果通过知识溢出的横向传导和纵向传导使企业间的联系更加紧密，增强了集群的社会根植性，同时也提升了集群企业的产业技术水平和集群共性技术水平，实现集群内企业间的知识共享与协同创新，并推动产业集群的技术升级和结构升级。

基于以上论述，本书提出如下假设：

H_2：知识溢出对集群升级有积极影响；

H_3：核心企业创新行为对知识溢出有积极影响；

H_{3a}：核心企业产品创新对知识溢出有积极影响；

H_{3b}：核心企业工艺创新对知识溢出有积极影响；

H_{3c}：核心企业战略创新对知识溢出有积极影响；

H_{3d}：核心企业管理创新对知识溢出有积极影响。

3.1.3 产业集群升级内在机理模型

基于核心企业创新驱动这一研究视角，考虑集群内企业地位不对等、行为不独立等种种因素，总括前文研究，本节尝试用图 3.1 来揭示“核心企业创新驱动—知识溢出—产业集群升级”的内在机理，产业集群升级是一个复杂动态的长期演变过程，具体可分为以下几个方面。

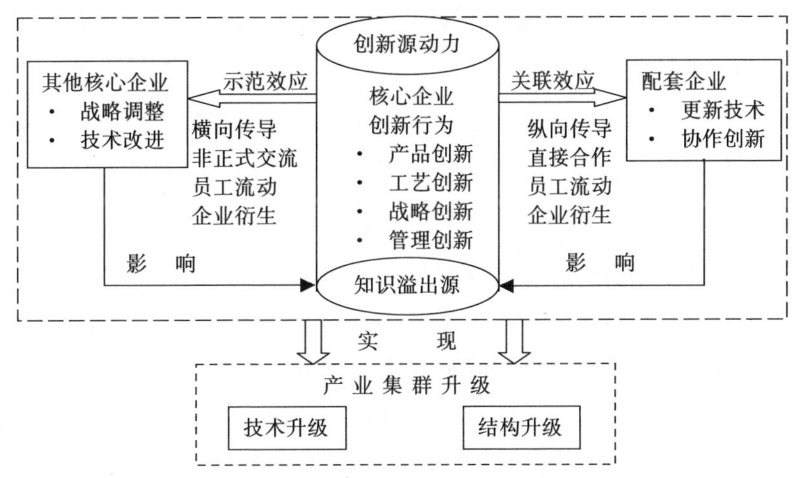

图 3.1 核心企业创新驱动视角下产业集群升级的机理

（1）核心企业——“创新源动力”及“知识溢出源”

集群企业是产业集群升级的微观基础，其中，异质性的核心企业因其完善的社会网络和强大的资源整合能力，大多拥有制定行业标准及驱动产业集群创新的能力。核心企业创新行为对整个集群的技术跃迁和结构优化具有引领者的角色，这种技术的跃迁能迅速引发集群整体知识水平的提升，从而为集群的技术升级提供有力的技术支撑与知识保障。此外，核心企业与集群其他企业的地理近邻性和产业关联性促进了显性知识与隐性知识的扩散、对流与创造，不断推动新产品、新工艺的开发与形成，也会产生管理的新理念、新模式甚至引发新战略。

（2）核心企业与配套企业互动——关联效应及纵向传导

核心企业一般位于供应链的中心位置，对供应链上的关联企业具有一定的控制力，与上下游配套企业的合作关系使它的行为直接影响了上下游配套企业的行为。核心企业主动的创新不仅提高了对上下游配套企业的协作要求，产品和工艺的更新也迫使配套企业使用新材料、新工艺、新的生产线或提供新的零部件等；配套企业为了赢得核心企业的订单，巩固与核心企业的合作关系也会主动创新，以提高其产品的性能。当出现新的市场机会时，核心企业和配套企业的协作创新更能发挥出各自的优势，协同效应也增大了创新成功的可能性，能够对新的市场机会做出敏捷的反应，形成敏捷供应链。核心企业创新成果和创新内生动力通过与上下游配套企业的直接合作、非正式交流等进行纵向传导，核心企业的创新行为也会衍生出新的企业（如战略创业），实现上下游产业链的延伸或新产品、新市场的开拓，这种关联效应迫使配套企业不断地进行协同创新与技术跟进，以避免丧失与核心企业长期合作的资格。借助关联效应和创新活动的纵向传导，实现了供应链内企业间创新成果的溢出与共享。

（3）核心企业间互动——示范效应及横向传导

集群内竞争关系主要体现在同类企业如核心企业之间，这种竞争关系同时带来了示范效应和创新动力。当核心企业进行创新时，对同处于优势地位的其他核心企业形成竞争压力，进而转化为其他核心企业的创新动力，并推动其他核心企业不断进行战略调整、产品创新、技术改进和技术超越，以保持在市场上的持续竞争优势。核心企业的创新行为及创新成果主要借助员工流动、直接合作、非正式交流等途径横向传导至其他核心企业，使显性知识及隐性知识在核心企业间进行流动和转移，经过不断的战略更新和主动的产品创新、工艺创新、管理创新，其他核心企业自身的技术水平和资源整合能力得到提升。同时，其他核心企业的创新行为也对其所处的供应链产生关联效应，实现创新成果在供应链间的传导，进而实现在集群内扩散与共享，促进产业集群转型升级。

（4）集群不同创新主体间互动——互动耦合与协同演化

核心企业与集群其他主体是一个利益共同体，核心企业的创新行为不仅会影响链上配套企业及产业链间的核心企业，同样地，配套企业与其他核心企业也会反过来作用于核心企业。集群内核心企业与配套企业间大多是核心企业处于领导地位，核心企业的创新带动配套企业的技术改进。当配套企业的技术和市场不断成熟，配套企业通过“干中学”和技术上的积累，逐渐向核心企业以外的市场延伸，核心企业可能会丧失对配套企业的领导地位。因此，配套企业和核心企业的创新行为相互促进。此外，在集群内不同核心企业间的竞争关系使得它们之间总是你追我赶、相互借鉴，加上组织邻近性和地理邻近性，技术的提升和战略的调整更容易被模仿和学习，这种互动效应使得不同核心企业间相互作用、共同进步。因此，不同创新主体间的行为相互影响，推动着产业集群的发展。

（5）集群升级——从微观企业层面到中观集群层面

借助核心企业的创新驱动机制，核心企业作为集群内的“创新源动力”和“知识溢出源”，对供应链内配套企业产生关联效应及供应链间其他核心企业产生示范效应，创新成果通过直接合作、员工流动、企业衍生和非正式交流等途径进行纵向传导和横向传导。经过集群各个创新主体长期的互动耦合与协同演化，在实现企业自身创新能力和竞争能力提升的同时，使集群企业间的联系更加紧密，整体技术水平得到提升，最终推动了整个产业集群的技术升级和结构升级。由此实现了“核心企业创新驱动—知识溢出传导—产业集群升级”的动态过程，即由微观层面异质性企业的创新到集群层面的升级，完成了由个体创新到群体创新，由微观层的创新到中观层的转型升级的复杂演进过程。关于产业集群升级的研究有不同的视角，第1章对已有研究成果进行了比较系统的梳理。为了便于通过问卷测度集群升级，本书将产业集群升级区分为技术升级与结构升级。

基于以上分析，本书提出如下假设：

H_4：知识溢出在核心企业创新与集群升级中起中介作用；

H_{4a}：知识溢出在核心企业产品创新与集群升级中起中介作用；

H_{4b}：知识溢出在核心企业工艺创新与集群升级中起中介作用；

H_{4c}：知识溢出在核心企业战略创新与集群升级中起中介作用；

H_{4d}：知识溢出在核心企业管理创新与集群升级中起中介作用。

3.1.4 理论模型构建

通过对核心企业创新驱动视角下产业集群升级的内在机理的分析，并基于上节所提出的研究假设，构建了如图 3.2 所示的理论研究框架，包括核心企业创新行为、知识溢出与集群升级三个变量。

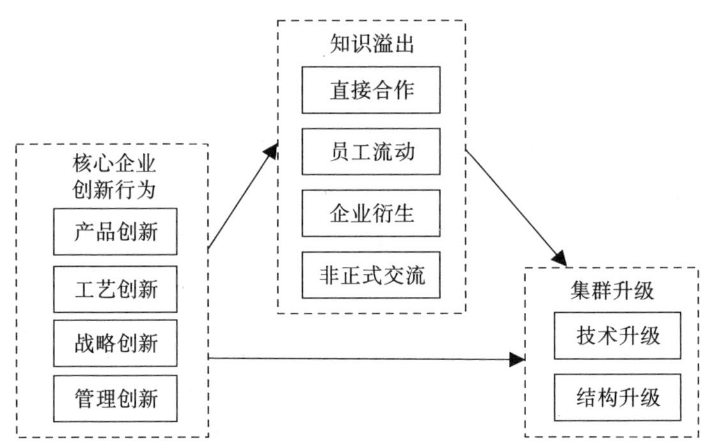

图 3.2 理论研究框架

基于微观层面视角，本书认为企业是产业集群升级的微观主体，核心企业的创新行为是产业集群升级的动力机制，而知识溢出则是产业集群升级的传导机制。对产业集群升级的内在机理的揭示也阐明了核心企业、知识溢出与集群升级之间的互动关系。

3.2 数据与度量

3.2.1 问卷设计

问卷的设计需遵循客观性、严谨性与一般性原则，合理的问卷不仅需要大量的文献阅读和实际调查，也需要进行不断修正。基于此，为设计核心企业创新行为对集群升级影响的调研问卷，本书首先梳理相关文献，对创新行为、知识溢出及集群升级的相关维度予以界定，并引用相关文献中的部分测量题项。初始测量问卷设计好后，经过课题组成员在学术讨论会上的交流，对初始问卷进行一些修改，形成预调研问卷，并选择绍兴纺织产业集群和佛山陶瓷产业集群进行预调研，依据调查者的意见和建议进一步修订了问卷，最终确定了正式问卷（见附录2）。问卷分为三部分，引言、基本情况及问卷主体。引言主要是对本次研究主题的说明，表明此次研究的目的并对受访者表示感谢，承诺对问卷信息的保密，以消除受访者的顾虑。基本情况主要调查了受访者的性别、年龄、学历、企业年龄、所属行业及人员规模等。因本书研究对象是核心企业，因而对公司资产规模及营业收入也进行了调查。最后是问卷主体，即核心企业创新行为、知识溢出与集群升级，共44道题，该部分问卷采用李克特5级量表进行测量，“1”表示完全不符合，“5”表示完全符合。

3.2.2 变量度量

1. 核心企业创新行为的度量

依据前文对核心企业创新驱动视角下产业集群升级的内在机理分析，核心企业的创新行为按照创新活动的不同分为产品创新、工艺创新、战略创新及管理创新四个维度，各维度的指标主要来自戴维奇和魏江（2010）、唐健雄（2008）、Subramaniam 和 Youndt（2005）等学者的成熟量表，并对部分内容进行了修正，具体如表3.1所示。

表 3.1　核心企业创新行为的度量

维度	题项编号	内容	主要依据
产品创新（PI）	PI1	与前三年相比，公司在产品结构和性能上进行了改进和创新	Subramaniam & Youndt（2005）；唐健雄（2008）；张扬（2009）；戴维奇、魏江，（2010）等
	PI2	与前三年相比，公司在产品生产中使用新材料以改进产品性能	
	PI3	与前三年相比，公司加大了对新产品/服务的研发投入	
	PI4	与前三年相比，公司同类产品更新换代速度快	
工艺创新（TI）	TI1	与前三年相比，公司采用信息化技术改进现有流程或工艺	
	TI2	与前三年相比，公司改进和更新了生产设备	
	TI3	与前三年相比，公司改进和更新了工艺技术	
	TI4	与前三年相比，公司优化了生产设施布置	
战略创新（SI）	SI1	与三年前比，公司对原有业务进行了延伸，扩大了业务范围	
	SI2	与三年前比，公司对原有业务进行了重组或调整	
	SI3	与三年前比，公司改变了原有的目标市场 /客户群体	
	SI4	与三年前比，公司改变了原有的竞争策略 /方法	
	SI5	与三年前比，公司开始或加快并购进程	
	SI6	与三年前比，公司开始或加快国际化进程	
管理创新（MI）	MI1	与三年前比，公司对内部运作流程进行了梳理和再造	
	MI2	与三年前比，公司出台了新的人事管理制度	
	MI3	与三年前比，公司对组织架构进行了调整	
	MI4	与三年前比，公司对原有的管理制度进行了调整	
	MI5	与三年前比，公司引入了新的管理理念和方法	
	MI6	与三年前比，公司改进了原有的绩效管理制度	
	MI7	与三年前比，公司改进了原有的供应链管理制度	

2. 知识溢出的度量

本书主要是对知识溢出的途径进行了研究，依据 Saxenian（1994）等的成熟量表，知识溢出的四个维度分别是直接合作、员工流动、企业衍生及非正式交流，各具体指标主要来自 McEvily 和 Zaheer（1999）、吴波（2008）、赵增耀和于海云（2012）以及郑准、王炳富和程志宇（2014）

等学者的成熟量表，见表 3.2。

表 3.2　　　　知识溢出的度量

<table>
<tr><th>维度</th><th>题项编号</th><th>内容</th><th>主要依据</th></tr>
<tr><td rowspan="5">直接合作（DC）</td><td>DC1</td><td>与三年前比，公司与本地同行的业务往来较多</td><td rowspan="8">McEvily、Zaheer（1999）；赵增耀、于海云（2012）；易开刚、马郦（2014）；Saxenian（1994）</td></tr>
<tr><td>DC2</td><td>与三年前比，公司经常与本地其他企业进行合作</td></tr>
<tr><td>DC3</td><td>与三年前比，公司与主要供应商合作交流频繁，信息共享程度很高</td></tr>
<tr><td>DC4</td><td>与三年前比，公司与主要客户合作交流频繁，信息共享程度很高</td></tr>
<tr><td>DC5</td><td>与三年前比，公司引入了战略合作企业，建立了战略联盟</td></tr>
<tr><td rowspan="3">员工流动（ET）</td><td>ET1</td><td>与三年前比，公司员工流动率较高</td></tr>
<tr><td>ET2</td><td>与三年前比，公司会从同行业企业中引入一般工人</td></tr>
<tr><td>ET3</td><td>与三年前比，公司会从同行业企业中引入中高层管理/技术/销售人员</td></tr>
<tr><td rowspan="3">企业衍生（ED）</td><td>ED1</td><td>企业主有在上游或下游企业的工作经历</td><td rowspan="6">Capello、Faggian（2010）；吴波（2008）；郑准、王炳富、程志宇（2014）；何圣东（2002）；Saxenian（1994）</td></tr>
<tr><td>ED2</td><td>企业主有在科研等其他机构的工作经历</td></tr>
<tr><td>ED3</td><td>企业主有在本地竞争对手企业的工作经历</td></tr>
<tr><td rowspan="3">非正式交流（IC）</td><td>IC1</td><td>与三年前比，公司或员工经常组织或参与其他企业间的联谊活动</td></tr>
<tr><td>IC2</td><td>与三年前比，公司或员工经常参加行业协会或商会等组织的技术合作论坛、产业高峰论坛、企业家沙龙等</td></tr>
<tr><td>IC3</td><td>与三年前比，除正式业务外，公司或员工与上/下游企业非正式交流较多</td></tr>
</table>

3. 集群升级的度量

基于微观层面，本书认为集群升级主要分为技术升级和结构升级两个维度，技术升级主要借鉴比较成熟的产品升级、工艺流程升级等成熟量表的部分题项；结构升级主要强调集群及企业之间的联系，此部分题项皆为研究团队在反复讨论的基础上自拟，并结合受访者的意见和建议修改形成，具体内容见表 3.3。

表 3.3　　集群升级的度量

维度	题项编号	内容	主要依据
技术升级（TU）	TU1	与三年前比，集群企业年度新产品开发数量情况较好	余佳群（2012）；Gereffi（1999）；Humphrey、Schmitz（2000）；Kaplinsky、Morris（2001）；戴维奇、魏江（2010）
	TU2	与三年前比，集群企业整体技术水平得到提升	
	TU3	与三年前比，集群产业共性技术水平得到提升	
	TU4	与三年前比，集群企业整体在生产工艺或生产组织上进行创新和改进的速度较快	
	TU5	与三年前比，集群企业整体生产成本更低	
结构升级（SU）	SU1	与三年前比，集群企业之间关系由松散转向紧密	
	SU2	与三年前比，集群企业之间由竞争关系转向竞合关系	
	SU3	与三年前比，集群企业之间行为选择以共赢为目标	
	SU4	与三年前比，集群企业与本地的联系更加紧密	

3.3　样本来源与特征

3.3.1　样本来源

如前所述，本书的研究对象为核心企业，因此问卷的主要发放对象是集群中规模以上企业或具有核心企业特征如快速成长性、角色不可替换性、行为示范性和网络联系多向性等的企业，填写对象主要是企业技术、销售、研发及运营等部门的主管。样本主要来源于浙江典型产业集群如宁波服装产业集群、海宁皮革产业集群、乐清电气产业集群、义乌小商品产业集群等；广东典型产业集群如佛山陶瓷产业集群、中山灯饰产业集群等；福建典型产业集群如晋江鞋业产业集群等。调研时间为2016 年 3 ~8 月，期间通过课题组成员的人脉关系、相关地市工商业联合会、政府部门和实地调研走访共发放问卷 240 份，回收 228 份，剔除内容缺失、随意填写等无效问卷 23 份，最终得到有效问卷 205 份，问卷回收率和有效率分别为 95% 和 89.91% 。

3.3.2 样本特征

通过对回收的问卷进行数理统计特征处理后，得到样本描述性统计结果，如表 3.4 所示，主要涉及受访者的人口统计特征、所在企业特征等。

表 3.4 样本特征的描述性统计结果

变量	特征	频数	频率（%）
性别	男	128	62.4
	女	77	37.6
年龄	21～30 岁	16	7.8
	31～40 岁	113	55.1
	41～50 岁	55	26.8
	51 岁及以上	21	10.3
学历	初中及以下	7	3.6
	高中和中专	9	4.2
	专科和本科	164	80.0
	硕士及以上	25	12.2
企业年龄	4～5 年	41	20.0
	6～10 年	67	32.7
	11～20 年	51	24.8
	21 年及以上	46	22.5
人员规模	51～100 人	15	7.3
	101～500 人	21	10.3
	501～1000 人	47	23.0
	1001～2000 人	51	24.9
	2001 人及以上	71	34.5
资产规模	2000 万～5000 万元	28	13.9
	5000 万(含)～1 亿元	31	15.2
	1 亿(含)～3 亿元	17	8.5
	3 亿(含)～5 亿元	35	16.9
	5 亿元及以上	93	45.5
营业收入	2000 万～5000 万元	17	8.5
	5000 万(含)～1 亿元	24	11.5
	1 亿(含)～3 亿元	30	14.5
	3 亿(含)～5 亿元	55	26.7
	5 亿元及以上	80	38.8

3.4 数据质量分析

在利用调查数据对实证研究获取的数据进行正式分析前，需要对问卷进行信效度检验，以保证问卷的可靠性和有效性。本书使用 CITC 值净化测量题项、Cronbach's α 系数检验数据信度、探索性和验证性因子分析检验建构效度。

3.4.1 CITC 和 α 信度检验

信度（Reliability）是采用相同的测量方法得到的测量结果的内部一致性程度（焦豪，2010）。常用的信度检验指标是内部一致性系数（α 系数），本书采用 Cronbach's α 的内部一致性系数检验问卷的信度（王重鸣，1990），一般认为 Cronbach's α 值最少大于 0.5，且最好大于 0.7（Churchill & Peter，1984）。在检验内部一致性前，先采用修正后项目总体相关系数（CITC）净化各变量的测量题项，如果 CITC 值小于 0.4，且删除后可以提升变量整体的信度，则该测量题项应予以删除（卢纹岱，2000）。表 3.5 是各变量的信度检验结果，表中所有指标的 CITC 值均在 0.4 以上，且变量整体的 Cronbach's α 值均在 0.7 以上，其中，工艺创新与管理创新的整体 α 值在 0.85 以上，表明测量数据的可靠性较高。

表 3.5 各变量的信度检验结果

变量	题项编号	项目总体相关系数（CITC）	删除该项后的 α 值（CAID）	变量整体 α 值
产品创新（PI）	PI1	0.679	0.738	0.811
	PI2	0.538	0.804	
	PI3	0.676	0.741	
	PI4	0.627	0.764	
工艺创新（TI）	TI1	0.722	0.806	0.855
	TI2	0.704	0.814	
	TI3	0.692	0.818	
	TI4	0.675	0.826	

续表

变量	题项编号	项目总体相关系数（CITC）	删除该项后的α值（CAID）	变量整体α值
战略创新（SI）	SI1	0.560	0.777	0.806
	SI2	0.722	0.741	
	SI3	0.619	0.764	
	SI4	0.552	0.779	
	SI5	0.489	0.797	
	SI6	0.483	0.796	
管理创新（MI）	MI1	0.688	0.865	0.883
	MI2	0.676	0.866	
	MI3	0.701	0.863	
	MI4	0.733	0.859	
	MI5	0.635	0.871	
	MI6	0.654	0.869	
	MI7	0.620	0.873	
直接合作（DC）	DC1	0.529	0.757	0.785
	DC2	0.612	0.728	
	DC3	0.618	0.727	
	DC4	0.588	0.738	
	DC5	0.471	0.775	
员工流动（ET）	ET1	0.572	0.684	0.754
	ET2	0.574	0.681	
	ET3	0.603	0.648	
企业衍生（ED）	ED1	0.544	0.698	0.709
	ED2	0.498	0.654	
	ED3	0.538	0.603	
非正式交流（IC）	IC1	0.612	0.658	0.762
	IC2	0.577	0.699	
	IC3	0.590	0.684	

续表

变量	题项编号	项目总体相关系数（CITC）	删除该项后的α值（CAID）	变量整体α值
技术升级（TU）	TU1	0.601	0.805	0.831
	TU2	0.726	0.770	
	TU3	0.673	0.785	
	TU4	0.622	0.800	
	TU5	0.530	0.825	
结构升级（SU）	SU1	0.633	0.699	0.779
	SU2	0.624	0.704	
	SU3	0.493	0.722	
	SU4	0.587	0.723	

3.4.2 探索性因子分析

效度（Validity）指的是测量工具能够恰当测量出所测量变量的程度，问卷的效度越高，表示问卷越能够反映想测量的变量维度（焦豪，2010）。数据效度检验主要分为内容效度（Content Validity）和构建效度（Construct Validity）两个方面。本书调研问卷的测量题项除结构升级维度外，基本来自经典文献中现有的成熟量表，它们已被证实具有较好的信度和效度。此外，问卷还参考了受访者访谈中的意见和建议形成最终量表，因此可以认为具有较好的内容效度。通常认为因子分析是最常用的检验建构效度的方法（吴明隆，2009），本书拟采用探索性因子分析和验证性因子分析来检验建构效度。

在对数据进行探索性因子分析前，需对各个测量指标进行KMO和Bartlett球体检验，判断调研数据是否适合进行探索性因子分析（马庆国，2002）。一般认为KMO值在0.9以上，非常适合进行因子分析；0.8～0.9，很适合；0.7～0.8，适合；0.6～0.7，不太适合；0.5～0.6，很勉强；0.5以下，不适合（马庆国，2002）。表3.6是KMO和Bartlett球体检验的结果，可以看出各潜变量的KMO测度均大于0.7，且样本总体的KMO值为0.906，Bartlett球体检验的显著性水平为0，说明测量数据比较适合进行因子分析。

表 3.6　　KMO 和 Bartlett 球体检验结果

变量	KMO 测度	Bartlett 球体检验		
		Approx. Chi - Square	*df*	Sig.
产品创新（PI）	0.792	213.654	6	0.000
工艺创新（TI）	0.775	290.890	6	0.000
战略创新（SI）	0.826	297.679	15	0.000
管理创新（MI）	0.893	526.465	21	0.000
直接合作（DC）	0.761	238.217	10	0.000
员工流动（ET）	0.709	135.560	3	0.000
企业衍生（ED）	0.726	185.298	3	0.000
非正式交流（IC）	0.712	152.641	3	0.000
技术升级（TU）	0.833	292.223	10	0.000
结构升级（SU）	0.761	178.771	6	0.000
总体（Total）	0.906	4096.258	946	0.000

本书采用主成分分析法按特征值大于 1 抽取主因子，并使用最大方差法进行旋转，表 3.7 是主成分分析结果。由表 3.7 可知，特征值大于 1 的主成分为 10 个，与本书假设的变量数量一致，且这 10 个因子的累计可解释方差达到 73.357%，大于 60% 的常用标准，表明问卷具有良好的内部结构。

表 3.7　　主成分分析结果

成分	初始特征值			旋转提取因子的载荷平方和		
	总体	所占总体方差比例（%）	所占方差的累计比例（%）	总体	所占总体方差比例（%）	所占方差的累计比例（%）
1	18.039	40.998	40.998	18.039	40.998	40.998
2	2.746	6.241	47.239	2.746	6.241	47.239
3	2.058	4.677	51.916	2.058	4.677	51.916
4	1.770	4.022	55.938	1.770	4.022	55.938
5	1.482	3.368	59.306	1.482	3.368	59.306
6	1.417	3.221	62.527	1.417	3.221	62.527

续表

成分	初始特征值			旋转提取因子的载荷平方和		
	总体	所占总体方差比例（%）	所占方差的累计比例（%）	总体	所占总体方差比例（%）	所占方差的累计比例（%）
7	1.378	3.132	65.659	1.378	3.132	65.659
8	1.198	2.723	68.382	1.198	2.723	68.382
9	1.139	2.588	70.970	1.139	2.588	70.970
10	1.050	2.387	73.357	1.050	2.387	73.357
11	0.955	2.170	75.528	—	—	—
12	0.898	2.040	77.568	—	—	—
⋮	⋮	⋮	⋮	⋮	⋮	⋮
44	0.039	0.090	100.000	—	—	—

3.4.3 验证性因子分析

本书采用 Amos 21.0 进行验证性因子分析，以明确变量的维度结构。主要的判别指标有组合信度（CR）、信度系数（R^2）及平均方差抽取量（AVE）。其中，组合信度用以评价每个观测变量能否完整反映潜变量，组合信度值越高，各测量变量间的关联度就越高。一般认为 CR 值大于 0.6 时，模型具有较为理想的内在质量。信度系数是指每个观测变量能够解释潜变量的变异程度（吴明隆，2009），信度系数越大，表明观察指标对潜变量变异程度的解释力越强。当信度系数大于 0.3，模型具有良好的内在检验质量。平均方差抽取量可以观察变量对总体方差的解释力，当平均方差抽取量大于 0.5 时，表明测量指标能有效反映其因素构念的潜在特质。通过对验证性因子分析结果进行反复验证与修订，将 SI5、SI6、DC1、DC5、SU3 等测量题项删除，最终得到表 3.8 的验证性因子分析结果。可以看出，10 个潜变量的组合信度均大于 0.75，平均方差抽取量也均大于 0.5，说明模型潜变量具有较高的质量。探索性因子分析和验证性因子分析都表明调研数据具有良好的可信度和效度，为后续假设检验结果的准确性奠定了基础。

表 3.8　　　　验证性因子分析结果

测量变量	题项编号	因素负荷量	信度系数（R^2）	组合信度（CR）	平均方差抽取量（AVE）
产品创新（PI）	PI1	0.797	0.635	0.814	0.525
	PI2	0.594	0.352		
	PI3	0.786	0.618		
	PI4	0.703	0.494		
工艺创新（TI）	TI1	0.803	0.551	0.856	0.597
	TI2	0.783	0.580		
	TI3	0.762	0.614		
	TI4	0.742	0.645		
战略创新（SI）	SI1	0.675	0.455	0.821	0.537
	SI2	0.851	0.724		
	SI3	0.692	0.479		
	SI4	0.598	0.358		
	SI5	0.547	0.299		
	SI6	0.516	0.267		
管理创新（MI）	MI1	0.740	0.548	0.876	0.503
	MI2	0.725	0.526		
	MI3	0.778	0.605		
	MI4	0.795	0.633		
	MI5	0.674	0.455		
	MI6	0.652	0.465		
	MI7	0.676	0.425		
直接合作（DC）	DC1	0.546	0.298	0.773	0.533
	DC2	0.782	0.415		
	DC3	0.756	0.612		
	DC4	0.645	0.572		
	DC5	0.507	0.257		
员工流动（ET）	ET1	0.690	0.476	0.754	0.506
	ET2	0.694	0.482		
	ET3	0.749	0.562		
企业衍生（ED）	ED1	0.702	0.493	0.751	0.504
	ED2	0.636	0.404		
	ED3	0.693	0.480		

续表

测量变量	题项编号	因素负荷量	信度系数（R^2）	组合信度（CR）	平均方差抽取量（AVE）
非正式交流（IC）	IC1	0.755	0.570	0.762	0.517
	IC2	0.689	0.475		
	IC3	0.712	0.507		
技术升级（TU）	TU1	0.676	0.457	0.834	0.505
	TU2	0.828	0.686		
	TU3	0.763	0.583		
	TU4	0.688	0.473		
	TU5	0.572	0.327		
结构升级（SU）	SU1	0.778	0.605	0.776	0.535
	SU2	0.757	0.574		
	SU3	0.545	0.297		
	SU4	0.659	0.434		

3.5 结构方程模型检验

3.5.1 初始结构方程模型构建

本书借助 Amos 21.0 软件对模型进行检验，结构方程模型分为测量模型与结构方程模型两个部分，测量模型的检验主要是一阶模型检验，观察各维度模型构建的合理性，结构模型则是对整体模型的适配度进行检验，并依据修正指数对模型进行相应的修正。模型检验的前提是建立初始结构方程模型，依据前文的理论基础与所有假设，本书构建了初始结构方程模型（见图 3.3）。

3.5.2 一阶测量模型检验

一阶模型检验是通过修正指标对核心企业创新行为、知识溢出与集群升级这三个一阶模型进行修正，检验测量模型的指标适配度及模型的拟合程度。

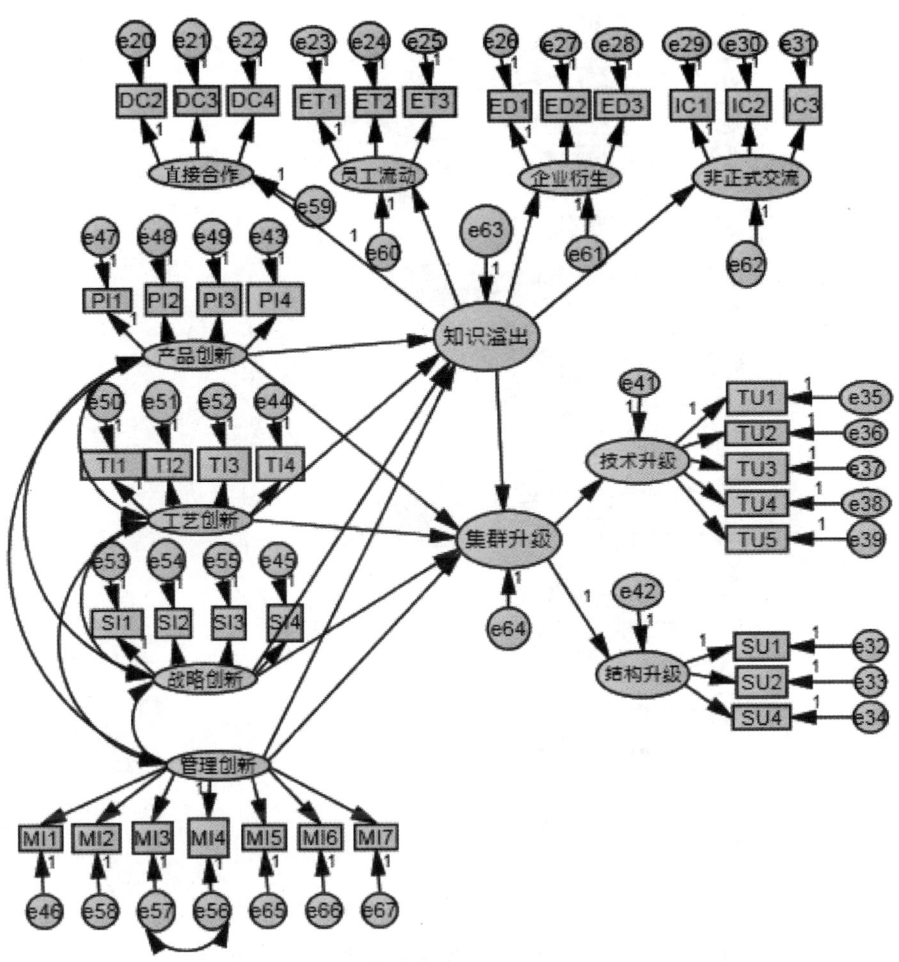

图 3.3　初始结构方程模型

1. 核心企业创新行为的一阶模型检验

运用 Amos 21.0 软件对核心企业创新行为进行一阶测量模型检验，图 3.4 是核心企业创新行为一阶初始测量模型检验结果，表 3.9 是相应的模型适配度评价指标，由表 3.9 可以看出，模型的绝对拟合指数均未达到标准，相对拟合指数和简约适配度指数均较好，整体来看模型的适配度尚可。

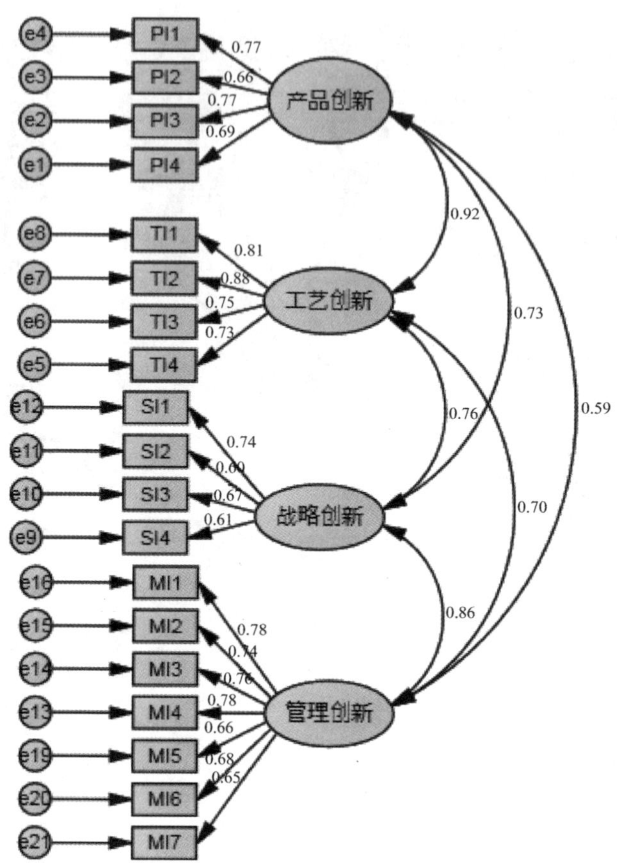

图 3.4　核心企业创新行为一阶初始测量模型结果

表 3.9　　核心企业创新行为一阶初始测量模型适配度评价结果

类别	评价指标	适配标准	指标值
绝对拟合指数	RMR	<0.05	0.064
	RMSEA	<0.08 尚可；<0.05 良好	0.076
	GFI	>0.90	0.848
相对拟合指数	NFI	>0.90	0.847
	CFI	>0.90	0918
	TLI	>0.90	0.905
简约适配度指数	PGFI	>0.50	0.652
	χ^2/df	<2，不能>5	1.940

本书进一步依据修正指数（MI 值）进行反复试验与修正，将变量

PI4、TI1、SI3、MI5、MI6、MI7 删除并建立 MI3 与 MI4 间的共生关系，修正后的核心企业创新行为一阶测量模型如图 3.5 所示，且相比于初始一阶测量模型，相应的拟合指标值均有所优化，各项拟合指数均达到具体的适配标准，表明模型的适配度较好（见表 3.10）。

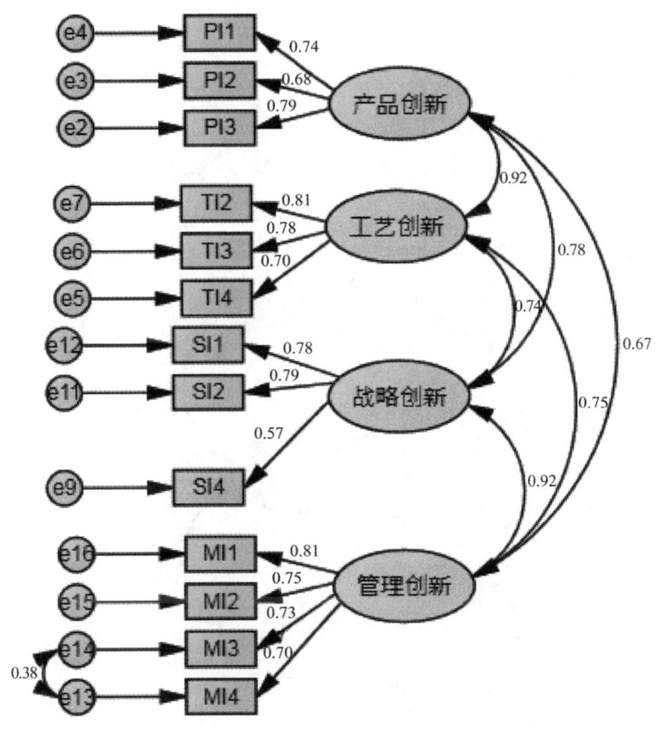

图 3.5　修正后的创新行为一阶测量模型

表 3.10　修正后的核心企业创新行为一阶测量模型适配度评价结果

类别	评价指标	适配标准	指标值
绝对拟合指数	RMR	<0.05	0.043
	RMSEA	<0.08 尚可；<0.05 良好	0.032
	GFI	>0.90	0.941
相对拟合指数	NFI	>0.90	0.940
	CFI	>0.90	0.991
	TLI	>0.90	0.988
简约适配度指数	PGFI	>0.50	0.600
	χ^2/df	<2，不能 >5	1.166

2. 知识溢出一阶测量模型检验

运用同样的方法对知识溢出的一阶测量模型进行检验，得到图 3.6 的初始测量模型和表 3.11 所示的相应拟合指标结果，可以看出知识溢出的一阶测量模型的绝对拟合指数、相对拟合指数与简约适配度指数均达到适配标准，模型的整体适配度较好，不需要进行进一步修正。

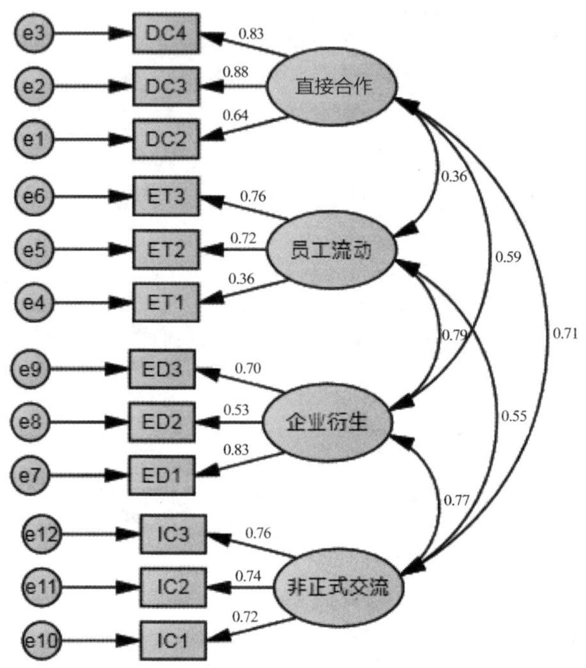

图 3.6 知识溢出初始一阶测量模型

表 3.11 知识溢出一阶初始测量模型适配度评价结果

类别	评价指标	适配标准	指标值
绝对拟合指数	RMR	<0.05	0.058
	RMSEA	<0.08 尚可；<0.05 良好	0.034
	GFI	>0.90	0.946
相对拟合指数	NFI	>0.90	0.911
	CFI	>0.90	0.984
	TLI	>0.90	0.978
简约适配度指数	PGFI	>0.50	0.582
	χ^2/df	<2，不能>5	1.192

3. 集群升级一阶测量模型检验

在对集群升级进行一阶测量模型检验后，从得到的初始测量模型（见图3.7）和拟合指标（见表3.12）中可以看出，RMSEA适配度尚可，且χ^2与自由度的比值大于临界值2，模型适配度一般，但也可进一步修正。

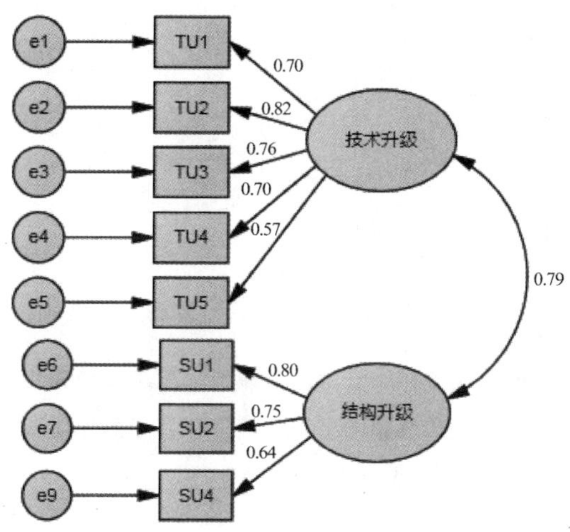

图3.7 集群升级的初始一阶测量模型

表3.12 集群升级的初始一阶测量模型适配度评价指标

类别	评价指标	适配标准	指标值
绝对拟合指数	RMR	<0.05	0.041
	RMSEA	<0.08 尚可；<0.05 良好	0.078
	GFI	>0.90	0.949
相对拟合指数	NFI	>0.90	0.931
	CFI	>0.90	0.963
	TLI	>0.90	0.946
简约适配度指数	PGFI	>0.50	0.501
	χ^2/df	<2，不能>5	2.002

为了使模型更加适配，依据相应的修正指数，依次从MI值最大处开始估算，在考虑实际中的理论依据时每次修正一个参数，经过反复检验，本书删除变量TU1，修正后的模型和适配度结果分别见图3.8与表3.13，可以看出修正后各指标均满足条件，集群升级的一阶测量模型适配度较好。

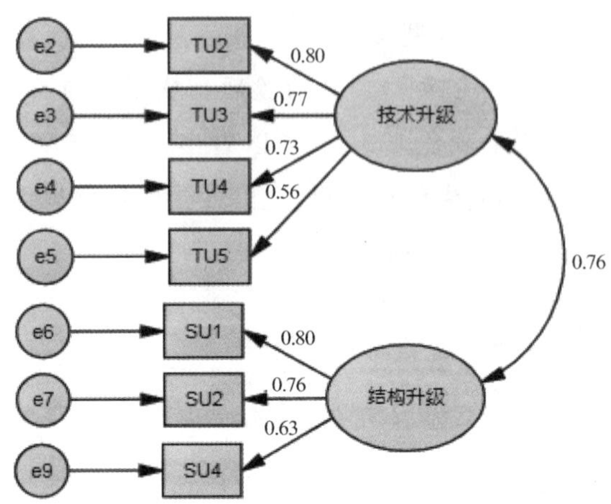

图 3.8　集群升级的初始一阶测量模型

表 3.13　　集群升级的初始一阶测量模型适配度评价指标

类别	评价指标	适配标准	指标值
绝对拟合指数	RMR	<0.05	0.028
	RMSEA	<0.08 尚可；<0.05 良好	0.046
	GFI	>0.90	0.973
相对拟合指数	NFI	>0.90	0.960
	CFI	>0.90	0.989
	TLI	>0.90	0.983
简约适配度指数	PGFI	>0.50	0.512
	χ^2/df	<2，不能>5	1.348

3.5.3　假设检验及结果分析

通过一阶测量模型检验，在删除部分测量题项的同时提升各潜变量间的拟合优度，为后续的假设检验及模型拟合奠定基础。常用的中介效应检验方法主要有依次检验法、Sobel 检验法、差异检验法及温忠麟、侯杰泰和张雷（2004）提出的中介效应检验法等。本书涉及多个自变量、中介变量与因变量间的关系，故采用结构方程模型使用依次检验法进行检验。依据 Baron 和 Kenny（1986）的研究，依次检验法的主要检验步骤分为以下四个步骤。首先做自变量与因变量的关系检验。当系数通过显著性检验后，进入第二步，即自变量对中介变量的关系检验，若不显著，停止中介效应检验。当自变量对中介变量的系数通过显著性检验后，进入第三步，即中介变量对因变量的关系检验。同样地，若通过显著性检验，进入最后一步，即因变量、自变量及中介变量的关系检验。当中介变量的系数达到显著性水平后，此时若与第一步相比，自变量系数变小但仍显著，则表明是部分中介作用，若自变量的系数由显著变为不显著，则表明是完全中介作用（项后军、江飞涛，2010）。基于此，本小节假设检验也将分四个步骤进行，分别检验自变量、因变量、中介变量之间关系的显著性。

1. 核心企业创新行为对集群升级的影响

构建产品创新、工艺创新、战略创新、管理创新与集群升级的结构方程模型，运用 Amos 21.0 进行假设检验，相应的模型检验路径图及拟合指标如图 3.9 及表 3.14 所示。可以看出模型的绝对拟合指数、相对拟合指数与简约适配度指数均达到适配标准，表明模型具有良好的拟合优度。

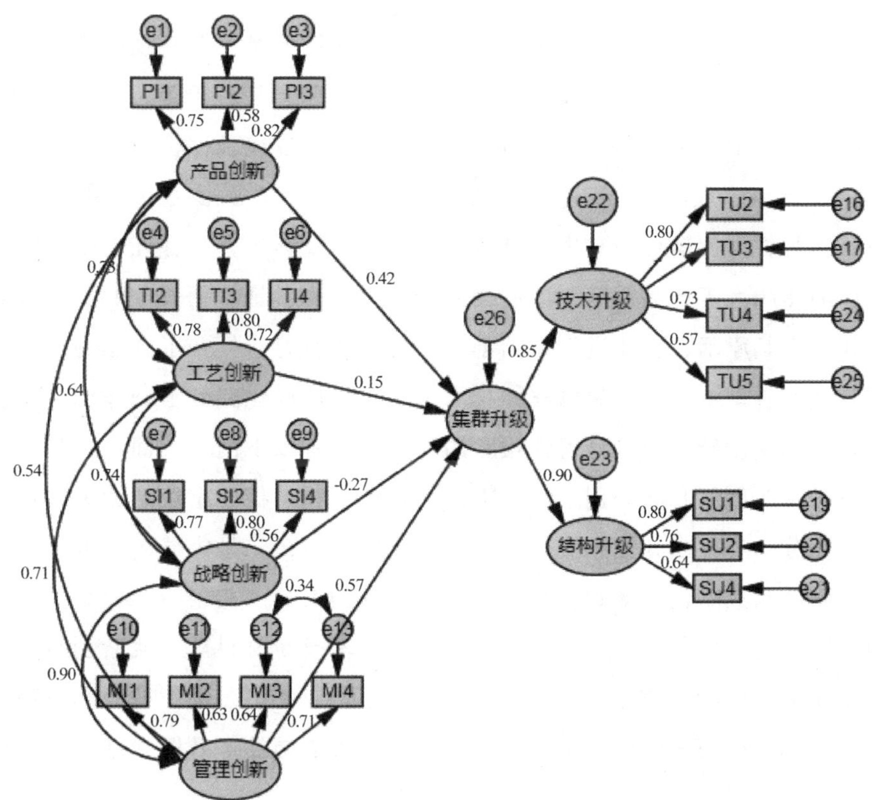

图 3.9　核心企业创新行为对集群升级初步模型初步拟合结果

表 3.14　核心企业创新行为对集群升级初步模型适配度评价指标

类别	评价指标	适配标准	指标值
绝对拟合指数	RMR	<0.05	0.049
	RMSEA	<0.08 尚可；<0.05 良好	0.027
	GFI	>0.90	0.896
相对拟合指数	NFI	>0.90	0.909
	CFI	>0.90	0.986
	TLI	>0.90	0.983
简约适配度指数	PGFI	>0.50	0.680
	χ^2/df	<2，不能 >5	1.121

在模型适配的基础上，得到核心企业创新行为对集群升级影响的路径系数估计结果（见表3.15）。可以看出，在核心企业创新行为对集群升级影响的假设中，子假设工艺创新与战略创新未通过显著性检验，产品创新（0.415）与管理创新（0.573）通过显著性检验，表明核心企业的产品创新行为与管理创新行为对集群升级有显著的积极影响，且管理创新对集群升级的影响大于产品创新，即假设 H_{1a} 与 H_{1d} 得到验证，而 H_{1b} 和 H_{1c} 未得到验证。究其原因，企业进行产品创新和管理创新时，提升了企业的技术水平和企业管理水平，对集群整体技术水平与结构优化起到推动作用。工艺创新与战略创新未通过显著性检验的原因可能有以下两个方面：一是核心企业的工艺创新和战略创新涉及更多的隐性知识，核心企业的相关知识溢出不充分，集群内其他企业难以觉察或难以学习；二是集群内其他企业的工艺创新和战略创新受到自身资源或能力的约束。工艺创新主要是生产设施布置与生产设备的更新、采用新的工艺技术或新材料等，战略创新更需要企业资源和能力作保障。由此，导致核心企业的工艺创新行为和战略创新行为在集群内未能产生协同效应，对产业集群的技术升级和结构升级作用不够显著。

表 3.15　　核心企业创新行为对集群升级路径系数估计结果

路径	标准化路径系数	标准误（S. E.）	t 值（C. R.）	P 值	对应假设	检验结果
产品创新→集群升级	0.415	0.145	2.374	0.018 *	H_{1a}	成立
工艺创新→集群升级	0.148	0.159	0.787	0.431	H_{1b}	不成立
战略创新→集群升级	−0.267	0.340	−0.667	0.505	H_{1c}	不成立
管理创新→集群升级	0.573	0.212	2.094	0.043 *	H_{1d}	成立

注：* 表示在 0.05 水平上显著。

2. 核心企业创新行为对知识溢出的影响

同样地，构建核心企业创新行为对知识溢出影响的结构方程模型。此时应停止对工艺创新和战略创新与知识溢出、集群升级的中介效应检验，但为了进一步检验假设 H_{3b}和 H_{3c}是否成立，仍将工艺创新与战略创新放入模型中。得到的模型图与相应的拟合度指标情况如图 3.10 和表 3.16 所示，模型的拟合优度尚可。

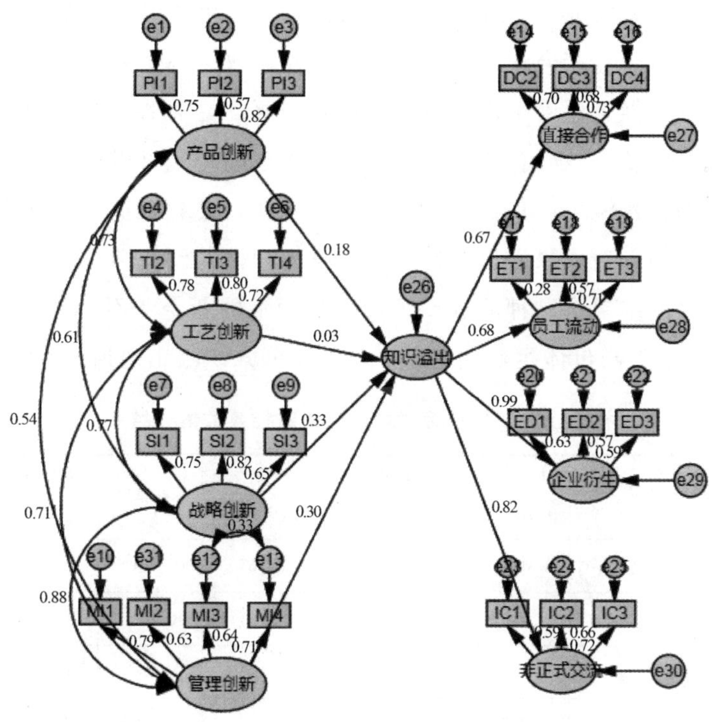

图 3.10　核心企业创新行为对知识溢出影响的模型拟合结果

表 3.16　核心企业创新行为对知识溢出影响的模型适配度评价指标

类别	评价指标	适配标准	指标值
绝对拟合指数	RMR	<0.05	0.042
	RMSEA	<0.08 尚可；<0.05 良好	0.036
	GFI	>0.90	0.893
相对拟合指数	NFI	>0.90	0.922
	CFI	>0.90	0.963
	TLI	>0.90	0.958
简约适配度指数	PGFI	>0.50	0.700
	χ^2/df	<2，不能>5	1.207

相应的路径系数估计结果见表 3.17。可以看出产品创新（0.175）和管理创新（0.297）对知识溢出的影响通过了显著性检验，但工艺创新和战略创新未通过显著性检验，即假设 H_{3a}、H_{3d} 得到验证，假设 H_{3b}、H_{3c} 不成立。产品创新的成果是外显的，集群内企业是可以观察到的。产业链上的合作伙伴由于直接合作的需要，可以优先获取核心企业溢出的产品创新知识，而竞争性企业由于追求竞争优势的需要，更加关注竞争对手的产品创新和管理创新。核心企业的产品创新和管理创新既可以借助于企业间直接或间接的合作溢出，集群企业间员工的流动、企业或员工间非正式交流都有可能成为创新成果溢出的通道。集群内频繁的创业活动大多是集群核心企业衍生的结果，这种流淌着"母体"血液的新企业不仅带有母体企业的"基因"，更与母体企业间有着千丝万缕的知识溢出通道。

表 3.17　核心企业创新行为对知识溢出路径系数估计结果

路径	标准化路径系数	标准误（S. E.）	t 值（C. R.）	P 值	对应假设	检验结果
产品创新→知识溢出	0.175	0.088	2.567	0.010**	H_{3a}	成立
工艺创新→知识溢出	0.030	0.124	0.161	0.872	H_{3b}	不成立
战略创新→知识溢出	0.328	0.197	1.135	0.257	H_{3c}	不成立
管理创新→知识溢出	0.297	0.167	2.411	0.015*	H_{3d}	成立

注：* 表示在 0.05 水平上显著；** 表示在 0.01 水平上显著。

3. 知识溢出对集群升级的影响

进入中介效应检验的第三步，即中介变量对因变量的影响，相应的模型拟合结果（见图3.11）和适配度评价指标（见表3.18）表明，各拟合指数均满足标准，模型整体适配度较好。

表3.19是知识溢出对集群升级影响的路径系数估计结果，可以看出知识溢出对集群升级影响的路径系数（0.975）通过了显著性检验，假设 H_2 得到验证，即知识溢出对集群升级存在显著的积极影响。这也验证了核心企业创新驱动产业集群升级的内在机理，即集群内知识的流动能够促进集群主体间的协同创新，促进了集群整体技术水平和产业共性技术水平的提升，同时集群内知识流动使企业间联系更为紧密，本地根植性增强。

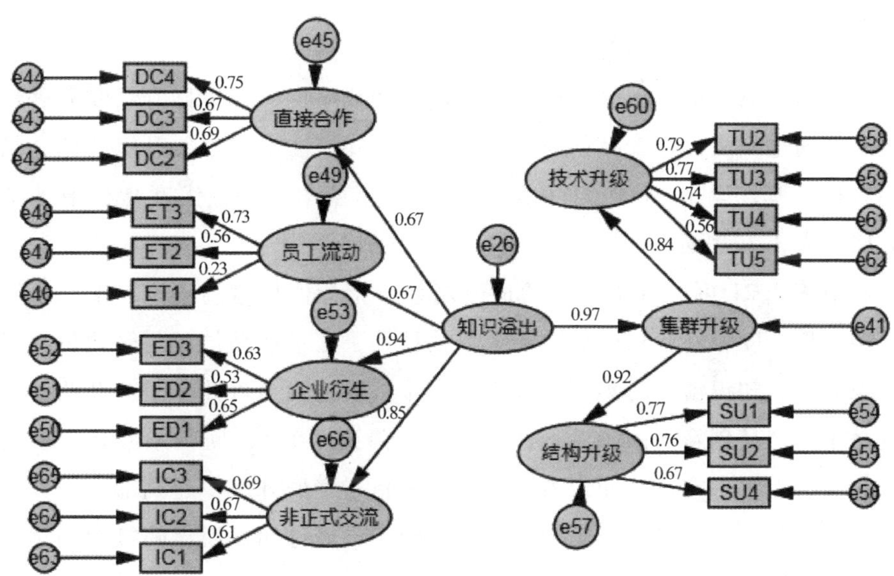

图3.11　知识溢出对集群升级影响的模型拟合结果

表3.18　知识溢出对集群升级影响的模型适配度评价指标

类别	评价指标	适配标准	指标值
绝对拟合指数	RMR	<0.05	0.033
	RMSEA	<0.08尚可；<0.05良好	0.046
	GFI	>0.90	0.950

续表

类别	评价指标	适配标准	指标值
相对拟合指数	NFI	>0.90	0.874
	CFI	>0.90	0.950
	TLI	>0.90	0.941
简约适配度指数	PGFI	>0.50	0.682
	χ^2/df	<2，不能>5	1.344

表 3.19　知识溢出对集群升级影响的路径系数估计结果

路径	标准化路径系数	标准误（S. E.）	t 值（C. R.）	P 值	对应假设	检验结果
知识溢出→集群升级	0.975	0.225	5.478	0.000***	H_2	成立

注：***表示在 0.001 水平上显著。

4. 知识溢出的中介效应检验

在本小节的第一步已经说明工艺创新和战略创新对集群升级的显著性检验未通过，故构建产品创新、管理创新、知识溢出与集群升级的综合结构方程模型，运用 Amos 21.0 软件得到的模型图、拟合优度指标值如图 3.12、表 3.20 所示。

由表 3.21 可以看出模型的适配度评价指标值均达到适配标准，表明模型的拟合度较好，相应的路径系数估计结果显示产品创新与管理创新对知识溢出、知识溢出对集群升级的回归系数均达到显著性水平。在两个自变量中，产品创新的回归系数由 0.415 下降到 0.185，回归系数减少但仍到达显著性水平，说明知识溢出在产品创新与集群升级中起到部分中介作用，即产品创新既对集群升级有直接影响，也通过知识溢出间接影响集群升级。而管理创新的回归系数由显著变为不显著（0.633 >0.05），表明知识溢出在管理创新与集群升级中起到完全中介作用。说明企业对新产品的研发和改进直接提高了集群的技术水平，同时还借助知识溢出的各种途径间接促进了集群的技术升级和结构升级，而管理创新则需要借助知识溢出这一途径使先进的管理思想、理念和方法在集群内传导和扩散，进而推动集群企业间的关系变得富有柔性，集群结构进一步优化。

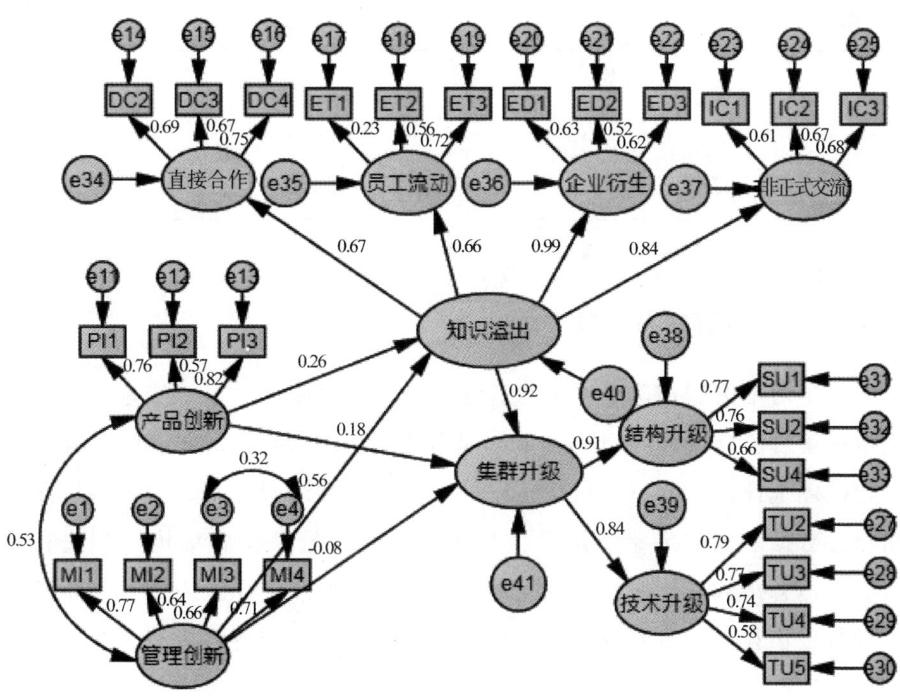

图 3.12　知识溢出中介效应检验的模型拟合结果

表 3.20　知识溢出中介效应检验的模型适配度评价指标

类别	评价指标	适配标准	指标值
绝对拟合指数	RMR	<0.05	0.041
	RMSEA	<0.08 尚可；<0.05 良好	0.041
	GFI	>0.90	0.902
相对拟合指数	NFI	>0.90	0.924
	CFI	>0.90	0.948
	TLI	>0.90	0.941
简约适配度指数	PGFI	>0.50	0.704
	χ^2/df	<2，不能>5	1.269

表 3.21　知识溢出中介效应检验的路径系数估计结果

路径	标准化路径系数	标准误（S. E.）	t 值（C. R.）	P 值	检验结果
知识溢出→集群升级	0.916	0.236	4.796	0.000***	—
产品创新→集群升级	0.185	0.071	2.222	0.026*	部分中介
管理创新→集群升级	−0.075	0.072	−0.478	0.633	完全中介

续表

路径	标准化路径系数	标准误（S.E.）	t 值（C.R.）	P 值	检验结果
产品创新→知识溢出	0.259	0.071	2.297	0.022 *	—
管理创新→知识溢出	0.564	0.099	4.062	0.000 ***	—

注：* 表示在 0.05 水平上显著；*** 表示在 0.001 水平上显著。

3.5.4 检验结果汇总

为了对本书的理论假设进行验证，作者通过阅读文献、实地走访、专家访谈等方法制成最终量表，并对调研数据运用 SPSS 21.0 和 Amos 21.0 进行数理统计特征分析、数据信度检验、探索性因子分析、验证性因子分析检验数据的内在质量。然后，对所构建的测量模型和结构模型进行检验，对拟合指数进行优化，剔除部分题项，并按照中介效应的四步检验方法进行逐步验证。研究发现工艺创新、战略创新对集群升级有积极影响的假设未通过显著性检验，知识溢出在产品创新与集群升级中起部分中介作用，在管理创新与集群升级中起完全中介作用，最终的研究假设结果见表 3.22。

表 3.22　研究假设检验结果汇总

序号	假设内容	检验结果
H_1	核心企业创新对集群升级有积极影响	—
H_{1a}	核心企业产品创新对集群升级有积极影响	支持
H_{1b}	核心企业工艺创新对集群升级有积极影响	不支持
H_{1c}	核心企业战略创新对集群升级有积极影响	不支持
H_{1d}	核心企业管理创新对集群升级有积极影响	支持
H_2	知识溢出对集群升级有积极影响	—
H_3	核心企业创新行为对知识溢出有积极影响	—
H_{3a}	核心企业产品创新对知识溢出有积极影响	支持
H_{3b}	核心企业工艺创新对知识溢出有积极影响	不支持
H_{3c}	核心企业战略创新对知识溢出有积极影响	不支持
H_{3d}	核心企业管理创新对知识溢出有积极影响	支持
H_4	知识溢出在核心企业创新与集群升级中起中介作用	—

续表

序号	假设内容	检验结果
H_{4a}	知识溢出在核心企业产品创新与集群升级中起中介作用	部分中介
H_{4b}	知识溢出在核心企业工艺创新与集群升级中起中介作用	无中介
H_{4c}	知识溢出在核心企业战略创新与集群升级中起中介作用	无中介
H_{4d}	知识溢出在核心企业管理创新与集群升级中起中介作用	完全中介

3.6 实证结论

现阶段，产业集群升级研究的两种主流观点是价值链视角与创新网络视角，但鲜有文献注意到产业集群是一个具有复杂网络结构的虚拟组织，不是一个独立的行为主体和决策主体，集群内各主体间的行为既影响其他主体，也受其他主体影响。各主体间行为不独立，交易地位不对等的特征决定了集群内具有特殊地位的核心企业对集群升级与演进的作用不可替代。

本章从集群内微观异质性主体的行为出发，分别就理论与实证层面探讨了核心企业创新驱动视角下产业集群升级的内在机理，通过实证数据对假设加以论证，最终得出如下主要结论：

第一，产业集群研究经历了从宏观到微观、从集群结构到主体行为的转变，基于核心企业创新驱动这一研究视角，考虑集群内企业地位不对等、行为不独立等种种因素，本书认为集群升级的内在机理是：首先，基于核心企业创新驱动视角，产业集群升级的微观基础是集群内的企业，核心企业在产业集群升级中扮演着重要角色；其次，核心企业创新是产业集群升级的“源动力”，核心企业的创新行为主要包括产品创新、工艺创新、管理创新和战略创新，其创新行为所产生的关联效应和示范效应带动了集群内其他企业的适配性创新、模仿性创新和超越性创新，使产业集群成为一个“创新驱动系统”，拉动产业集群升级；最后，核心企业作为“知识溢出源”，其创新成果在集群内沿产业链和跨产业链的传导与扩散，实现了创新行为与创新成果的溢出，借助直接合作、企业衍生、员工流动和企业间非正式交流，核心企业的创新行为横向传导至集群内其他核心企业，纵向传导至产业链上下游配套企业，关联企业间的互动实现了知识的相互溢出与共享，使集群整体的技术水平和集群产业共性技术水平得到提升，企业间联系变得紧密但富有柔性，行为由竞争转向竞合，实现产业集群的技术升级和结构升级。

第二，产业集群升级离不开异质性的核心企业，它的行为对群内企业及集群整体产生重大影响，其创新为集群升级提供了动力支撑。从创新主体视角出发，实证研究表明核心企业各创新行为不仅对产业集群升级的影响存在差异，而且其影响因素各不相同，创新行为中对集群升级影响最大的是管理创新，其次是产品创新，而战略创新和工艺创新对集群升级的影响并不显著。集群内尽管各企业间存在产业的相似性或关联性，但每个企业拥有的资源和能力特别是对环境变化的识别和资源整合的能力存在差异，经营策略与战略布局各有差异，应对市场机会变化的敏捷性也不尽相同；战略创新和工艺创新往往涉及更多的隐性知识，隐性知识的溢出比较困难，导致战略创新和工艺创新未能在集群内产生明显的示范效应和关联效应，也未能在集群内产生明显的创新协同和行为协同。然而，先进的产品研发技术和管理经验在集群环境中借助知识溢出很容易得到扩散与模仿，经过长期的企业学习，提升了集群整体的技术水平并优化了集群企业间的关系，促进了集群的技术升级与结构升级。

第三，集群正外部性的表现之一就是知识溢出，知识溢出实现了集群企业对创新成果的共享，促进了集群企业创新活动和经营活动的协同，为产业集群升级提供了良好的环境和条件。集群企业间知识的分享和相互学习为集群内创新成果的传导搭建了桥梁，有利于形成“创新—共享—再创新”的动态协同创新体系，促进了集群的升级。首先，实证研究结果表明：集群内知识的流动推动了集群整体技术水平和产业共性技术水平的升级，且企业间的正式和非正式的交流使企业间关系由竞争转向竞合，集群企业的本地根植性增强；其次，知识溢出在核心企业创新行为与集群升级中具有传导作用。通过对知识溢出在创新行为与集群升级中的中介作用进行检验，结果表明知识溢出在产品创新与集群升级之间起到部分中介作用，而在管理创新与集群升级之间是完全中介作用。管理创新不同于产品创新，产品创新更多是依赖于知识和技术的更替与创造，它们直接决定了集群的技术层次。相对于管理创新，产品创新的外显性和可观察性使其具有显性知识的特征，而先进的管理理念和管理经验具有隐性知识的特征，需要依托于企业间直接或间接的合作特别是人员交流与互动，才能实现在不同企业间的传递与扩散，从而使企业间的联系更为紧密，集群结构也得到进一步优化，最终实现产业集群的技术升级与结构升级。

综上所述，知识共享是产业集群内企业间互动与博弈的动态过程。有限理性的博弈方会观察对方的行动，预测对方的决策结果，从而不断进行学习和调整，使自己的决策能带来更多的收益，最终双方都趋向各自的稳定状态。集群知识共享是借助集群网络开展企业知识交流，最大限度地利用集群知识资源，实现集群内知识资源的盘活与增值。

第 4 章

核心企业战略创业驱动产业集群升级的案例研究

在实体经济的转型与升级浪潮中，传统产业集群如何实现转型升级，归根结底落在集群企业的身上，特别是核心企业的战略行为上。企业战略创业是企业的创新行为，是企业创新活动的最高境界。在产业集群中，核心企业战略创业不仅涉及技术创新和组织创新，还涉及市场创新、战略创新、商业模式创新，是具有“复合性”的创新活动。核心企业战略创业行为会影响群内其他主体的决策和行为，核心企业的战略创业驱动与其他主体的相机抉择共同推进产业集群升级。本章研究的基本命题是“核心企业战略创业如何驱动集群升级”，围绕该基本命题着重探究两个问题：核心企业的战略创业行为如何影响集群内其他微观主体的行为选择；集群微观主体行为与宏观集群的升级“涌现”现象之间的内在联系。本章通过运用乐清电气产业集群的嵌入式案例研究方法，将从核心企业战略创业的个体行为出发，对核心企业的战略创业行为以及核心企业战略创业与集群升级之间的驱动机理进行深入挖掘，探讨核心企业与集群内其他主体、集群整体的协同演化，试图探讨集群微观主体战略行为与宏观集群的升级“涌现”现象之间的内在联系，揭示产业集群升级演化的微—宏观机理，为产业集群升级研究提供了一个新的视角。

4.1 理论背景与理论框架

尽管本书第 1 章已进行了文献回顾，但案例研究需要与文献对话（李平、曹仰峰，2012；毛基业、陈诚，2017），因此有必要对案例研究涉及的主要理论进行简要梳理。

4.1.1 理论背景

1. 核心企业

在对产业集群的研究中，企业角色和任务的同质性一直作为产业集群研究隐含的前提而存在，但随着研究的深入，学者们逐渐认识到集群企业的异质性。已有大量证据表明，绝大多数发展成功的产业集群中的企业间是异质的（项后军，2015）。核心企业的异质性主要体现为快速成长性、角色不可替换性、行为示范性和网络联系多向性等特征（刘友金，2005）。核心企业往往位居产业集群内网络结构的核心节点，并占据研发、营销等高附加值环节，控制着集群发展的关键资源（项后军、江飞涛，2010）；在研发技术、市场地位和企业规模等方面具有领先优势，给集群内的企业带来积极的外部效应（刘会学、胡蓓、张文辉，2015）；在集群创新、风险控制和集群升级中起着主导作用（黄纯，2012）。依托核心企业战略创业的“行动跳板”及跨国混合网络的“结构跳板”可以带动集群“跨越式升级”（吴义爽、蔡宁，2010）。

2. 战略创业

战略创业构念于 21 世纪初由 Hitt 和 Ireland 等知名学者提出，基本意涵指向“同步搜寻优势与机会”，核心问题为如何平衡机会追求和优势追寻（Ireland、Hitt & Sirmon ，2003；Mazzei、Ketchen & Shook，2017；郭润萍等，2017）。在高度不确定性的创业环境下，有效的战略创业决策逻辑是指导企业的战略创业行为同时寻求机会和优势的关键（郭润萍等，2017）。针对战略创业的具体行为，学者们则分别从战略创业的内容、过程、结构维度和活动等不同角度进行了大量的研究。如 Hitt 等（2001）提出战略创业包含创新、网络、国际化、组织学习、高管团队与治理、成长六个方面内容，但并未明确指出战略创业构念所对应的具体行为。然而在后续学者的研究中，外部网络与联盟、创新和国际化等被广泛地视作战略创业的具体行为。Ireland 和 Webb（2007）提出战略创业的两大活动，即尝试、发现、风险承担等寻求机会的探索性活动，以及改进、执行、提高效率等谋求优势的开发性活动，企业应该保持这两种活动之间的平衡。“探索行为”与“利用行为”的提出虽未改变战略创业原有的内涵，却使战略创业研究与组织二元性研究产生交融。由于具有不同特征的企业战略创业行为表现存在较大差异，因此学者关于战略创业的研究往往更加关注情境性。如李新春等（2008）在研究家族企业战略创业问题时，将战略创业行为划分为企业治理结构的改变、内外部网络构建、产业创新、企业资源的动态管理、国际化发展。杨桂菊和刘善海（2013）则以代工企业为研究对象，提出战略创业的具体行为包括网络关系构建、模仿学习、创新投入以及国际化行为。关于集群企业战略创业的研究较少。同一般企业一样，集群企业同样可能因无法察觉到实施变革与创新的必要性而导致“核心刚性”，或因反应过度而跌入“创新陷阱”（包建华、方世建 、罗亮，2010），协调好“战略”与“创业”的关系是其健康发展的关键。因此，本章将在基于战略创业“同步追求机会与优势”的“双元”特征的基础上，结合我国集群的现状和核心企业的特点，提炼集群核心企业战略创业的具体行为。

3. 集群升级

长久以来，关于产业集群升级的动力与路径研究主要分别从全球价值链治理与集群内部结构优化两个角度展开。基于全球价值链视角下的集群研究重点在于价值的创造、捕捉与保持，处于全球价值链低端的企业通过交易与技术控制权的提升，从而实现在全球价值分工体系中获取份额的增加（吴义爽、蔡宁，2010）。该理论框架之下，全球价值链作为强大的外部驱动机制能促使发展中国家产业集群和集群企业实现流程升级和产品升级（郑准、王炳富、程志宇，2014）。价值链视角下实现升级的两种路径是从价值链低端向高端转移和跨越价值链（谭文柱、王缉慈、陈倩倩，2006）。内部结构优化视角下的集群升级更加关注集群自身的成长，以及内部创新网络（余佳群，2012）、知识网络等构建。产业集群升级的路径就是要通过不断加强企业和其他机构的合作网络和人际关系网络，发挥集群网络作用，以促进集群的升级（刘芹，2007）。知识网络是集群的骨架（李文博、张永胜、李纪明，2010），集群知识网络结构的调整和更新被认为是集群升级的内在动力（王娇俐、王文平、王为东，2013）。相对于价值链攀升与附加价值创造，该视角更加重视集群竞争力的提升，认为竞争力的提升特别是创新能力的提升是集群升级的关键（王梅、王文平，2012）。因此，本章将综合考虑集群升级的双视角，结合竞争力理论和演化理论的相关知识，对乐清电气产业集群的升级过程及阶段进行分析。

4. 集群协同演化

协同演化最早是由 Ehrlich 等（1964）提出的生物学概念，其内涵为两个或两个以上的物种间建立起共生或竞争关系，随着物种的不断变化，这种相互依赖关系使物种间的演化相互适应、相互影响（汪良兵，2014）。协同演化既有正向，又有负向，互利共生即正向协同演化，掠夺竞争则为负向协同演化（肖静华等，2014）。自 Norgaard 率先将协同演化概念应用于社会经济领域研究，越来越多的学者将协同演化理论运用于组织管理领域，研究企业与企业、企业与环境的相互影响和演化过程（赵进，2011）。Lewin 等（1999）提出了企业、产业与社会环境的协同演化框架，认为三者因相互影响、相互依赖而共同发展，该框架在后期学者的研究中被广泛应用。

有关产业集群协同演化研究主要集中于对集群各主体之间、集群企业与外部环境之间的协同演化现象的揭示。由于产业集群内企业之间存在着竞争、互助和协同行为，每个企业在实现自身演化的同时也通过相互作用实现了与其他企业的协同演化（赵进，2011）。陆小成和罗新星（2007）通过对产业集群内企业之间的关系进行研究，强调要重视产业集群演化的协同效应，优化产业集群内企业之间的竞合策略。集群中既存在着竞争关系（主要存在于核心企业与同类型核心企业间）又存在着合作关系（主要是核心企业与配套企业间）（项后军、江飞涛，2010），且这种关系是处于变化中的。赵进（2011）则将产业集群看作一个生态系统，认为产业集群的发展不仅要依靠集群内部企业间的竞争与合作，还需要企业适应外部环境的变化，与环境共同发展。因此，产业集群生态系统具有多层次的协同演化特性。但关于企业在什么情况下如何以及以何种方式与其他企业和外部环境进行协同演化，鲜有学者进行深入研究，协同演化理论的实证研究也远远落后于理论研究。

4.1.2 理论框架

集群企业与集群内外部环境共同演化，核心企业作为集群的异质性主体，因其行为的示范性、网络联系多向性，从而对其他企业的行为产生影响，其个体的创新创业行为能够驱动集群整体层面的升级。在现有的研究中，有学者认为核心企业的创新创业行为主要通过知识溢出（屈佳英、张聪群，2016）、创业传导（姚刚、蔡宁、蔡瑾琰，2017）等传导因子影响集群其他企业，从而带动集群的升级。集群内企业间相互吸收彼此的知识主要是通过集群内企业间人员流动、集群内企业间观察模仿、集群内企业间非正式交流及集群内企业衍生等途径传递给其他企业（庄小将，2011），溢出的知识会影响集群内知识存量，创业知识的溢出对产业集群发展绩效具有显著的正向影响（王伟光、冯荣凯、尹博，2015）；而创业传导则是从行为扩散的角度探究核心企业创业对集群升级的推动作用。但是，知识和行为何以传导？怎样传导？传导后又如何促进集群升级？除了传导效应外，还有哪些效应在发挥作用？它们之间有何关联？这些问题都没有得到很好地回答。吴义爽（2016）提出基于间接网络效应，服务型龙头企业战略创业能够带动集群升级，从网络的视角探究了核心企业战略创业对集群升级的驱动作用。那么对于传统制造业产业集群来说，网络效应是如何发挥作用的是值得思考的问题。竞争、合作、互助等关系是集群主体协同演化的基础，但以往研究却较少从集群企业竞合互动的视角去分析核心企业行为对集群升级的驱动机制。

本章基于自组织理论和协同演化理论，从核心企业战略创业视角构建集群升级的理论框架用于案例研究（见图 4.1），深入探讨核心企业战略创业的个体行为如何驱动集群整体升级的“涌现”现象。在框架中，微观基础是核心企业的战略创业行为，中间过程是驱动系统，结果变量是集群升级，理论框架中的每个“?”都是构成驱动系统的关键变量或变量间的内在联系。对驱动系统的关键变量及变量关系的挖掘、驱动过程与驱动机理的刻画是接下来案例分析的关键。

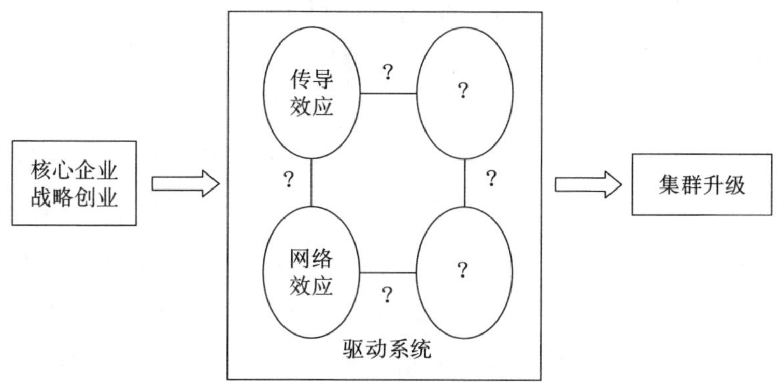

图 4.1　理论框架

4.2　研究设计与方法

4.2.1　研究方法

基于本书主题在现象上的典型性和内容上的复杂性，且研究重点是理清“核心企业战略创业如何驱动集群升级”的问题（属于“How”问题），本章拟采取案例研究方法。与多案例研究相比，单案例研究更适合提炼出解释复杂现象的理论或规律（许庆瑞、吴志岩、陈力田，2013）；由于本书研究主题涉及核心企业和整个集群两个不同层次主体，属于跨层次分析，故采取嵌套案例方式来分析——即在探讨乐清电气产业集群的升级时，加入对产业内核心企业的考察。用扎根理论的研究法对案例资料进行逐级编码分析，通过归纳分析的方法，逐级、渐进地提升概念及其关系的抽象层次，自下而上地归纳并构建理论。

4.2.2 案例选择

本书在兼顾案例的典型性、数据可获得性和研究便利性这三个因素的基础上，最终选择乐清电气产业集群①作为案例研究样本，并在核心企业选择中以正泰集团（以下简称“正泰”）为主要研究对象，以德力西集团（以下简称“德力西”）、浙江天正电气（以下简称“天正电气”）和人民电器集团（以下简称“人民电器”）为辅助分析对象。

1. 案例的典型性

乐清电气产业从小作坊起步，发展成为涉及低高压电气、输配电设备、成套设备、仪器仪表、电子元件等200多个系列、6000个种类、25000多种型号规格产品的大型产业集群。乐清电气产业已成为温州市首个千亿元级产业集群，其发展是低压电器行业乃至我国电力设备行业发展的典型代表。另外，乐清电气产业集群是典型的核心企业带动型集群，其发展与集群中核心企业的战略与创业行为密切相关。② 正泰、德力西等核心企业在进行创新创业的同时，也带动了整条供应链乃至整个乐清产业集群的升级。因此，其非常适合作为本书的研究对象。

2. 数据可获得性

本书所选取的乐清电气产业集群从20世纪80年代形成至今，虽经历过两次危机，但都迅速走出，并维持着快速的发展，因此可保证集群升级数据的可获得性。正泰、德力西等核心企业自成立以来，公司领导层稳定，且一直维持着良好的发展，因此可保证战略创业数据的可获得性。

3. 研究便利性

研究团队与正泰电器有限公司、德力西电器有限公司有良好的合作关

---

① 乐清电气产业集群在其发展历程的不同阶段有不同的称谓，如柳市低压电器产业集群、乐清低压电器产业集群。由于其产品已不再局限于低压电器，还包括高压设备、输配电设备、智能设备等，地理上也不再局限于柳市，而是向北白象、经济开发区等乐清其他地区拓展，因此现大多称为“乐清电气产业集群”。现阶段，无论是在政府文件还是网络资料中都有将“乐清电气产业集群”与“乐清工业电气产业集群”混用的情况，本章将其视为同义。

② 资料来源：《乐清工业电气产业集群示范区转型升级实施方案》。

系，因此可以获取较为丰富的企业内部资料，并开展深入访谈；温州市与宁波市同处于浙江省，距离较近，为实地考察提供了便利；借助于课题组的社会关系，乐清市经济和信息化局相关领导给予大力支持，并出面组织了专场座谈会，安排专人负责协调研究团队的调研工作，为获取乐清电气产业集群的整体性宏观数据和企业调研提供了便利。此外，正泰与德力西都是上市公司，且有《正泰报》《中国德力西报》等内部报纸，因此二手数据容易获得。

4.2.3 数据收集

本书的数据收集工作时间为 2015 年 12 月 ~2017 年 5 月，使用文献资料、人员访谈和实物证据这三种不同的数据收集方法，确保通过多样化的研究信息和资料来源对研究数据进行相互补充和交叉验证，避免共同方法偏差，提高案例的构建效度（Yin，2003；彭新敏、吴晓波、吴东，2011）。

1. 文献资料

①通过正泰、德力西官网、乐清市政府网站、行业协会网站了解相关信息；②通过中国知网、万方等数据库搜寻关于乐清工业电气产业集群以及正泰、德力西等核心企业的相关文献资料；③通过百度等搜索引擎搜索相关信息；④通过公开出版发行的相关图书如《南存辉讲故事——打开创富的人生锦囊》《亲历正泰——中国民营企业首位新闻发言人手记》《功勋——正泰创业三十年人物谱》《德报人类——胡成中与德力西》《创富传家》等了解正泰、德力西的发展历程与主要事迹；⑤通过阅读《正泰报》《中国德力西报》等电子报刊，了解其主要发展事迹；⑥查阅档案记录，如正泰电器自 2007 年 A 股上市以来的公司年报和中期报告。

2. 人员访谈

从 2015 年开始，共进行 8 场面对面人员访谈：①正泰人员访谈。正泰人员访谈 3 次，2 次开放式访谈，1 次半结构化访谈，访谈人员累计超过 15 人，包括公司高管（战略部经理、人力资源总监、市场部经理）、高级技术人员与其他职员。②德力西人员访谈。与德力西集团副总裁、总工程师、党支部书记进行多方会谈。③行业协会访谈。行业协会人员访谈3次，包括乐清电气行业协会副会长、输配电行业秘书长、小型断路器行业协会会员单位代表。④座谈会。2017年4月13日由乐清市经信局牵头组织，乐清市经信局、乐清市市场监督管理局、乐清市科技局、相关行业协会负责人、部分典型企业代表和部分课题组成员参加的专场座谈会，课题组成员与相关人员进行了深入广泛的交流与讨论。其中，人民电器集团的工程师参与了此次座谈会（调研提纲详见附录3）。

3. 实物证据

为进一步佐证正泰在各个发展阶段的新产业进入情况与新产品开发情况，研究人员分别赴上海工厂与温州总部进行实地调研，搜取实物证据；参观德力西车间与展厅；考察中国电工电器城，整体上把握集群的发展。

4.2.4 数据处理

为方便编码，本书首先对调研内容进行文本描述，形成与研究问题相关的记录性文字材料。为清楚地显示资料来源，对语意段落进行分类，标准如表4.1所示。再按扎根理论的一般编码顺序对案例资料进行编码，为保证编码的信度，编码由两位课题组成员同时进行，对编码差异之处进行讨论、协商和辩论，如意见达成一致，编码结果被保留，同时去除矛盾语句和意见不一致的概念。

表4.1 数据来源分类编码

数据来源	数据分类	来源码
一手资料	结构化访谈	m1
	非正式访谈	m2
	现场观察	m3
二手资料	网络资料	s1
	正式出版物	s2
	档案文件	s3

4.2.5 研究品质

通过相应措施，本书主要保证以下研究品质：①建构效度。采用来自人员访谈、实物证据、文献资料及档案记录的多种来源资料，并对各种证据进行相互交叉印证，从而提高研究的建构效度（吴先明、苏志文，2014）。②外在效度。本书在进行案例分析时，时时注重理论与数据的对话，以增强研究的外在效度。③信度。本书详细地记录研究的每一个步骤，并采用 Nvivo 10 作为辅助研究工具对案例资料进行管理，建立研究资料库；在编码时，以本书所涉及的主题和构念为依据，由两名课题组成员进行双盲编码，并严格按照斯特劳斯和科尔宾（1997）提出的编码程序来挖掘资料的范畴、识别范畴的性质及范筹间联系，以保证研究结果的信度和系统性（吴先明、苏志文，2014）。由于本章是对核心企业战略创业与产业集群升级之间的内在机理进行探索性研究，故无须进行内在效度检验。

4.3 数据分析

4.3.1 正泰嵌入式案例分析

1. 开放性编码

开放性编码是指将资料分解、检视、比较、概念化和范畴化的过程（斯特劳斯、科尔宾，1997；吴先明、苏志文，2014）。一般遵循如下程序：首先，定义现象，把原始资料分解为一件件独立的事件，再赋予一个可以代表它们所指涉现象的名字，即“贴标签”和“概念化”（吴先明、苏志文，2014）；其次，发掘范畴，把与同一现象有关的概念聚成一类，同时还需要为范畴取名字，并发展范畴的性质和面向（吴先明、苏志文，2014）。本章基于开放性编码的基本流程，对案例资料进行开放性编码。

借鉴吴先明和苏志文（2014）的编码方法，具体编码过程如下：第一步，“贴标签”，对资料中与企业战略创业、驱动机制、集群升级有关的语句进行标记，并进行初步提炼（编码前缀为“a”），建立自由节点；第二步，“概念化”，将属于同一现象的自由节点归在同一树节点之下（译码前缀为“A”），并用完整的概念定义该树节点；第三步，“范畴化”，把与同一现象有关的树节点聚拢成一类，形成新的树节点（译码前缀为“AA”）（吴先明、苏志文，2014）。经过此过程，最终得到涉及战略创业、扩散与选择机制、集群升级的125个标签、93个概念、50个范畴（见表4.2）。

表4.2　开放性编码结果

案例资料	贴标签	概念化	范畴化
正泰集团在1994～1995年对本地48家企业进行横向联合后组建了正泰集团（s2）	a1 横向联合组建正泰集团	A1 组建集团	AA1 集团化与规模扩张
1993～1997年，是整个集团与股份制的改造阶段，包括配电产品、终端产品、接触器产品也是当时通过并购的形式整合过来的（m1）	a2 并购整合相关产品	A2 整合产品线	
因为集团刚刚发展的时候，就是整合了很多小厂的这个产品（m2）	a3 整合小厂产品		
集团化的经营模式加快了正泰的规模扩张（s1）	a4 规模扩张	A3 规模扩张	
1996年下半年开始的股份制改造使正泰由家族企业走上了现代企业制度的“快车道”（s1）	a5 启动股份制改造	A4 建立现代企业制度	AA2 股份制改造与上市
1997年7月21日，集团内首家规范的股份有限公司“浙江正泰电器股份有限公司”成立。以此为契机，对集团所属企业进行股份制改造（s1）	a6 股份制改造完成		
2010年，正泰电器的低压这个板块，包括仪器、建筑电器和低压电气，就在A股上市了（m1）	a7 A股上市	A5 公司上市	
2015年，正泰从制造业向金融平台方向转变，有了融资平台，建立了温州民商银行（m1）	a8 建立温州民商银行	A6 建立投融资平台	AA3 建立投融资平台
2015年，正泰与富通集团等8家浙江大型民营龙头企业和工银瑞信共同发起成立了浙江民营企业联合投资股份有限公司（简称“浙民投”），是浙江省首家“浙字号”民营大型投资公司，正泰集团董事长南存辉担任“浙民投”董事长，主要宗旨是支持浙江企业兼并重组和产业链整合。“浙民投”投资模式独特，采用“项目＋母基金”的模式。（s1）	a9“浙民投”成立		

续表

案例资料	贴标签	概念化	范畴化
2014 年底，正泰全资子公司出资 1012.5 万元，收购石墨烯公司——上海新池能源科技有限公司 80% 的股权（s1）	a10 收购上海新池	A7 投资并购	AA4 投资并购
并购确实是最近中国企业用得非常多的一个战略手段（m1）	a11 并购		
公司是在经济不景气的时候去收进来、去控股，对于整个的投资并购这一块，这个成本其实是非常低的（m1）	a12 投资并购		
正泰加强了对品牌、人才、技术和营销渠道等要素资源的整合（s1）	a13 要素资源的整合	A8 资源整合	AA5 资源整合与业务协同
增强智能电气、新能源和股权投资三大业务板块的协同合作，努力提高产业链竞争优势（s1）	a14 不同业务板块协同合作	A9 业务协同	
2005 年 2 月，正泰与美国通用电气合资新建的“通用正泰（温州）电器有限公司”正式挂牌，借助通用技术，生产中高端低压电器产品（s3）	a15 与通用组建合资公司生产中高端产品	A10 生产中高端产品	AA6 进入高端市场
施耐德它是从高端向低端延伸，正泰是从中端往高端进军（m1）	a16 中端往高端进军	A11 进入高端市场	
诺雅克是 2007 年、2008 年推出的一个新品牌。因为正泰这个品牌，那么多年下来，客户圈里比较认知的，还是一个偏中低端的品牌。正泰又希望快速进入高端市场……那就得创建一个新品牌（m1）	a17 创立新品牌“诺雅克”	A12 创建新品牌	AA7 创建高端品牌
2004 年 1 月，正泰电气股份有限公司在上海成立，这是正泰向高压输配电产业发展的里程碑（s3）	a18 向高压输配电产业发展	A13 产业链延伸	AA8 产业拓展
2006 年，正泰开始进入新能源领域（m1）	a19 进入新能源领域	A14 进入新产业领域	
2012 年，正泰以 70% 的股权收购上海新华控制技术有限公司，进入自动化领域（s1）	a20 进入自动化领域		
智能家居系统具有用电、并网发电的双向工作流程特点。用电是指……；并网发电是指……以此为延伸，扩展到小区智能微电网、商业智能微电网、工业智能微电网公司的微电网系统（m1）	a21 智能家居系统		

续表

案例资料	贴标签	概念化	范畴化
正泰提供电力自动化和新能源信息化的企业技术的研究与应用开发，为客户提供完善的自动化解决方案和技术工人监测系统（s1）	a22 自动化解决方案和技术工人监测系统	A15 技术研究与应用开发	AA9 技术创新
公司里每年都有两块技术改造，一块是新领域、新设计、新功能等有技术含量的，另一块就是量的增加，没有技术含量，而是复制性的（m1）	a23 两种技术改造	A16 技术改进与创新	
截至 2017 年，正泰共获各种专利授权 2000 项，并获国家、省级科技奖励 30 多项（m1）	a24 获多项专利与奖励	A17 科技成果	
除智能电器主业外，在高端装备领域，成功研发了中国首台高端薄膜太阳能电池关键生产设备（PECVD）和氧化铝薄膜设备（ALD），打破西方国家的垄断（s2）	a25 成功研发中国首台高端薄膜太阳能电池关键生产设备	A18 高端生产设备研发	AA10 工艺设备创新
电气行业入选浙江省 10 个“机器换人”分行业推进实施名单，“机器换人”覆盖率达到 60% 以上，建成 1 家电气行业“机器换人”工程服务平台，组建 1 个电气行业“机器换人”产业技术联盟（s1）	a26 “机器换人”工程	A19 智能制造	
公司组建了一支 400 多人的专业研发队伍，历时 6 个月攻关，开发了“昆仑”系列 200 多项新产品，经过 7860 项可靠性测试，获得 360 余项专利授权，系列产品达到行业领先水平（s3）	a27 推出“昆仑”系列产品	A20 产品持续更新	AA11 产品创新
在物联网领域，提前布局传感技术抢占制高点，开发具有国际先进性的 4 个系列核检测和安防设备等（s2）	a28 开发核检测和安防设备	A21 传感产品开发	
在新材料领域，第三代高质量的石墨烯材料及其合金产品的研发有突破性进展（s2）	a29 新材料领域研发取得突破性进展	A22 产品研发创新获突破性进展	
正泰（乐清）科技创新创业园发挥正泰的资金、品牌、渠道等优势，重点打造电工电气科技创新中心和中小企业孵化加速器（s1）	a30 科技创新创业园	A23 科技创新创业园	AA12 搭建创新创业平台

续表

案例资料	贴标签	概念化	范畴化
正泰是两级研发，一种是传统的研发，还有二次研发，温州这边的研发主要是做工艺，制造环节……工艺也很关键（m1）	a31 两级研发	A24 两级研发	AA13 研发管理
对于那些在新领域、新设计、新功能等有技术含量的技术改造，正泰每年都有立项，比如每个制造部有什么新的需求，那正泰就组织起来，先是立项（ml）	a32 研发立项	A25 立项管理	
2005 年开始使用 ERP 系统（m1）	a33 引入 ERP 系统	A26 信息化管理	AA14 管理创新
正泰的“五结合”（党、政、工、团、妇）班组是非常具有特色的，这在全国也是一个管理的典范（m1）	a34 “五结合”班组	A27 组织管理创新	
正泰坚持利润分享的理念，采用期股期权（股票期权）、虚拟股份、分红等方式，对集团作出重大贡献的人都能分享到集团发展的成果，凝聚了人心（m1）	a35 员工持股	A28 薪酬制度创新	
新产品上市后的 5 年内，对研发人员按 1% ~10% 的提成（m1）	a36 研发人员提成		
体制创新、机制创新孕育了正泰科技创新的种子（s2）	a37 体制、机制创新孕育科技创新	A29 体制创新	
在首期“正泰文化大讲堂”上，南董提到正泰的文化就是“创业”（s2）	a38 “创业”文化	A30 创新创业文化	AA15 企业创新文化
“鼓励创新、宽容失败”的文化氛围呵护了创新者（s2）	a39 创新者保护		
2014 年，正泰与中科院上海微系统所成立联合实验室，以石墨烯粉体材料为基础开发下游应用（s1）	a40 成立联合实验室	A31 产学研合作	AA16 开放式研发体系
温州大学乐清经济开发区产学研联盟中心、浙江省温州低压电器技术创新服务平台乐清工作站的成立，将进一步带动温州市低压电器产业的技术升级，为温州市低压电器产业的整体竞争力提升奠定了扎实的基础（s2）	a41 产学研联盟中心、创新服务平台		
通过开展广泛的产学研合作，全面整合产业链研发资源，正泰打造了国际国内协同发展的开放式研发体系，成立集团中央研究院（s2）	a42 通过产学研合作打造开放式研发体系	A32 开放式研发体系	

续表

案例资料	贴标签	概念化	范畴化
正泰牵头，与温州大学、河北工业大学业等22家高校、大中型的企业和研发机构组建创新战略联盟……主要就是把握行业的共性需求，研究产业共性技术（m1）	a43 共性技术、共性需求	A33 共性技术开发	AA17 合作创新
当时就让正泰建立省级重点企业研究院，研发一些共性的技术，带动行业的发展（m1）	a44 研发共性技术		
从1994年开始，正泰率先跳出本地专业市场的禁锢，在温州电气行业中首开网络营销先河（s1）	a45 首开网络营销先河	A34 营销方式创新	AA18 渠道创新
这个经销商模式，正泰也是首创的（m1）	a46 首创经销商模式	A35 发展经销商	
第二阶段是“天女散花”，只要你想做，不论你做多少，都发展为经销商（m1）	a47 大量发展经销商		
第三个阶段是建立桥头堡，设立带有服务功能的办事处，正泰在全国建立十大办事处，办事处具备市场拓展功能、物流功能和客户服务功能（m1）	a48 设立带服务功能的大办事处	A36 建立综合办事处	
第四个阶段是渠道优化，建立渠道生态，正泰最多的时候有将近有2000多家一级经销商，现在只有500多家经销商，正泰当时分析渠道效率（m1）	a49 渠道优化	A37 优化经销渠道	
正泰很多年前成立了正泰国际贸易有限公司，进行出口，给国外贴牌，也就是代工（m1）	a50 出口	A38 国际贸易	AA19 进入国际市场
国际化要分阶段的，首先第一个是贸易阶段，重点是分销渠道的建立（m1）	a51 贸易阶段		
1999年，正泰在中东设立了第一个海外办事处，向国际化企业迈进（m3）	a52 设立海外办事处		
一旦产品在国外市场上形成一定的规模，以国内为载体，再建立国外的营销渠道（m1）	a53 建立国外营销渠道	A39 建立国际营销渠道	AA20 国际营销渠道建立
设有六大国际营销区域：亚太区、西亚非洲区、欧洲区、南美区、北美区、中国区（s1）	a54 建立国际营销区域		
2017年2月19日，正泰埃及低压开关柜合资工厂开业仪式在首都开罗举行（s2）	a55 海外设合资工厂	A40 海外投资设厂	AA21 海外直接投资
2014年初，正泰收购了德国知名光伏企业Conergy旗下法兰克福（奥登）组件厂，实现了光伏组件生产的国际化（s1）	a56 收购海外工厂		

续表

案例资料	贴标签	概念化	范畴化
一旦在当地区域形成一定的市场规模，就建区域工厂，随后整个的物流体系和配送中心也要建起来（m1）	a57 建区域工厂和配套物流	A41 区域工厂与配套物流建设	AA22 全球生产基地与物流体系
正泰的七大制造基地，分别位于温州、杭州、上海、咸阳、酒泉、开罗和法兰克福（s1）	a58 七大制造基地	A42 全球制造基地	
建有五个国外物流中心：洛杉矶、圣保罗、布拉格、马德里、莫斯科（s1）	a59 建国外物流中心	A43 国外物流中心建立	
正泰通过自建、并购与科研院所合作，建立全球的研发体系（m1）	a60 建立全球的研发体系	A44 全球研发体系	AA23 研发国际化
正泰的全球三大研发中心分布在捷克布拉格、美国洛杉矶和中国上海（s1）	a61 全球三大研发中心	A45 全球研发中心	
正泰品牌的这些产品，很多的供应商就在温州，多数在乐清周围（m1）	a62 本地供应商	A46 供应商管理	AA24 供应链管理
正泰选择的供应商必须是绿色供应商。绿色供应商要通过认证，正泰设定了很多质量标准或者技术标准，有一套指标体系，是设有门槛的，每年都会有这样的认证（m1）	a63 “绿色供应商”认证		
2002 年，正泰就开始建立供方优抚办，通过集中培训的方式对供应商开展培训工作，打造与供方之间长期合作、共同发展的战略伙伴关系（m1）	a64 供方优抚办	A47 上下游企业帮扶	
一直以来，正泰对经销商的帮扶做的是很到位的，包括定期对其进行培训，派人员长期留驻，帮助他们建立了电子商务平台（m1）	a65 经销商帮扶		
正泰还帮助其他小企业进行产品创新（s2）	a66 帮助小企业创新	A48 小企业帮扶	
正泰的工厂现在是半自动，不能叫全自动；还要与 ERP（也就是他们刚才说的大数据平台）进行联合。未来的一个战略就是做到数据共享（m1）	a67 集团内部数据共享	A49 集团内数据共享	AA25 信息共享
不仅仅是集团内部、各产业之间的互联互通，正泰与供应商、经销商之间也有一些信息共享（m1）	a68 供应链企业之间的信息共享	A50 供应链数据共享	

续表

案例资料	贴标签	概念化	范畴化
各产业板块之间的联系由集团统一管理……这些领域都没有重叠的，一个链上的，高压的成套、低压的原件，就是互补的关系。乐清就是生产原件的，像杭州就是太阳能，太阳能光伏需要用逆变器，上海做的就是逆变器，都是互相配套的（m1）	a69 集团内部互相配套	A51 集团产业关联	AA26 产业链优势
通过二代薄膜电池高装备国产化、智能逆变配电设备制造及光伏发电系统整合，大力降低系统组件成本，凸显出整体产业链竞争优势（s1）	a70 整体产业链竞争优势	A52 产业链优势	
原来正泰有一个很简单的定义，就是“全电气产业链”，也就是围绕“电”形成了发、储、输、变、配、用一个完整的产业链（m1）	a71 全电气产业链	A53 产业高度关联	
领衔参与制定行业及国际标准150多项，并在多个领域内开创行业领先水平（s2）	a72 领衔参与制定行业及国际标准	A54 参与行业与国际标准制定	AA27 标准制定
正泰先后牵头制定四个产品的“浙江制造”品牌标准，成为全球知名的工业电气与新能源领军企业（s1）	a73 牵头制定“浙江制造”品牌标准	A55 牵头区域品牌标准制定	
在能源计量领域，正泰从提供计量产品升级到水、电、热、气智能抄表整体解决方案（s1）	a74 从提供产品到提供整体解决方案	A56 功能转型	AA28 企业转型
通过坚持不懈地科技创新，正泰已从单纯做高低压元器件到具备变配电系统、轨交监控系统、核电检测系统等领域全面解决方案的工程能力（s2）	a75 全面的系统解决方案		
正泰从单纯的太阳能组件到生产具备太阳能发电的各种系统运营能力，实现从传统制造向绿色、智能和服务型制造转型（s2）	a76 制造向服务转型	A57 服务转型	
南存辉说，正泰已不再单纯地“卖产品”，而是向EPC总包“交钥匙”工程、运营电站收电费等“卖服务”模式转型。正泰的高低压设备和总承包服务已进入80%的“一带一路”沿线国家（s1）	a77“卖产品”向“卖服务”转型		
第二个阶段，正泰实际上从这个线和面上要往上升级，即从原来简单的定义成电上升为能源（m1）	a78 电上升为能源	A58“电”到“能源”的概念升级	
将“全电气产业链”的概念，升级到“能源互联网化、工业互联网”的定位（m1）	a79“电气链”到“能源网”		

续表

案例资料	贴标签	概念化	范畴化
今天介绍的整个"一朵云（工业云）、两张网（能源互联网、工业互联网）"，几年前就开始部署了。比如说正泰石墨烯产业、自动化产业，包括红外线、智能家居这一块，都已经开始在部署了（m1）	a80 战略部署	A59 战略布局	AA29 战略布局
在乐清，掌握关键和核心技术的企业不多，始终没有摆脱技术引进型的模仿创新模式（m1）	a81 模仿创新模式	A60 模仿创新	AA30 模仿创新
嗅觉敏锐的企业会很快通过模仿来实现自身的技术或产品升级（m1）	a82 模仿		
有些同行业的竞争对手发现正泰的产品研发出来，就会马上买回去研究，工艺有没有变，材料有没有变，或者结构有没有变，经常都有分析（m1）	a83 竞争对手对新产品进行拆分研究	A61 逆向工程	AA31 技术学习
对供应商来说，这种技术的溢出已经发生了，因为供应商不只是给正泰供货，给其他企业也供货，也是拿正泰作为一个标杆（m1）	a84 技术溢出	A62 技术溢出	
20 世纪 90 年代的时候，有的竞争对手还比较强，它的业务排在正泰前面，进入 21 世纪后，正泰超过了它，现在正泰的业务量比对手多一半，发展得也不一样（m1）	a85 业务量赶超	A63 竞争赶超	AA32 竞合发展
正泰和德力西的发展，在业内其实也是比较具有典型意义的，别人都认为是"红海"，然后都认为是同质化竞争，但反而是这种竞争造就了整个柳市。柳市现在有 10 亿元级以上的几十家这样的企业，所以这种同质化的竞争反过来带动了整个集群的发展，最终每个企业都找到了各自的目标市场和市场定位（m1）	a86 同质化竞争带动企业找到各自市场目标定位	A64 同质化竞争促发展	
正泰有海外背景的员工也很多，例如在技术科，教授级的技术型高工也蛮多的，本来有一些岗位也有要求的（m1）	a87 人才引进	A65 人员流动	AA33 知识溢出
企业人员流动是正常的，有一些人员出去做得不好，又回来了（m1）	a88 人员回流		
有一家做自动化设备的，现在也不错，虽然小，它就是正泰的员工出去创业的，他可能发现这个产品有市场，从他个人来讲，还是比较成功的（m1）	a89 员工跳槽创业		
柳市集聚这么多同类企业，许多企业的管理人员、技术人员甚至普通的一线员工，他们之间要么是老乡、要么是同学，甚至还有亲戚的，他们之间的交往也是企业间信息传递的渠道（m1）	a90 人际交往	A66 非正式交流	

续表

案例资料	贴标签	概念化	范畴化
经过多年的发展，乐清市的电气行业已形成完整的产业链，社会化分工明确，龙头骨干企业专注于关键产品装配、市场营销和技术研发，中小企业则聚焦于零部件专业化生产，已形成完善的区域产业链垂直分工协作体系（s2）	a91 垂直分工协作体系形成	A67 集群网络	AA34 集群网络效应
邻近的地理位置使企业之间的空间联系和运输成本具有明显优势，溢出效应、品牌效应、规模效应等得到进一步发挥，社会化分工和专业化协作机制不断优化（s2）	a92 专业化协作机制优化		
产业集群中龙头企业带动作用明显，配套协作紧密的产业链优势、持续创新的技术领先优势、公共服务平台的支撑优势、资源共享的市场网络优势、节能减排的生态优势（s2）	a93 产业链优势、技术优势、网络优势等	A68 产业集群优势	AA35 产业集群优势
得益于零部件专业化生产的配套优势，使在乐清的电气企业创造出其他区域无法比拟的产业创业配套发展环境（s2）	a94 产业创业配套发展环境	A69 产业配套优势	
乐清市 200 多家货运类企业物流网络遍布全国各地，规模以上物流企业纷纷在全国设立了物流专线，已形成了独具模式、自成体系、规模庞大、网络齐全、服务优质的物流运输体系（s2）	A95 物流运输配套优势	A70 物流配套优势	
发挥核心企业的品牌示范效应，促进形成区域内电气新技术的溢出与反馈的良性机制，带动电气产业链上下游企业的协同发展（s2）	a96 核心企业的品牌效应与技术引领	A71 核心企业的品牌效应与技术引领	AA36 核心企业带动集群发展
20 世纪 90 年代是乐清低压电器的快速发展时期，低价竞争引发产品出现了大规模质量问题，大量企业被关停、重组（s2）	a97 产品质量风波	A72 恶性竞争	AA37 集群内部风险
压价竞争已使乐清市低压电器行业基本上处于微利或无利甚至亏本经营状态（s2）	a98 压价竞争		
近年来，电气产业深层次的问题依旧客观存在，如产品创新不足、低端产品产能过剩、中高端领域难以进入，低质低价竞争等现象，制约电气产业的跨越式发展和再创辉煌（s2）	a99 “三低”现象	A73 低端锁定	
被“五低”锁定。“五低”即低端的细分市场、低质的质量标准水平、低廉的产品价格、低下的设计能力和低端的品牌（m3）	a100 “五低”锁定		

续表

案例资料	贴标签	概念化	范畴化
“十一五”以来，由于受土地、人才等要素制约和区域间竞争影响，造成企业外出现象严重（m3）	a101 人才、土地等要素制约	A74 要素制约	AA38 区域环境
国家电网将在后续时间内投入大量资源进行配电网的自动化、智能化改造，国家能源局发布的《配电网建设改造行动计划（2015—2020 年）》计划五年配电网总投资将超 6000 亿元（s2）	a102 电网改造	A75 市场环境变化	AA39 市场机遇
电动汽车的整体发展除影响电池、开关等自身配件和配套产业之外，一方面会增加用电量，进一步带动跨区输电、新能源发电等项目的建设；另一方面，充电设施需求也将大幅上升（s2）	a103 电动汽车发展带动跨区输电、新能源发电		
江苏的电器龙头企业和一批成长科技型电气企业将高端产品、中高压产品落户在乐清市周边城市，对乐清电气产业集群品牌造成压力（s2）	a104 外来企业竞争	A76 外来竞争	AA40 产业环境
通过调动行业协会积极性和发挥行业协会自律规范提升作用，督促和帮扶行业实现发展方式转变（m3）	a105 行业协会的协调作用	A77 服务支持	
连续成功举办了 17 届中国电器文化节，提升了乐清电气在国内、国际影响力（s1）	a106 电器文化节	A78 区域品牌传播	
随着环境制约的加剧及电网配套的改善，国内政策对新能源出现持续利好（s2）	a107 新能源发电回暖	A79 政策环境利好	AA41 宏观环境
2011 年乐清市被列入浙江省 12 个产业集群“两化”深度融合试验区之一（s2）	a108 “两化”深度融合试验区	A80 对接浙江省发展战略	
本地电气企业高端项目、大投资、高层次环节纷纷转移到外地，对本地企业的技术辐射效应减弱，影响了本地产业的可持续发展（s2）	a109 高端项目外移	A81 项目外移与企业外迁	AA42 产业转移
大部分的大中型企业在外都有投资建厂，甚至有抱团外迁的现象（m3）	a110 抱团外迁		
受从商文化影响，企业多而小，企业主缺乏联合发展的理念，产业整合和规模化发展受到限制（m3）	a111 产业中企业受从商文化影响	A82 从商文化	AA43 地域文化
这个其实是温州人的一个特长，他们互相竞争，但又互相促进（m1）	a112 温州人的竞争文化	A83 竞争互促、适应潮流的地域文化	
温州企业适应能力和把握各种各样潮流（包括技术、产业）的能力非常好（m3）	a113 温州企业适应能力强		

续表

案例资料	贴标签	概念化	范畴化
围绕完整的三层（站控层、间隔层、过程层）两网（站控层网、过程层网）结构型的全数字化建设和改造项目，重点依靠标准化、模块化的微处理机技术，设计制造通过网络真正实现数据、资源共享的二次设备（s2）	a114 二次设备提升网络化	A84 工艺流程升级	AA44 集群工艺流程升级
乐清电气产业正加快推动二次设备的设计技术发展，积极研究将二次设备的部分功能转移到一次设备，研发制造更为集成化的智能单元组件（s2）	a115 一、二次设备融合		
乐清电气行业产品结构已由单一的低压电器元件生产扩展到覆盖输电、变电、配电和各种特殊用途电器装备等 200 多个系列、6000 多个种类、25000 多种型号的规格产品，形成了庞大而比较完整的产业链和近 20 个专业小行业（s2）	a116 产品种类增多	A85 产品结构升级	AA45 集群产品升级
产品研发和产业化项目从简单低压领域加快向成套设备、智能电气、高压、特高压和新能源等高新领域拓展；产品结构从简单低压领域加快向成套设备、智能电气等升级（s2）	a117 产品研发向高新领域拓展		
“十三五”期间，目标从以加工制造为主的低端制造环节向品牌连锁经销为主的高端品牌营销环节攀升（s2）	a118 制造向营销环节攀升	A86 功能升级	AA46 集群功能升级
集群产业结构从以中低压为主，向高压、特高压、智能电器和新能源领域拓展（s2）	a119 产业领域拓展	A87 产业领域拓展	AA47 集群链式升级
乐清市已基本形成以柳市、北白象和经济开发区（即盐盆街道和翁垟街道）为电气产业核心集聚区域（s1）	a120 电气产业核心集聚区	A88 产业集聚	AA48 集群结构升级
工业电气产业逐步由块状经济向现代产业集群转型（s1）	a121 产业集群	A89 产业集群	
20 世纪 90 年代，乐清工业电气产业的龙头企业带动型集群特征逐渐形成，在这种模式主导下，集群内部的产业组织方式、技术创新模式和市场营销模式正处于逐步升级并走向成熟的关键阶段（s2）	a122 产业组织方式、技术创新模式和市场营销模式逐步升级	A90 集群结构升级	
温州大学乐清经济开发区产学研联盟中心、浙江省温州低压电器技术创新服务平台乐清工作站的成立，将进一步带动乐清市低压电器产业的技术升级，为乐清市低压电器产业的整体竞争力提升奠定了扎实的基础（s2）	a123 产业竞争力提升	A91 产业竞争力提升	AA49 集群竞争力提升

续表

案例资料	贴标签	概念化	范畴化
乐清在加快建设电气产业集群建设方面下了大力气，并取得了显著实效，率先成为温台地区首个超千亿元级的产业集群，产业集群稳定向好持续发展（s1）	a124 千亿元级产业集群	A92 集群规模增长	AA50 产业集群发展
“乐清断路器”被浙江名牌战略推进委员会认定为“浙江区域名牌”（s1）	a125 浙江区域名牌	A93 区域品牌	

2. 主轴编码

主轴编码是指将经验数据与概念范畴匹配的过程（托马斯 · W. 李，2014），其任务是发掘开放性编码所得到的初始范畴之间的潜在逻辑联系，发展主范畴及其副范畴（王建明、王俊豪，2011）。借鉴 Corbin 等（2009）和周江华等（2012）的观点，本书遵循“条件 — 行动/互动策略 — 结果”的范式模型，根据其在概念层次上的相互关系和逻辑次序，对 50 个初始范畴进行归类。例如，在开放性编码中形成的“战略布局”“投资并购”“创建高端品牌”“产业转移”“产业拓展”和“进入高端市场”等初始范畴，可整合为一条轴线：正泰在“一朵云、两张网”的战略部署下，通过投资并购、创建高端品牌和产业转移，实现了产业链的延伸拓展，成功进入多个相关新领域，并进入高端市场，从而实现了企业的转型发展。因此，这 6 个范畴可归为一个主范畴“产业延伸与拓展”。在关系层面，例如，“地域文化”“集群网络效应”“竞合发展”和“产业集群优势”等初始范畴可以整合为：受地域文化和集群网络关系的影响，集群内企业相互竞争、相互合作、共同发展，从而使产业集群优势得到发挥。因此，这 4 个范畴可归为一个主范畴“协同效应”。在集群层面，“集群工艺流程升级”“集群产品升级”“集群功能升级”和“集群链式升级”是全球价值链视角下集群升级的表现，而“集群结构升级”“集群竞争力提升”却是从集群内部优化的视角表现集群升级，因此，将它们分别归为“价值链攀升”与“内部优化”2 个主范畴；此外，“产业集群优势”和“核心企业带动集群发展”分别是集群结构升级和价值链攀升的重要条件，而“产业集群发展”则是内部优化与外部价值链攀升的结果。经此过程，最终将 50 个副范畴归纳到 9 个主范畴中，编码的结果参见表 4.3 。

表 4.3　　主轴编码结果

主范畴	副范畴		
	条件	行动/互动策略	结果
资源整合	AA37 集群内部风险	AA2 股份制改造与上市 AA3 建立投融资平台 AA4 投资并购 AA5 资料整合与业务协同 AA24 供应链管理	AA1 集团化与规模扩张 AA26 产业链优势
开放式创新	AA13 研发管理 AA12 搭建创新创业平台 AA15 企业创新文化 AA16 开放式研发体系	AA9 技术创新 AA10 工艺设备创新 AA11 产品创新 AA14 管理创新 AA17 合作创新 AA18 渠道创新	AA28 企业转型
产业延伸与拓展	AA29 战略布局	AA7 创建高端品牌 AA4 投资并购 AA42 产业转移	AA6 进入高端市场 AA8 产业拓展
国际化	AA41 宏观环境 AA39 市场机遇	AA19 进入国际市场 AA21 海外直接投资	AA20 国际营销渠道建立 AA22 全球生产基地与物流体系 AA23 研发国际化
示范与关联	AA40 产业环境 AA26 产业链优势	AA27 标准制定 AA30 模仿创新	AA36 核心企业带动集群发展
传导效应	AA38 区域环境 AA28 企业转型	AA25 信息共享 AA31 技术学习 AA33 知识溢出	AA36 核心企业带动集群发展
协同效应	AA43 地域文化 AA34 集群网络效应	AA32 竞合发展	AA35 产业集群优势
内部优化	AA35 产业集群优势	AA48 集群结构升级	AA49 集群竞争力提升 AA50 产业集群发展
价值链攀升	AA36 核心企业带动集群发展	AA44 集群工艺流程升级 AA45 集群产品升级 AA46 集群功能升级 AA47 集群链式升级	AA50 产业集群发展

3. 选择性编码

选择性编码是从主范畴中挖掘核心范畴，把它系统地与主范畴及其他范畴进行联结，验证其间关系（吴先明、苏志文，2014），并以“故事线”的方式描绘行为现象和脉络条件（王建明、王俊豪，2011）。通过将9个主范畴与已有理论进行对接和互动比较，可以发现“开放式创新”“资源整合”“产业延伸与拓展”和“国际化”反映的是正泰为追求优势与机会而展开的一系列战略创业行为，因此将其归入“核心企业战略创业”这一核心范畴。同理，“传导效应”“示范效应”和“协同效应”组合成“驱动系统”；而“内部优化”和“价值链攀升”则组合成“集群升级”范畴。基于此，得到如下故事线：在集群内部“低价竞争”的威胁下，正泰积极把握国家发展战略，顺应产业发展趋势，展开了一系列战略创业行为，具体包括兼并整合同类企业、建立投融资平台、进行股份制改造，以更好地整合产业、资本等多方资源，进行规模扩张；在公司“全球领先的智慧能源解决方案提供商”战略的指导下，通过投资与并购等手段不断地进行产业延伸和拓展，进入新的相关领域，跨入高端市场，并将部分产业转移至集群外部，以追求新机会；不断进行产品创新、技术创新与管理创新，同时积极与其他企业、科研院所和高校进行合作，建立开放式的研发体系；构建与优化供应商网络、经销商网络，对其展开定点帮扶，建立互利共赢的关系；从一开始的产品出口，到建立海外办事处、海外直接投资，再到建立全球的研发中心、生产基地和贸易中心，正泰一步一步践行着国际化战略。通过这些战略创业实践，正泰完成了技术升级、产品升级和功能升级；由于知识溢出、技术传导、组织间学习等传导效应和标准制定、模仿创新等引领和示范效应的存在，核心企业战略创业的行为与成果得以在集群中扩散；由于集群企业的竞合互动，集群网络的协同效应显现，集群其他企业与核心企业协同演化；集群整体竞争力由此提升，产业领域的拓展和产业结构的升级促进其价值链攀升。这些因素共同作用促进了产业集群升级。

4.3.2 其他核心企业嵌入式案例分析

如果仅对正泰进行分析，范畴还未能达到相对饱和状态，同时还存在普适性不足的问题，因此，针对同为乐清工业电气产业集群中的德力西电气、天正电气和人民电器 3 家核心企业进行嵌入式案例分析。通过对案例资料进行开放编码、主轴编码以及选择性编码，获得案例中蕴含的概念和范畴以及范畴之间的关系，形成完整的故事线（吴先明、苏志文，2014）。这是一个不断比较分析的过程，已有的概念和范畴会对后面的编码起到指导作用，而新发现的概念和范畴又有助于修正已有的概念和范畴，从而使归纳提炼出的概念和范畴以及范畴间的关系不断精细和准确（Yin，2013；吴先明、苏志文，2014）。在对德力西案例进行分析时，得到了 3 个新的范畴和若干概念；分析人民电器案例时，只出现了新概念，没有出现新范畴；最后在对天正电气的案例进行分析时，没有出现新概念，如表 4.4 所示。

表 4.4　　对其他核心企业案例编码分析得到的新范畴和新概念

企业	新范畴	新概念
德力西集团	引领作用	管理理念引领、产品引领、核心企业引导市场
	反哺文化	根植乐清、项目回归
	创新传导	倒推供应商创新
	—	借壳上市（建立投融资平台）、政策支持（宏观环境）、市场需求推动创新（市场环境）、战略合作（竞合发展）、扶持自动化企业（上下游企业扶持）
人民电器	—	校企融合（产学研合作）、营销改革（营销创新）
天正电气	—	—

注：括号内为对应的范畴。

为了使研究结果更具一般性，本书对前后得到的范畴及概念进行进一步地修正和整合，并对范畴的命名进行修正，最终得到 9 个主范畴以及构成核心范畴的 3 个要素。至此，本书对核心范畴所蕴含的逻辑关系有了更加清晰的认识。为了直观地展示编码过程与其逻辑关系，本书将其用图形呈现出来（见图 4.2）。

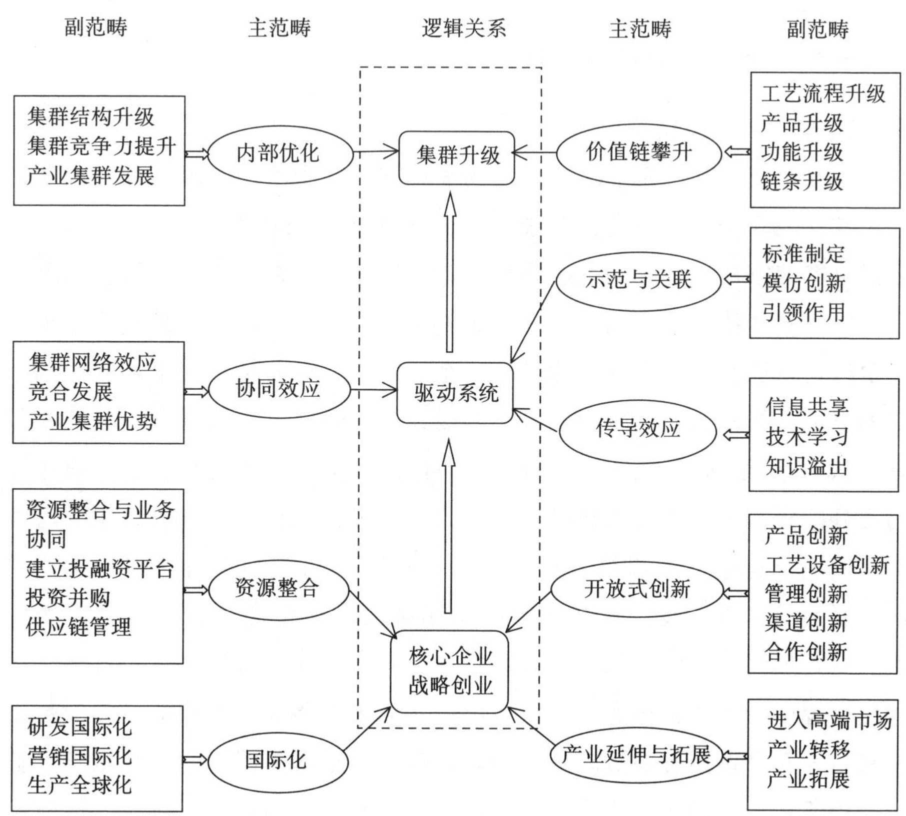

图 4.2　编码过程及核心编码蕴含的逻辑关系

4.4　研究发现与理论模型

通过上述分析，发现可从以下三个方面描述核心企业战略创业驱动集群升级的过程：第一是核心企业战略创业行为；第二是驱动系统；第三是集群升级。

后文将从核心企业行为视角并结合自组织理论、知识溢出理论与创新网络理论的有关观点，对这三个方面展开分析，进而提出相关命题。最后，综合上述命题，提出核心企业战略创业驱动集群升级的机理模型。

4.4.1 核心企业的战略创业

1. 核心企业发展阶段

不同时期，核心企业战略创业的表现方式有所不同，既受到外部环境的影响，又受制于自身资源与能力。正泰集团、德力西集团、天正电气、人民电器四家核心企业的发展路径虽各有特色，但在大方向上却存在着共性。以正泰和德力西为例，如图 4.3（a）、4.3（b）所示，具有非常相似的阶段性特征和关键事件。这是核心企业竞争互动的结果，也是其协同发展的见证。在核心企业发展的不同阶段，其战略创业行为具有一定的相似性，从 20 世纪 90 年代至今，核心企业依次经历了集团化阶段、产业拓展与提升阶段和资源整合与转型升级阶段。其中，在集团化阶段，主要通过整合同类企业进行集团化与规模扩张；在产业拓展与提升阶段，通过并购、联盟等手段进行产业链延伸与市场拓展；在资源整合与转型升级阶段，旨在加强各类资源的整合及各业务板块的协同，以提供竞争优势。在编码过程中发现，在德力西、天正电气、人民电器等其他核心企业的数据资料中没有发掘出有关战略创业的新范畴，而正泰集团作为乐清电气产业集群中规模最大的核心企业，其战略创业行为具有一定的代表性，故下面以正泰为例，对核心企业的战略创业行为进行深入分析。

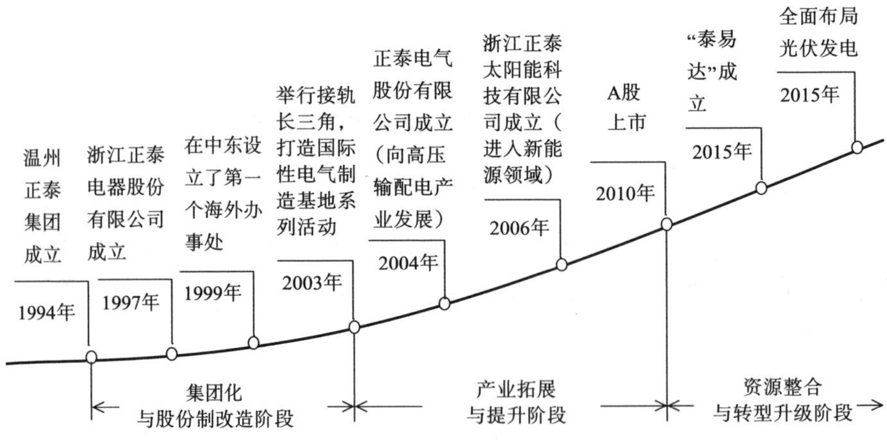

图 4.3（a） 正泰集团的发展历程与关键事件

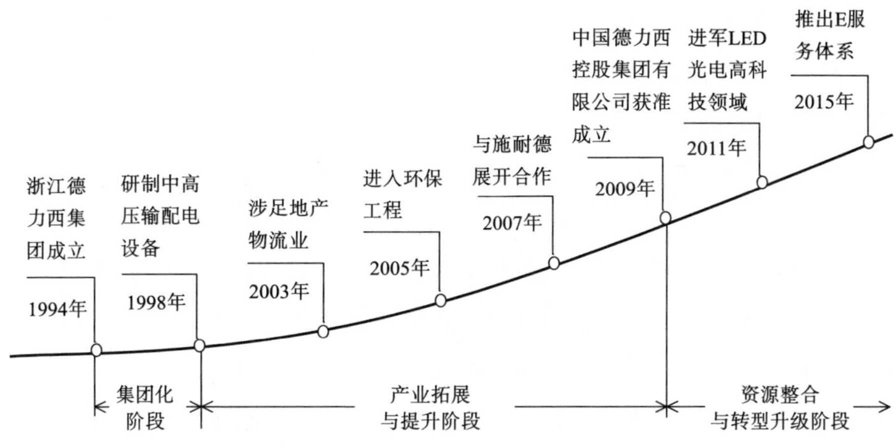

图 4.3（b） 德力西集团的发展历程与关键事件

2. 正泰集团的战略创业

从正泰 30 年的创业史来看，从一开始的求精开关厂，历经质量风波、金融危机，在风谲云诡的市场环境中勇于把握机遇，通过一系列的战略创业行为一步步奠定了其在集群中的领先地位，成长为大型集团公司。这中间的过程并非一蹴而就，而是经历了几个阶段的努力与跨越。

（1）第一阶段：集团化与股份制改造阶段（1994～2002 年）

20 世纪 90 年代是乐清低压电器的快速发展时期，其产品出现了大规模的质量问题，大量企业被关停、重组。此时，涌现了一批勇于为先的创业企业，先后通过兼并、联盟、控股等举措进行资源整合，实现了集团化。正泰正是基于这一特殊背景，在 1994～1995 年对本地 48 家企业进行横向联合后组建了正泰集团，其配电产品、终端产品、接触器产品也是当时通过并购的形式整合过来的。通过整合同行小企业，正泰实现了集团化与规模扩张，其在乐清电器产业集群中的核心地位逐渐形成。在致力于资源整合的同时，正泰也积极践行着创新发展的理念，如首创经销商模式，首开网络营销先河。从 1993 年开始，逐步抛弃了产品“仿制”的发展模式，制定了推进科技进步的“十六条”政策措施；针对产品质量问题，正泰不断完善和健全质量保证体系，并于 1994 年在全国同行业中率先通过质量体系国际国内双重认证。通过一系列的营销创新与管理创新，正泰增强了竞争优势，为下一步的产业拓展与市场开拓奠定了基础。1999 年正泰在中东设立了第一个海外办事处，向国际化企业迈进。但该时期，正泰的国际化还处于国际贸易阶段。

（2）第二阶段：产业拓展与提升阶段（2003～2010 年）

2003 年 7 月，正泰集团举行“接轨长三角，打造国际性电气制造基地”系列活动，开启了长三角地区布局新篇章。在保持行业地位不动摇的基础上，正泰不断进行着新的探索，先后进入新能源领域、传感领域、光伏发电领域等，从低压到中高压、特高压，从中端向高端，一步步努力实现转型与升级，主要体现在两个方面。（1）产业领域拓展。如 2004 年 1 月，正泰电气股份有限公司在上海成立，向高压输配电产业发展；2006 年 10 月，开始进入新能源领域，向发电端延伸。（2）产品创新与升级。如 2005 年 2 月，正泰与美国通用电气合资设立的“通用正泰电器有限公司”挂牌，借助通用的领先技术，生产中高端低压电器产品；2008 年，正泰推出新品牌——诺雅克，正式进入高端市场。通过产业延伸与拓展，正泰逐步形成温州为低压、仪表和建筑电器制造基地，上海为高压输配电设备制造基地，嘉兴为输配电配套设备基地，杭州为工业自动化和太阳能生产基地的“长三角布局”；并逐渐形成了从低压到高压，涵盖“发、输、变、配、用、储”全产业链的产业布局。

在该时期，自主创新成为正泰发展的主旋律，其先后获得各种国内外专利 200 多项，领衔和参与制定各种行业标准 30 多项。同时，正泰也积极推进资本运营与产品、产业经营同步发展，互为促进，2010 年旗下子公司浙江正泰电器股份有限公司成功实现 A 股上市。

（3）第三阶段：资源整合与转型升级阶段（2011 年至今）

基于成为“全球领先的智慧能源开发与运营商”的公司愿景，该时期正泰加强了对品牌、人才、技术和营销渠道等要素资源的整合，增强智能电气、新能源和股权投资三大业务板块的协同合作，努力提高产业链竞争优势，主要体现在五个方面。①进一步拓展产业。如 2012 年以 70% 的股权收购上海新华控制技术（集团）有限公司，进入自动化领域；2015 年全面布局光伏发电。将原有的“电”上升为能源，沿能源的“开发、生产、传输、配送、销售”链条进行产业布局。②重视技术创新与产品升级。2016年初，历经3年，累计投资1.5亿元的正泰昆仑系列产品上市，这是对正泰低压电器产品一次全面的品质提升。③国际化取得重大进展，实现了生产、营销、研发的全面国际化。如2014年初，收购德国知名光伏企业Conergy旗下法兰克福（奥登）组件厂，正泰实现了光伏组件生产的国际化；通过自建、并购以及与科研院所合作，建立全球的研发体系。④资本运营与产业经营相结合，建立投融资平台。2015年，正泰建立温州民商银行，并与富通集团等八家浙江大型民营龙头企业和工银瑞信共同发起成立了浙江民营企业联合投资股份有限公司（以下简称“浙民投”）。⑤扩大关系网络。通过开展广泛的产学研合作，全面整合产业链研发资源，打造了国际国内协同发展的开放式研发体系，成立集团中央研究院。

3. 命题的提出

战略创业是企业同步追求机会与优势的过程，不仅包含机会识别以探索新的机会，也包含资源整合的过程以构建和维持竞争优势（Baert等，2016）。Hitt等（2011）提出由于资源有限，企业往往需要权衡分配用于开发当前竞争优势和用于探索未来的机会和新优势来源的资源数量。但机会识别与资源整合并不是相互独立的，而是相辅相成、相互促进的（Welter等，2016）。此时，企业的“机会资源一体化能力”尤为重要（杜小民、高洋、刘国亮，2015）。从正泰的战略创业历程中发现，每个时期机会识别与资源整合并不对等：在集团化阶段，以整合资源、开发当前竞争优势为主，但同时也展开了设立海外办事处（国际化初期）等活动以探索新机会；在产业拓展阶段，则是以不断地创新、进入新产业领域以追求机会为主，但同时也注重各产业的关联，寻求组合优势；在转型升级阶段，机会识别与资源整合实现较好的平衡，要素整合与产业协同发挥作用。

根据正泰的发展历程，可以得出以下命题：

命题1： 战略创业的行为表现与企业发展阶段有关，不同阶段机会识别与资源整合各有侧重，但最终会达到平衡状态。

网络关系构建、创新、资源的动态管理与国际化广泛被学者们认为是战略创业的行为方式（Ireland 等，2001；杨桂菊、刘善海，2013；李新春、何轩、陈文婷，2008）。正泰的创新主要体现为自身的产品创新、技术创新、管理创新；从创新方式来看除了自主创新，还包括合作创新。合作创新的重点是产业共性技术创新，惠及集群内相关企业，是其网络关系构建的体现。随着“协同”理念的深入，合作创新逐渐被多数企业接受，因此，本书引入开放式创新的概念，旨在自主创新的基础上引入外部创新能力，更能体现正泰新时代下企业创新的开放与共享。国际化作为战略创业的行为方式之一，在较大程度上得到国内外学者的认同，正泰通过设立海外办事处、海外并购、合资设厂、直接投资等手段展开其国际化进程，使得市场不断拓展。李新春等（2008）将产业创新作为企业战略创业的行为方式之一，由于产业创新是宏观层面上的概念，而进入新的产业领域被认为是企业机会追求的重要方式（Ireland & Webb，2007），故我们将“产业拓展”作为核心企业战略创业的行为方式之一，这也与正泰等核心企业的行为表现相印证。资源整合是战略创业的核心行为之一，与开放式创新、产业拓展、国际化追求新机会不同，资源整合旨在整合资源以发挥最大的竞争优势，如正泰通过整合品牌、人力、技术、营销渠道等要素资源，增强电气、新能源、投资等业务板块的协同合作，从而提升产业链优势。从正泰案例中并没有得到网络关系构建这个主范畴，原因是其所体现的供应链管理、合作创新等分别包含在了资源整合与开放式创新中。因此，本书认为网络关系构建不是企业战略创业的主要行为方式，但在核心企业战略创业过程中，其网络边界却不断得到拓展，网络关系也进一步优化。由此得出命题 2。

命题 2：战略创业是一个由产业拓展、资源整合、开放式创新和国际化等行为相互协调、共同作用的过程；随着核心企业战略创业的深入，其产业边界、地理边界、网络边界与市场边界都不断拓展，将对整个集群演化产生影响。

核心企业战略创业行为如图 4.4 所示。

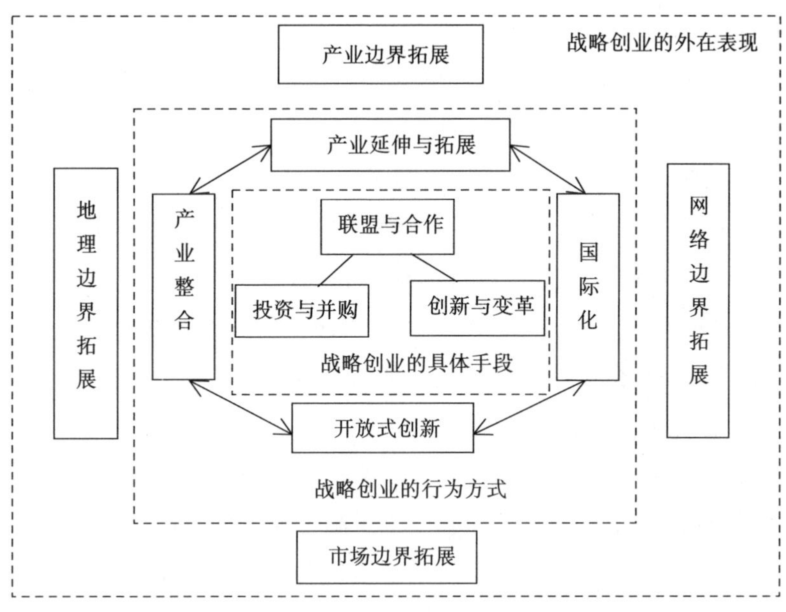

图4.4 核心企业战略创业行为

4.4.2 驱动系统：联动、传导与协同

1. 源动力：核心企业战略创业

从宏观视角出发，创新网络构建、多层空间整合、知识网络优化等被认为是推动集群升级的主要机制（余佳群，2012；严北战，2012），但无论是网络的构建与优化，还是本地化、区域化与全球化的空间整合，关键均在于企业特别是异质性主体——核心企业的行为。从微观视角出发，核心企业的创新、创业行为被广泛认为是集群升级的源动力。案例中，乐清电气产业集群的发展与正泰、德力西等核心企业的战略创业行为紧密关联。质量风波时期（20世纪90年代），正泰、德力西等核心企业采用兼并、重组、联盟等行为进行产业链上纵向和横向整合，带领集群走出危机；在金融危机时，正泰等核心企业通过投资、并购、产品开发、技术创新实现产业延伸与拓展，最终使乐清电气产业集群逆势成长。相比于广义的“创新”“创业”两个概念，战略创业突出核心企业在机会识别的同时重视资源整合，而核心企业的产业整合对于集群产业链和集群结构的优化

具有重要意义。此外，核心企业战略创业往往伴随着内外网络的双重构建，正泰就一直非常重视本地和超本地知识网络的构建，通过业务分包、技术合作等契约形式和非正式网络形式嵌入本地知识网络，通过与高校、科研院所合作，与跨区域经销商、客户建立信息网络嵌入超本地知识网络。本地和超本地知识网络提供不同性质的互补性资源，对集群企业创新能力的提升发挥不同功能（魏江、徐蕾，2011；魏江、徐蕾，2014），集群的知识总量和知识结构也逐渐优化。因此，本书提出以下命题。

命题 3：核心企业战略创业是产业集群升级的源动力。

2. 联动机制：示范效应与关联效应

扩散是指参与主体的某一种行为或者某一种策略在群体中的“传染性”，即能否为群体中其他博弈参与者复制、模仿进而得到传播（邓恬湉，2014）。核心企业战略创业行为的示范效应与关联效应是其行为与成果在集群中扩散的基础。从集群内其他企业的角度来看，扩散过程也是其学习的过程。通过扩散，实现了集群企业信息或知识的共享。

“行为示范性”是核心企业的特征之一（刘友金、罗发友，2005），而这种示范效应往往是通过标准的制定、其他企业的模仿所体现的。正泰共获各种专利授权 2000 项，领衔参与制定行业及国际标准 150 多项，并先后牵头制定 4 个产品的“浙江制造”品牌标准，是全球知名的工业电气与新能源领军企业。当标准制定出来之后，正泰作为行业标杆，集群中尚未达到标准的企业也争相向标准靠拢，发挥了对集群企业技术的引领作用，不仅增强了自身的品牌效应，也推动了集群企业的技术升级。由此可知，标准制定使得核心企业的示范效应更加具体和形象化，同时也促进了产业集群升级。模仿是集群成长过程中不可忽视的话题，甚至可以说是一个必经阶段。在乐清产业集群发展的初期，模仿起到了不可忽视的作用，当某一企业通过战略创业实现转型升级时，嗅觉敏锐的企业会很快通过模仿或模仿创新来实现自身的技术或产品升级，这在当时的情况下也是理性的选择。正泰作为乐清电气产业集群的标杆企业，自然成为众多集群企业模仿的对象。而现今，虽然模仿依旧存在，但自主创新已逐渐成为乐清电气产业集群发展的主旋律，所以模仿更多地变为模仿创新或战略调整。示范效应的结果则体现在核心企业引领作用的发挥，主要表现为在经营理念、技术水平、新产品上的引领。

理论上，关联效应常常与示范效应一起被认为是核心企业行为扩散的动力。产业集群因地理的邻近性、企业间的互补性或共生性产生集聚效应，产业关联是产业集群的主要特征之一。核心企业因其网络联系多向性（刘友金、罗发友，2005）、市场领导力的内生性特征和产业链整合力的外生性特征（刘会学、胡蓓、张文辉，2015），能够引导其他企业确立价值链定位，从而发挥单个价值活动在整体产业链价值增值中的作用。正泰持续的产品创新对其零部件供应商的创新具有很强拉动作用；正泰近年来大力推进智能制造，对自动化设备要求不断提高，对其自动化设备供应厂商的技术提出了更高的要求，拉动设备供应商的技术创新，这是前向关联。在正泰进行产业拓展进入不同领域时，其对应的经销商的规模、业务范围也随之改变，这是后向关联。由于关联效应的存在，核心企业战略创业的成果得以在集群中（特别是产业链上下游）扩散。

依据以上分析，得出以下命题：

命题 4：核心企业战略创业产生的关联效应与示范效应能够促使创业行为和创业成果在集群中的传导与扩散，是驱动系统中的联动机制。

3. 传导机制：知识传导与行为传导

（1）传导效应

核心企业微观层面的行为如何引发宏观层面的集群升级？从知识扩散视角，知识溢出在核心企业创新行为与集群升级中起着传导作用（屈佳英、张聪群，2016）。通过人员流动和非正式交流等途径，正泰等核心企业的创业成果被其他企业接收并吸收。其中，创业知识溢出作为其他企业创业的知识资源之一，对产业集群发展绩效具有显著的影响作用（闫华飞，2015）。创业学习能够帮助集群内其他企业识别、开发和创造创业机会（陈文婷、李新春，2010）。除了被动的知识溢出外，核心企业主动的信息共享、企业间相互的技术学习也是核心企业创业成果传导的主要途径。正泰通过将半自动化工厂与 ERP 系统进行联合，以实现数据共享的战略，这种共享不仅仅指集团内部、各产业之间的互联互通，也包括与供应商、经销商之间的相关信息共享。技术往往被认为是知识的一种表现形式，而技术溢出很少独立于知识溢出被论述。但知识溢出的过程是不同主体在互动、交流的过程中发生的无意识的传播过程（赵勇、白永秀，2009），集群企业通过购买核心企业新产品，进行拆解研究，进而改进自身技术（即“逆向工程”）的行为无法用知识溢出来表示，这是一种有意识的学习行为。除此之外，对于制造企业及制造业集群来说，技术具有特殊的重要性，新技术的引进有利于企业形成新的业务模式和商业模式（张耀辉、齐玮娜，2015）。因此，企业间通过技术交流、逆向工程等方式习得新技术的过程被称为技术学习。核心企业作为知识源，其创业成果通过知识溢出、信息共享和技术学习在集群企业间传导并扩散，从而优化了集群网络的知识结构，促进了集群整体技术水平的提升。

从行为扩散视角，由于集群中核心企业的异质性和结构中心性特征，其引导的创业行为能够有效带动集群网络整体升级（姚刚等，2016）。创业知识溢出为创业传导提供给了知识条件。除了创业传导外，其他企业对核心企业战略创业的反应还包括战略调整或战略变革，同时还存在某个创新行为的传导。如 1994 ~ 1997 年正泰集团化与股份制改造期间，德力西、天正等核心企业也竞相进行横向联合、股权调整，与正泰进行规模的竞争。正泰先后牵头制定 4 个产品的“浙江制造”品牌标准，其他企业为了不被淘汰，不断通过模仿或模仿创新等方法进行技术改进。其他企业的创业行为、创新行为、战略调整或变革行为会加大其知识、技术需求，从而会更加积极主动地去获取新知识，加速知识传导。因此，得出以下命题：

命题 5： 知识传导与行为传导的互动构成了核心企业战略创业与集群升级之间的传导机制。其中，知识传导包含了知识溢出、信息共享与技术学习；而行为传导则包括创业传导、创新传导以及核心企业战略创业引导的其他企业的战略调整行为或战略变革行为。

（2）传导路径

①集团内部传导与知识回流。由于集群承载力有限等问题，核心企业在战略创业的过程中会将部分产业转移到其他城市。如正泰以乐清为低压、仪表和建筑电器制造基地，上海为高压输配电设备制造基地，嘉兴为

输配电配套设备基地，杭州为工业自动化和太阳能生产基地的“长三角布局”。在调研中我们发现，正泰之所以走出乐清，将高端产业和新兴产业布局在上海、杭州，其主要目的是利用上海、杭州的城市区位优势吸引高端人才。如今更是在全球设有研发机构、生产基地和物流中心。正泰通过产业转移，一方面拓展了企业的地理边界，吸引全球的优秀人才，提高正泰集团的创新能力；另一方面，基于大数据平台、集团内部知识和信息的共享、集团内部业务协同、集团内人员的调配与流动等使乐清之外的研发中心和生产基地取得的创新成果、技术、经验、信息等回流到正泰的乐清基地，同样会逐渐地溢出到乐清电气产业集群的其他企业。可见，核心企业跳出原集群的地理空间，离“（集）群”、离“（本）土”的战略创业行为和创新活动同样可以反哺集群发展，造福“桑梓”，能够做到“离乡不背井”。

②沿供应链传导。产业集群不仅是企业的集聚，更是基于精细分工与专业化基础上的产业链的集聚（张聪群，2007），也有学者称之为供应链的集聚（陈雪梅，2003）。在乐清电气产业集群中，逐渐形成了一条条以核心企业为主导的供应链集聚。由于供应链企业的相互依存关系，供应商和经销商的能力直接影响到核心企业的产品制造和销售，因此核心企业的战略创业行为必然要传导到与其合作的供应商与经销商，同时需要对其合作伙伴进行培训和帮扶。正泰集团特别注重供应链关系的重塑，如成立供方优抚办，展开对重点供应商的帮扶；通过集中培训的方式对供应商开展培训工作，打造与供应商之间长期合作、共同发展的战略伙伴关系；建立经销商帮扶团队，定期对其进行培训，安排人员长期派驻，还帮助经销商建立电子商务平台。通过技术援助和培训，知识、技术从核心企业沿供应链向其他企业传导。实际上，上下游配套企业已经嵌入正泰集团的创新体系之中。供应商或经销商又不局限于为一家核心企业提供产品和服务，因此核心企业的知识、技术等会借助供应链辐射到整个集群，实现了集群范围内的知识共享与互动协同。

③创新网络传导。创新网络为集群各行为主体间的合作与竞争、互补性资源的获取以及知识的流动搭建了网络资源平台（余佳群，2012）。通

过协同创新网络（即基于网络的合作创新），能够实现集群各主体间的信息共享、知识传导和技术扩散（刘丹、闫长乐，2013）。21 世纪初，正泰集团、德力西集团、人民电器集团等集群核心企业纷纷与国外知名企业建立合作，并开始在国外建设自己的工厂与研发基地。核心企业不仅构建起了自己的外部合作网络，还搭建起了内部的合作创新平台。由正泰电器股份有限公司牵头的浙江省低压电器产业技术创新战略联盟，是 2010 年浙江省科技厅启动建设的首批浙江省产业技术创新战略联盟，成员包括温州大学、河北工业大学，还有德力西、天正电气、人民电器、长城电器、森泰电器、环宇集团等多家低压电器产业龙头企业，联盟企业年产值占据了温州低压电器产业 60% 份额，2017 年该联盟通过了省科技厅组织的验收。该联盟以组织的开放性、优势的互补性、成果的共享性、风险的共担性、机制的创新性为基本准则，着力于关键共性技术的研发，在低压电器智能化关键技术、低压电器自动化在线检测关键技术、低压电器电接触材料关键技术等领域取得了突破性成果。在联盟建设期间，项目投入经费超过 2.5 亿元，新增产值超过 10 亿元，发挥了在技术创新和产业转型中的引领作用。该联盟作为乐清电气产业集群的合作创新平台，在资源与知识共享、促进技术学习和协同创新方面发挥了重要作用。乐清工业电气企业的持续创新能力正源于集群创新网络的集成效应。开放式的创新平台使得知识、技术的交流更加频繁而有效，共性技术开发则有利于节约集群资源、加快产业发展。

由于技术学习、知识溢出及信息共享，核心企业战略创业所获得的知识、经验会通过集团内部、供应链、创新网络在集群内扩散。

命题 6： 知识传导与行为传导路径主要包括沿企业集团内部、供应链和集群创新网络三种；无论是知识还是行为常常都是多途径传导的。

4. 协同机制：竞合互动与协同演化

（1）竞合互动

由于集群企业间既存在竞争行为，又存在合作、互助行为，因此每个企业在自身演化的同时也通过相互作用实现了与其他企业的协同演化。1994 年 2 月，温州正泰集团公司成立，正泰以资本、产品和技术为纽带，通过并购整合同类企业，走上了集团化经营之路。同年 5 月，浙江德力西集团公司和浙江天正集团公司相继成立。在 1994 ~ 1997 年正泰集团化与股份制改造期间，德力西、天正等核心企业也竞相进行横向联合、股权调整，与正泰进行规模的竞争。在竞争性的战略创业过程中，正泰、德力西等企业规模不断扩张、产品种类增多，其核心企业地位逐渐确立，乐清工业电气产业的核心企业带动型产业集群特征也逐渐形成。在这种模式主导下，集群内部网络更趋稳定，集群企业间的联系日益紧密。在产业集群中，企业的行为不是孤立的，集群企业间的互动会影响其行为选择，从而形成集群企业间行为的协同效应，归根结底是由于集群中企业间的相互竞争与相互合作。乐清电气产业集群中的企业很多是同质化竞争，这种同质化不仅是指产品，还包括技术性能、产品的升级换代，甚至营销模式也是相似的。在乐清电气产业集群中，核心企业之间的创新竞争不断地上演跟踪、追赶、超越的反复交替，推动着企业的技术升级和乐清电气产业集群的发展。在后续的发展中，相对于正泰来说，德力西的产业布局更加呈现多元化，如进入地产行业，而正泰的产业延伸则更多的在电气（或能源）这条主线上。但在产业拓展的过程中，两者依旧毫不示弱，如正泰 2006 年进入新能源产业，紧跟着 2007 年德力西就进军能源矿业领域。在互相竞争中，某个核心企业的行为并不一定引起对手相同的行为反应，但竞争互动会促使对方企业进行战略创新。竞合互动的结果则是竞合发展。

（2）协同效应

集群企业间的竞合关系使集群网络的演化呈现出非线性的协同共生规律（张敏、张一力，2017）。集群主体之间通过学习、模仿和复制、扩散等机理的作用，彼此之间建立稳定协同机制，产生“1 + 1 > 2”的效果，促使集群演化与升级。协同效应的产生首先建立在集群企业网络关系的基础上，是示范与关联效应、传导效应作用的结果。正泰资源整合、产业拓展、开放式创新与国际化等战略创业行为会通过网络进行扩散；而战略创业的成果，如知识、技术也会通过不同渠道进行传导与扩散。此外，核心企业战略创业过程本身就是超集群网络构建与优化过程，必然会带动集群企业间关系的重构和集群企业业务的更新，由此使正泰的个体行为引起集群群体的“涌现现象”。例如，在正泰集团化与股份制改造期间（1994～1997年），德力西、天正等核心企业也竞相进行横向联合、股权调整，与其展开规模竞争。在集群企业的竞合互动中，集群的整体规模扩大，并逐渐形成了完善的区域产业链垂直分工协作体系，从而形成了集群优势。

（3）环境与文化的作用机制

产业集群的发展不仅要依靠集群内部企业间的竞争与合作，也需要企业适应外部环境的变化，因此具有多层次的协同演化特性（赵进，2011）。产业集群的健康、持续发展离不开外部环境，集群企业需要主动适应外部环境的变化，包括宏观环境、产业环境、区域环境、市场环境，并要应对集群内部竞争所带来的威胁等。

环境虽然不是核心企业战略创业驱动集群升级的直接因素，但它发挥的间接作用不容忽视，无论是核心企业的战略创业行为，还是其他企业的跟进、变革与协同，都离不开环境的作用。核心企业的战略创业是核心企业对外部环境变化的动态匹配行为，是对外部机会的利用。随着环境变化日益加快以及企业动态能力的逐渐形成，核心企业能够顺应甚至预判环境变化，从而避免危机的发生。随着中国经济步入新常态，创新驱动的重要性日益突出。乐清电气产业集群中的企业从开始的追求大规模、低成本，到现在重视技术研发、产品创新、智能制造，由基于成本领先战略转向创新驱动战略，体现了新经济背景下企业主动适应环境变化的过程。正泰的太阳能、华仪的风能都与新能源行业的发展前景及国家对新能源行业的扶持有关。拥有环境洞察能力的核心企业总能敏锐地嗅到环境变化所带来的发展机遇，然后进行战略调整。

环境变化影响核心企业的战略创业行为，反过来，核心企业战略创业同样能够引起集群环境甚至产业环境的变化。如在质量危机时刻，核心企业的积极作为与勇于担当使集群走出危机，集群结构由“马歇尔式”演变为“轮轴式”，核心企业带动型集群特征鲜明。在产业集群的成长过程中，核心企业的联盟、协同创新行为使集群间企业的联系更加紧密，使集群环境更利于企业创新。

文化是人类在社会历史发展过程中所创造的物质财富和精神财富的总

和。地域文化、产业文化和企业文化是产业集群发展的“软实力”。从案例资料中可以看出，温州人敢于拼搏、勇于闯荡的地域文化特色使得温州企业骨子里拥有一股不服输的冲劲；温州商人敢于冒险、善于冒险、敢为人先的精神使企业家始终充满着创新创业的斗志和胆识。特定地域的产业文化是产业集群诞生、成长的土壤。即使同在一个区域、同处一个行业，不同的企业因其创始人特质、企业发展历程体现出不同的文化底蕴。在首期“正泰文化大讲堂”上，南存辉董事长提到正泰的文化就是“创业”，“鼓励创新、宽容失败”的文化氛围鼓励了创新创业，从而带动企业的发展。从某种意义上来说，企业文化是企业家精神和经营理念的体现。胡成中有句名言，“我们不能站在乐清看世界，而要站在月球看地球”，体现了“引时代潮流”的理念和长远眼光，深信行商无界，敢于“闯天下”，这也是德力西集团创新文化的体现。这样的文化特征使德力西相对于正泰来说，业务更为多元化。

事实上，无论是核心企业的战略创业，还是联动机制、传导机制的运行，抑或协同机制的运行都与集群内外部环境、特定的地域文化等密不可分。例如，技术、知识、信息的传导就受到外部环境以及企业文化、地域文化的影响。正是在“开放、创新、共享”的大环境下，正泰等核心企业与其他企业的交流、合作非常频繁，这给知识的传导提供了机会；“学习”是乐清电气产业集群中很多企业共同的文化，正是在这种互相学习的氛围中，溢出的知识、技术更易被吸收、利用，促进了传导效应的产生。

（4）集群演化

以集群网络为依托，以集群企业竞合发展为动力，核心企业的个体行为最终引起集群群体的“涌现现象”；新知识、新技术在集群中的扩散又使集群的知识网络不断优化。在乐清电气产业集群中，处于同一产业链的企业往往具有明确的分工。核心企业战略创业驱动其主导下的产业网络的协同升级，进而在实现其个体利益的同时创造了集群升级的群体效应。创新集群的涌现性不仅取决于系统的结构，还受到创新集群内部各个主体的特性影响（董微微，2013）。同样，主体之间的异质性、学习能力差异等都会对集群升级的整体涌现性产生影响。此外，集群升级的涌现性还与所处的外部环境密切相关。竞争激烈的产业环境、崇尚学习的区域文化、敢于冒险的创业精神、鼓励创新的企业文化均为乐清电气产业集群升级提供了良好的土壤。

根据以上分析，本书提出以下命题：

命题7：协同机制与联动机制、传导机制相辅相成，实现了从核心企业战略创业的微观行为到集群升级的宏观涌现之间的转变。

命题8：主体差异与外部环境因素均会对集群升级的整体涌现性产生影响。

4.4.3 集群升级

1. 快速增长阶段（1990～1999年）

（1）规模增长

1990年以前，由于早期市场次序的混乱，乐清电气产品出现大规模的质量问题。20世纪90年代初期，通过调整和整治，优秀正规化的企业迅速成长。20世纪90年代至21世纪初，借助全国农村电网改造计划，乐清电气企业迅速壮大，形成了一批以正泰、德力西、天正、华仪、人民等为代表的知名企业。基于纵向一体化和横向一体化的企业兼并，使正泰、德力西等企业集团的产能和业务范围在20世纪90年代中期急剧增加，竞争力同步提升，在集群中的核心企业地位逐步形成；同时一些规模不大、但技术相对先进的企业为避免与大型企业集团的直接竞争，走上了专业化和差异化发展的道路。1996年，乐清低压电器市场销售额已达64亿元，占全国低压电器市场销售额的1/3以上，成为全国最大的低压电器产销基地。至2000年，以柳市镇为中心的乐清市共有电气股份合作企业800多家，个体私营企业3000多家，从业人员达10万多人。

（2）网络结构优化

20世纪90年代，随着正泰、德力西等企业的集团化与股份制改造，乐清工业电气产业的核心企业带动型集群特征逐渐形成。在这种模式主导下，集群内部的产业组织方式、技术创新模式和市场营销模式正处于逐步升级并走向成熟的关键阶段。随着核心企业资源整合与其他企业战略变革，乐清工业电气集群逐步形成了分工明确、合作紧密的网络结构。

快速增长阶段正好对应正泰、德力西等核心企业的集团化阶段，这些企业不断进行横向整合以扩大规模，在自身发展的同时，使集群的网络结构与网络关系发生重大变化。

2. 提升与跨越阶段（2000～2010年）

（1）产能提升

2000年，以柳市镇为中心的乐清市，电器产业实现工业总产值135亿多元，约占全国市场份额的35%，占乐清市工业产值的44%；2001年“中国电器之都”正式命名并落户乐清市柳市镇。至2009年，乐清工业电气行业实现产值509亿元，占乐清市工业总产值的一半，占浙江省工业电气行业总产值的65%以上，外贸出口值占浙江省工业电气行业出口总值的75%以上，其核心产品（低压电器）多年来一直占全国市场份额的60%以上。

（2）产业延伸

核心企业在战略创业过程中不断探索新领域，实现产业链的延伸与拓展。在集群企业的竞合互动过程中，这种产业延伸在集群内不断蔓延。2002年，华仪进入风电行业；2005年，德力西进入环保工程领域；2006年，正泰进入新能源领域；2007年，德力西进军能源矿业领域。在这个阶段，乐清工业电气产业集群开始从低压电器向中高压电器、新能源等领域转型。但是，大部分企业仍以中低压电器为主，低压电器领域主要产品仍以第一代、第二代和改良后的第二代为主，低附加值的低端产品仍为主流（约占低压电器总量的70%）。

（3）管理提升

在该阶段，跨国合作兴起，研发能力与创新能力有所提升。德力西在与施耐德合作后开始了一系列改革，包括一年内罢免两百多位中高层管理人员，整合供应商，推行ERP系统等。与此同时，正泰集团也完成了现代企业治理结构的彻底转型。在正泰和德力西的示范带动下，一股现代企业制度改造潮流在乐清涌现。2009年底，安德利集团正式上线运行ERP系统；2010年1月，人民电器正式向温州市金融工作办公室提交了自己的上市材料；天正等企业纷纷也对供应商采取了绿色供应商管理体系。正是核心企业管理创新的示范与驱动，促使乐清工业电气产业集群逐步完成了从传统的经验管理向现代管理的转型。

（4）技术升级

20世纪90年代，乐清电气产业集群只能通过简单的仿制或进行较复杂的二次开发生产新产品，自主创新型产品数量极少。进入21世纪，乐清工业电气龙头骨干企业不断加大技术创新力度，开发拥有自主知识产权的新产品以提高市场竞争力。正泰分别在柳市和上海成立专门的研发中心，每年销售额的5%用于研发；德力西获批设立博士后科研工作站，并建立了统辖整个集团技术工作的研究中心。2003年，正泰推出的NM8塑壳断路器，标志着其从仿制到自主知识产权产品的过渡。跨国合作在这一时期兴起，使集群企业（特别是核心企业）拥有更多的资源进行技术创新与产品创新。如2005年，正泰与美国通用电气合资新建“通用正泰电器有限公司”，借助通用技术生产中高端低压电器产品；2006年，正泰集团成套设备制造有限公司根据市场需求及产品升级要求，引进ABB公司的ArTu柜技术及西门子公司的SIVACON 8PT技术，同时启动研发拥有自主知识产权的NGC8低压成套开关设备。通过对以上技术的工厂化设计及生产，在设计和工艺上进行了多个方面的改革和创新。2007年，德力西与法国施耐德电气公司成功进行战略合作，在技术与管理上都得到了大的提升。此外，温州市人民政府、乐清市人民政府为推动企业技术创新搭建各种创新平台，如2007年中共温州市委、市人民政府召开的全市民营企业科技创新推进大会，为企业提供交流、学习的机会，推动技术创新的进展。由于逐步形成的分工明确、合作紧密的集群网络，技术创新潮迅速由核心企业向集群其他企业扩散。其中，中型企业作为乐清电气集群的中坚力量，其技术创新的动力一方面来自集群竞争的压力，另一方面来自核心企业技术创新示范效应。乐清电气产业集群的整体技术水平显著提升，从简单地仿制到拥有自己的专利，创新型产品不断增多。

3. 整合与转型升级阶段（2011年之后）

（1）网络结构继续优化

伴随着集群企业规模的扩张和边界的突破，乐清市已基本形成以柳市、北白象和经济开发区为电气产业核心集聚区域，工业电气产业逐步由块状经济向现代产业集群转型。地理邻近使集群企业间的空间联系和运输成本具有明显优势，溢出效应、品牌效应、规模效应等促进了产业集群中核心企业战略创业的带动作用。最终，乐清产业集群配套协作紧密的产业链优势、持续创新的技术领先优势、公共服务平台的支撑优势以及资源共享的网络优势得到进一步发挥。除了内部网络结构优化外，正泰等核心企业通过战略创业嵌入外部网络，随着溢出效应、协同效应的发挥使得乐清工业电气产业集群网络与外部网络发生联系，超集群网络形成。

（2）价值链攀升

随着核心企业的创新引领和配套企业的战略匹配，乐清电气行业的产品结构从简单低压领域加快向成套设备、智能电气等升级，覆盖输电、变电、配电和各种特殊用途电器装备等200多个系列、6000多个种类、25000多种型号的规格产品，形成了庞大而比较完整的产业链和近20个专业小行业。产品研发和产业化项目从简单低压领域加快向成套设备、智能电气、高压、特高压和新能源等高新领域拓展。如今的乐清已基本形成"发、送、输、配、用、储"的全电气产业链，并在太阳能、风能等新能源领域进行快速布局。整个产业结构从以中低压为主，向高压、特高压、智能电器和新能源领域拓展，进入更高附加值的领域。

（3）竞争力提升

随着集群企业间的相互竞争与合作，创新创业行为在集群网络中扩散；随着互联网的普及，知识（技术）传导变得更加频繁和快捷；创新集群逐渐形成，从而增强了集群的整体竞争力。其中，创新联盟的建立为知识（技术）的创新与传导提供了平台支持。温州大学乐清经济开发区产学研联盟中心、浙江省温州低压电器技术创新服务平台乐清工作站的成立，带动乐清市低压电器产业的技术升级，为乐清市低压电器产业的整体竞争力提升奠定了扎实的基础。2015年，乐清工业电气产业集群率先成为温台地区首个超千亿元级的产业集群，呈现出了较强的竞争力。

4. 命题的提出

从集群升级的内部结构视角看，网络结构优化特别是创新网络与知识网络的构建与优化是集群升级的关键，集群升级与集群网络结构、集群知识行为和集群知识结构密不可分（朱海燕，2009）。本案例中，核心企业战略创业对乐清电气产业集群网络结构的优化作用非常明显，但却没有直接的证据证明知识结构的优化及创新网络的构建，这是因为与网络结构相比，知识结构与创新能力更加隐性且不可量化。不过，从核心企业自身的技术升级、产品升级和链式升级过程，及其战略创业行为传导与知识传导中可以得出，集群内知识结构在不断改善，创新能力也在不断提升。

从集群升级的全球价值链视角看，集群升级重点在于价值的创造、捕捉与保持，处于全球价值链低端的企业通过交易与技术控制权的提升，从而实现在全球分工体系中价值获取份额的增加（吴义爽、蔡宁，2010）。从乐清工业电气的价值链攀升过程中发现，工艺设备升级、产品升级、功能升级和链式升级是一个循环往复的过程，有时同时存在。在集群发展的前期，主要体现为工艺流程升级和产品升级；随着核心企业战略创业的深入，集群逐渐从以加工制造为主的低端制造环节向自主创新和自主品牌为主的高端品牌营销环节攀升，产业结构也从以中低压为主，向高压、特高压、智能电器和新能源等高附加值领域拓展，但离实现真正意义上整个集群的功能升级和链式升级还有一定距离。

从集群升级的竞争力视角看，竞争力的提升特别是创新能力的提升是集群升级的关键（王梅、王文平，2012）。转型升级是获取竞争优势的一种途径，而竞争优势则是企业成长和财富创造的前提。随着乐清电气产业集群市场竞争力、创新能力的不断提升，集群快速发展，在 2015 年率先成为温台地区首个超千亿元级的产业集群。

因此，得出以下命题：

命题 9： 集群升级的本质是集群竞争力的提升，内在表现为网络结构的优化，外在表现为价值链的攀升，最终体现为集群产业发展。

4.4.4 理论模型

根据上述案例分析，本书对理论框架进行扩充与发展，构建了核心企业战略创业驱动产业集群升级的理论模型，如图 4.5 所示。核心企业通过资源整合、开放式创新、产业延伸与拓展、国际化等战略创业行为，在实现自身网络边界、产业边界、地理边界和市场边界拓展的同时，其战略创业产生的关联效应与示范效应促使创业行为和创业成果在集群中传导与扩散；在知识传导（知识溢出、信息共享与技术学习）和行为传导（创业传导、创新传导、核心企业战略创业引导的其他企业的战略调整行为或战略变革行为）的过程中，集团内部、供应链和集群网络（特别是创新网络）作为最主要的三种路径存在多层次的联动效应；最终使得企业个体行为演化为集群层面的群体行为，个体知识演变为集群知识；伴随着集群企业的互动耦合，集群网络结构、知识结构逐渐优化，集群竞争力逐渐提升，并逐渐向高附加值领域攀升，实现了产业集群的转型升级。核心企业战略创业是集群升级的源动力。而在核心企业战略创业驱动集群升级的驱动系统中，示范效应与关联效应作为联动机制，是传导效应发挥作用的动力来源；知识传导与行为传导构成的传导机制则是整个驱动系统的核心，

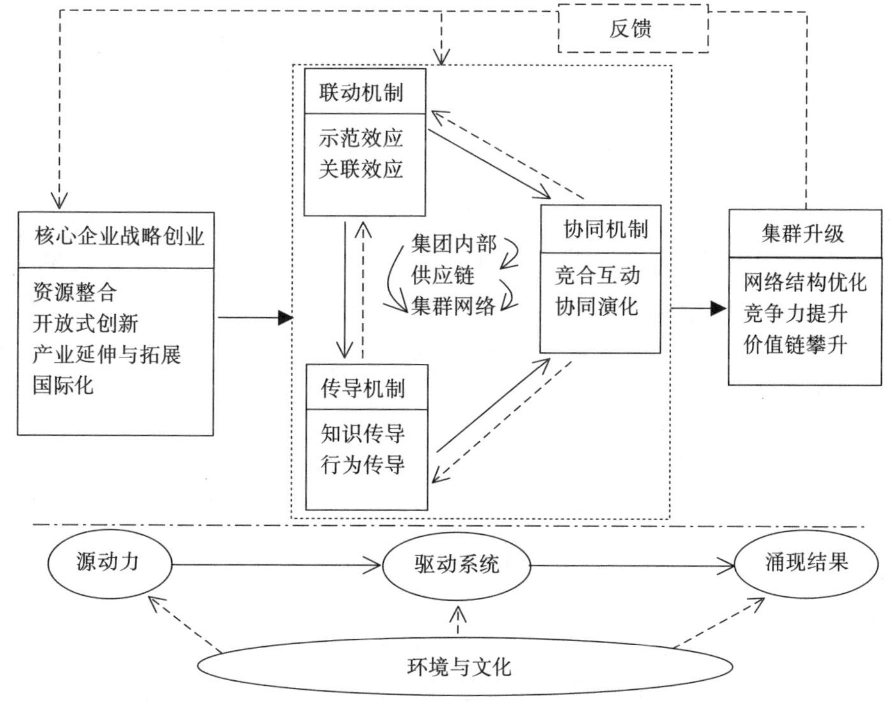

图4.5　核心企业战略创业驱动集群升级的理论模型

传导效果将影响协同机制的运行；集群企业的互动耦合是集群协同演化的前提，协同机制的发挥是集群升级“涌现”的基础。值得注意的是，联动机制、传导机制和协同机制并不完全分离，也非单向影响，而是相互影响、互促互进的；一般来说，示范效应与关联效应是传导机制发挥的基础，而协同机制又是在联动机制、传导机制作用发挥基础上的升华；但反过来，知识的传导也会影响示范效应的发挥，而竞合互动又会增强传导效应。此外，值得关注的是，集群并非一个真空状态的个体，虽然其演化过程具有明显的自组织特征，但无论是核心企业战略创业、其他企业的模仿或变革，还是产业集群的转型升级均与外部环境密不可分，且受到企业创新文化、地域文化等的多重影响。

4.5 研究结论与理论贡献

4.5.1 研究结论

企业战略创业是企业的创新行为，是企业创新活动的最高境界。乐清电气产业集群的发展充分验证了“创新是引领发展的第一动力”。本书通过乐清电气产业集群的嵌入式案例研究，从核心企业战略创业行为出发，对核心企业战略创业驱动集群升级的内在机理模型进行了深入探索，展示了三个阶段核心企业战略创业的行为特征，并揭示了基于示范与关联效应、传导效应和协同效应的动态驱动机理与协同演化过程，最终得到以下主要结论：

第一，战略创业具有明显的二元特征，其本质体现为“机会追逐”的探索行为与“优势追求”的利用行为的动态平衡。在实践层面，核心企业战略创业的行为方式主要包括资源整合、产业延伸与拓展、开放式创新和国际化四种，运用的具体方法则包括联盟与合作、投资与并购、创新与变革等。虽然理论上资源整合与产业延伸更多地体现为利用行为，而产业拓展、开放式创新和国际化则更多地表现为探索行为，但在核心企业实际的战略创业过程中，利用与探索往往是交织在一起的。随着一系列战略创业行为的展开，企业最终得以实现机会与优势的双重目标，外在表现为：产业边界、地理边界、网络边界和市场边界的拓展。因此，战略创业是由一系列利用与探索交织的创新创业行为交互进行的动态过程；从不同视角看，核心企业的战略创业行为具有不同的表现形式，但不同层次的行为间紧密相关，共同组成了核心企业的战略创业体系。

第二，驱动系统是核心企业战略创业的个体行为引发集群整体升级现象的关键。驱动系统的源动力来源于核心企业战略创业，而整个驱动系统的运行则是以示范与关联效应为联动机制，以传导效应（知识传导、行为传导）为传导机制，以协同效应（竞合互动与协同演化）为协同机制，相互作用而成。通过示范与关联效应、传导效应，核心企业战略创业的行为与成果在集群网络中扩散，从而使企业个体行为演化为集群层面的群体行为，个体知识演变为集群知识；随着集群企业的互动耦合与知识的传播，集群网络结构、知识结构逐渐优化，产品更新换代；在集群企业与集群环境协同演化的过程中，集群升级得以实现。

第三，集群并非处于真空状态，无论是核心企业战略创业，还是其他企业的模仿或战略匹配，均与外部环境（包括产业环境、市场环境、宏观环境等）密不可分，且受到产业文化、地域文化及企业文化的多重影响。环境变化影响核心企业的战略创业行为，反过来，核心企业战略创业同样能够引起集群环境甚至产业环境的变化。集群中企业的竞合互动关系与地域文化产业文化紧密相联；企业文化特别是企业家精神则对核心企业战略创业起着非常重要的支持作用。

第四，在核心企业的主导和推动下，在集群企业与集群环境、外部环境的协同演化的过程中，集群升级得以实现。从理论上讲，通常从集群内部优化和外部价值链攀升两个视角对集群升级进行研究，但在现实中，集群的内部结构优化与全球价值链攀升是相互关联的。核心企业战略创业“同步追求机会与优势”的二元行为决定了其驱动的集群升级，也表现出内部优化与外部价值链攀升的双重特征。其中，内部优化表现为集群网络结构优化、集群竞争力提升，外部价值链攀升表现为集群产品升级和功能升级，最终表现为产业集群发展。

4.5.2 理论贡献

第一，丰富了战略创业理论。首先，探讨了战略创业的二元性，拓展战略创业理论。以往关于战略创业的研究往往从其“同步追逐优势与机会”的内涵出发，对战略创业的二元性鲜有研究。本书回溯战略创业的二元本质，从二元复合特征、二元目标特征、二元行为特征以及探索与利用的二元活动等多个视角，对战略创业进行深入探索，从而拓展了战略创业理论。其次，全方位刻画了战略创业行为，增强战略创业理论的普适性。一直以来，学者们对战略创业行为要素分类没有达成统一认识，本书通过案例分析，对集群核心企业战略创业的行为方式、主要实现手段、外在表现进行了多层次的探讨，使企业的战略创业行为明晰化和系统化。虽然本章研究企业不能代表所有企业的战略创业行为，但对于相似企业仍具有一定的普适性。

第二，揭示了核心企业战略创业与集群升级之间的内在机理。虽然相关研究指出核心企业战略创业可以驱动集群升级，但关于如何驱动（即驱动机理）的研究却较少，且多数选择某一中介变量进行实证分析，有一定的局限性。本章基于乐清电气产业集群的案例研究，探讨了核心企业战略创业与宏观集群的升级现象之间的内在联系，对包括示范效应、传导效应和协同效应在内的驱动机制的运行进行了深入探究，从而揭示产业集群升级演化的微—宏观机理。

4.5.3 实践启示

基于上述分析，本书为我国产业集群升级提出以下三点建议：

第一，核心企业：坚持战略创业，发挥引领作用。通过战略创业，核心企业可以实现转型升级，率先进行战略创业的企业往往具有先发优势，并影响其他企业的行为，从而驱动整个集群发展；集群升级特别是集群网络结果的优化与集群创新能力的提升，反过来也会促进核心企业的发展。因此，核心企业应不断开拓创新，发挥引领示范作用。

第二，地方政府：为核心企业战略创业提供平台和有效激励。核心企业的战略创业行为是集群升级的源动力，因此鼓励核心企业进行战略创业非常重要。由于政府很难对量大而面广的中小企业进行激励，而对核心企业激励则具有很大的外部性，能够带动集群内中小企业发展，因此政府应充分鼓励核心企业创新创业。此外，由于创业存在一定的风险和障碍，政府应该给核心企业战略创业提供一些平台，以减少创业障碍，如为企业的国际化搭建平台，使其更容易嵌入国外环境；对标国际通行规则，为企业国际化提供便利。市场环境、区域环境等外部环境影响着集群企业的创新创业以及集群企业间的竞合互动，因此，政府应努力营造和谐、开放的区域环境。

第三，行业协会：发挥协调作用、促进知识交流共享。知识、技术、信息的传导在核心企业战略创业与集群升级之间起到了重要的作用，行业协会应搭建集群企业交流的平台，如举办论坛，促进集群企业间交流。同时，行业协会还应该搭建集群企业产品展示与宣传的平台和公共服务平台，提升区域品牌形象。另外，在产业集群发展过程中，行业协会要积极发挥协调作用，鼓励合作、尊重竞争，既要化解集群内恶性竞争，又要维护集群的区域品牌形象，引导整个行业的良性发展。

第5章

核心企业驱动产业集群易地升级的演化博弈研究

产业集群是一个多维度（企业、产业、区域）的复合体，产业集群升级也可以从多个维度考察。从区域维度，产业集群式转移是产业集群的易地升级。集群易地升级即集群迁徙，集群内核心企业及其关联企业重新选址，异地重建，既可能在本国，也可能走出国门。集群易地升级的本质是企业的集群式转移，关键是核心企业的创新驱动。集群迁徙可以是整体性迁徙，也可以是选择性迁徙。集群易地升级是集群企业追求竞争优势的战略选择，我国嵌入型产业集群就是其他国家和地区集群迁徙的结果。近年来，沿海发达地区的产业集群为了追求竞争优势，也出现了集群式转移现象，通过转移实现异地升级。集群易地升级的关键是核心企业的战略创新及其他关联企业的战略协同，必然是集群各主体间的博弈过程。本章基于核心企业创新驱动的视角，探讨产业集群式转移的演化过程，以揭示产业集群易地升级的内在机理。

5.1 产业集群易地升级的研究背景与意义

5.1.1 现实背景与意义

第二次世界大战之后，发达国家为了优化升级本国的产业结构，掀起了国际产业转移的浪潮，将劳动密集型、高能耗的低端产业转移到欠发达国家，中国是第三、第四次国际产业转移的承接地之一。改革开放后，中国东部沿海地区通过承接国外转移的产业，得到了突飞猛进的发展，并带领中国经济跃居世界第二大经济体。“嵌入型”产业集群（也被称为“外源型”产业集群）正是抓住了国际产业转移的机遇，利用区位和政策优势引进三资企业而形成，如我国珠三角地区的许多产业集群都属于此类，它们是承接产业转移的结果。2008 年国际金融危机之后，国际市场环境发生了深刻变化，国际市场需求骤减，生产要素价格逐渐上涨，市场竞争日益激烈。基于低生产要素成本和低环境保护成本的竞争优势衰减，导致了东部沿海地区产业集群失去了原有的竞争优势，甚至部分产业集群出现衰退。集群内企业试图转移到更具要素优势的区位，于是出现了东部沿海产业向我国中西部地区以及印度、越南、老挝、泰国等生产要素低廉的地区和国家转移的现象。随着经济全球化步伐的加快，全球分工不断细化，产业转移发展进入新阶段，出现了新特点和新趋向，产业转移不再是单个企业的转移，而是呈现出以核心企业为主导，实行“抱团式、组团式”的整体转移。例如，无锡市东日昌轴承制造有限公司带领其零配件制造商以“整体嵌入”方式向安徽郎溪无锡工业园区进行转移；浙江温州鞋业集群中的龙头企业奥康集团带领鞋机、鞋底、鞋样设计、职业技术教育等配套企业与服务机构转移到重庆璧山县；深圳富士康、昆山仁宝等电子核心企业带动一大批相关企业转移到印度和东南亚地区。不论是国内区域间产业转移还是跨国产业转移，产业集群式转移都将是我国产业转移演化必须面对的现实问题。

一方面，产业集群式转移是推进产业结构调整、转变经济发展方式、缩小东中西部地区差距、统筹区域协调发展的重要举措，也有利于推进我国经济向高质量发展转型。同时，在“一带一路”倡议背景下，企业抱团集群式“走出去”既是企业实现国际化的实施方式，又是实现“一带一路”建设的需要，是产业集群跨境异地升级的重要方式。核心企业是推动产业集群式转移、实现异地转型升级的主导者和引领者。本章研究核心企业驱动的产业集群式转移演化过程，揭示演化的规律，探索实现演化稳定的条件，提出改善稳定条件的措施，以供政府参考。这对于推进产业集群成功转移、实现异地升级具有重要意义，对于我国实施“一带一路”倡议具有一定的启示作用。另一方面，产业集群式转移能够优化重点产业的布局，各地区都可发展自身优势产业，发挥各区域的比较优势；同时深化区域合作，推动要素自由流动，实现国家之间、国内区际间良性互动，逐渐形成分工科学、特点鲜明、优势互补的先进产业体系。因此，本书对我国东部沿海地区产业集群通过转移实现易地升级，实现资源优化配置和区域协调发展具有重大的现实意义。

5.1.2 理论背景与意义

国内学术界对产业集群进行了深入研究，关于产业转移的文献也较为丰富，但对产业集群式转移的相关研究尚未形成系统的理论框架，在理论和实践方面还有较大的研究空间。国外有关产业转移的经典理论虽有一定借鉴价值，但与发达国家相比，我国东部沿海产业集群有其自身的特点，运用发达国家的产业转移理论不能完全解释我国东部沿海产业集群式转移现象。研究我国东部沿海产业集群式转移需要从新的视角出发，需要基于中国特定的情景和经济发展阶段。此外，现有的产业集群式转移文献大多局限于研究产业集群式转移的内涵、动因、路径以及带来的效应，却较少从演化博弈的角度来研究产业集群式转移的动态过程和内在机理。大量的事实和理论研究都表明，集群内企业具有异质性，企业间的交易地位不对等，集群中的核心企业在产业集群演进中起着中流砥柱的作用，是推动产业集群式转移的引擎。有文献也提到核心企业驱动的产业集群转移是未来产业转移的趋势，但是很少有文献从核心企业战略创新的视角来探讨产业集群式转移的问题，也未能分析核心企业对产业集群式转移的作用机理。因此，引导核心企业在产业集群式转移中发挥主导作用，以促进我国东部沿海产业集群的顺利转移与易地升级是值得探索和研究的问题。

集群企业的策略选择具有明显的有限理性的特点，采用演化博弈论的方法来刻画集群企业群体转移策略选择的动态过程更符合现实，具有研究价值。本章拟采用演化博弈的分析方法构建核心企业与配套企业的支付矩阵，分析核心企业与配套企业的策略选择，并以产业集群的内部结构为切入点，探索核心企业如何带动集群内部企业按层次进行转移，拓宽了产业集群升级的研究视野，丰富了产业集群理论和产业转移理论。除此以外，本章拟将地方政府纳入集群式转移的动态演化博弈过程，以深化产业集群易地升级的微观机制研究。

5.2 核心企业驱动产业集群易地升级的机理分析

5.2.1 产业集群易地升级的影响因素

产业集群易地升级具体呈现为产业集群式转移。产业集群式转移是我国产业转移的一个新的特征，同时，对优化产业空间布局、经济结构调整有着重要的影响。分析产业集群转移的影响因素，探索产业集群式转移的机理，对于提高产业集群转移的效率、促进区域经济发展就显得尤为重要。从微观层面来讲，产业集群转移归根结底就是企业转移，但产业集群转移又区别于单个企业的转移，是群内企业创新、交互、协同的结果，是集群企业个体行为在集体层面的涌现，而“涌现性是组分之间、层次之间、系统和环境之间互动互应所激发出来的系统整体效应”（黄欣荣，2011），因此产业集群转移是一个“受限生成”过程，受群内企业、集群及其环境的影响，本节将从企业特征、集群特征和环境特征分析产业集群易地升级的影响因素。

1. 企业特征因素

不同的学者根据研究的需要对企业特征因素进行了不同的划分，根据产业集群式转移的特征，本书认为影响产业集群易地升级的企业特征因素主要包括以下三个方面：

第一，企业规模。我国产业转移主要集中在制造业，制造业需要大量的生产设备，其资产专用性比较高，企业规模越大，企业将生产制造环节转移到其他地方时沉没成本越大。另外，企业规模越大，企业涉及的范围更广，受企业内部各系统之间的相互牵制和内外环境的影响，企业跨区域转移比较困难。即企业规模越大，其灵活性越差，转移的可能性也相对较小；而规模小的企业具有灵活性、柔性强等特点，在产业转移中也较为活跃，如日本的中小企业在第三次世界产业转移浪潮中扮演着重要的角色。

第二，企业资本。资本是企业运营活动的基础，是企业创新活动和发展战略实施的资源保障。每个企业资本的存量、资本结构和获取资本的能力存在差异，追求资本的增值是企业家的目标。集群企业迁移是资本逐利驱使的企业战略创新与战略创业行为，但企业迁移必须以雄厚的资本为基础。集群内的中小企业一般资本比较薄弱，往往需要利用集群的分工协作优势，弥补资本短板，在集群生态系统中准确定位，抓住发展的机遇。因此，中小企业对集群环境有很强的依赖性，没有能力单独迁移。从企业迁移的角度来看，资本对企业的迁移具有重要的影响，企业的资本多寡、资本结构、资本获取能力直接决定着集群企业能否迁移以及以何种方式进行迁移。

第三，企业能力。企业能力是指企业所拥有的利用和整合企业资源实现企业经营目标所需要的各种知识、方法、技巧、经验等。资源本身并不能产生竞争能力和竞争优势，竞争能力和竞争优势源于对多种资源的特殊整合。企业能力是整合企业资源，使价值不断增加的技能。企业能力既包括生产、营销、财务、研发、人力资源开发与管理、管理信息系统开发与集成等职能领域的能力，也包括学习能力、创新能力、动态能力、战略谋划能力等跨职能领域的综合能力。从本质上讲，产业集群易地升级是集群核心企业异地创业带动集群内关联企业和相关机构的群体性迁徙，是核心企业的一种战略创新行为，对其他集群企业而言是一种战略协同行为，利用其学习能力和动态能力并借助于集群效应获取竞争优势。因此，集群企业的学习能力、创新能力、动态能力、战略谋划能力等跨职能领域的综合能力是影响产业集群式转移的关键因素之一。

集群内众多企业在规模、资本、能力等方面存在着较大差异，在产业集群转移过程中扮演的角色和发挥的作用不同。核心企业在产业集群转移过程中扮演示范者和引领者，而集群内其他企业可能是追随者、模仿者、从众者、观望者、留守者等。在集群转移的动态演化过程中，这些角色也是变化的，集群内企业在有限理性的约束下动态地调整自己的行为选择。

2. 集群特征因素

产业集群作为一种空间产业组织，为集群内企业提供了一种独特的区域产业环境和区域市场环境，是介于企业与市场的一种中间组织形式。因此，集群企业转移既受企业转移的一般驱动因素的影响，也有自身独特的规律（王缉慈，2001）。

张元智和马鸣萧（2004）提出集群内企业分工更加细化，单个企业可以专注于某一环节进行大批量生产，降低单位生产成本，实现规模经济效益。朱华友（2008）认为产业在空间领域内的集聚可以降低集群内企业的交易成本、机会成本、运输成本，获得外部效应，提高经济效益。由此说明，集群企业间的依存度较高，集群企业的战略行为受制于群内其他主体的影响，集群环境对企业转移的策略有一定的影响。吉敏和胡汉辉（2009）通过与单个企业转移的对比分析，发现集群式转移具有“整体性”“羊群效应”，集群能继续保持集群原有的独特资源、网络关系，减少企业的转移成本，增加企业的转移收益。毛广雄（2010）研究表明集群式转移后，集群内企业通过资源共享、发挥合作与竞争优势，能最大限度地降低成本、提高收益。刘友金等（2011）构建了单个企业转移后和集群式转移后企业的 Logistic 成长模型，认为集群内企业地位不对等、企业之间的强共生关系、企业资产专用性等因素促进集群式转移的形成。金广荣和汪彩君（2012）提出产业集群式转移能够使企业共享劳动力资源和原材料市场，获得规模经济和范围经济，同时吸引更多企业的眼球。可见，集群企业间的高依存度及其对集群效应的追求是产业集群式转移的内在原因之一。

各个产业集群自身的特点对集群转移也有着一定的影响。陈耀和冯超（2008）认为本地关联性和外向度共同决定了产业集群的类型、转移的可能性及转移的方向。集群内企业数量越多、前后关联程度越高、历史文化越浓厚，集群的根植性就越强。集群产品进出口数量大，对国外市场依赖程度越高，外向度就越高。“高关联、高外向度”产业集群，如温州打火机产业集群，由本地创业者自发形成的，具有一定的地方特色和较强的地方根植性，在其他地区很难模仿，其贸易额较大，偏向于沿海地区集聚，于是集群几乎没有转移的动力。“低关联、高外向度”产业集群，如珠三角地区的加工贸易类产业集群很少与当地企业进行交流合作，本地关联性低，地方根植性弱，转移的可能性大。这类产业集群往往是“两头在外”，从国外采购中间产品（原材料、零部件），加工装配后销往国外市场，对劳动力成本、运输成本很敏感，当外界环境变化时，倾向于转移到劳动力成本更低、通往国际市场更为便利的东南亚国家。我国中西部地区虽然具有生产成本优势，但把产品从内陆运输到港口会产生时间成本、运输成本，抵消了生产成本优势带来的好处。“高关联、低外向度”和“低关联、低外向度”的产业集群的主要市场在国内，对生产要素的成本比较敏感，特别是东部沿海地区工资和土地价格较高，环境保护的压力较大，倾向于向中西部地区转移。因此，产业集群的根植性和市场的外向度是决定产业集群是否转移、转向何处的又一关键因素。

张红姣（2010）根据集群形成机制不同，将产业集群划分为内源传统型、内源品牌型和外商投资型三类，并分析了它们转移的可能性。内源传统型产业集群主要由当地的中小企业集聚而成，它们之间通常有着亲缘、血缘、业缘、地缘关系，彼此之间的地位平等、分工程度高、本地根植性强，集群企业转移的可能性小。内源品牌型产业集群由许多中小企业和一个或几个核心企业聚集而成，核心企业一般是拥有技术优势、资源优势、品牌优势的企业，在集群中具有领导地位。一旦核心企业进行转移，为其提供零配件或服务的中小企业也会跟随转移。外商投资型产业集群主要是由跨国公司及其配套企业组成，这类产业集群又称“候鸟式产业集群”，自身网络较为封闭，与本地企业交流偏少、根植性弱、资本流动性较强，产业集群转移的可能性较大。可见，内源品牌型和外商投资型集群相对容易转移。

综上所述，产业集群的结构与类型、集群产业的生命周期、集群的根植性、集群创新能力和集群竞争优势的动态变化等集群特征因素都会影响产业集群的易地升级。

3. 环境特征因素

产业集群是在特定的经济社会环境下形成的，产业集群的演化既是集群内企业交互作用的过程，也是集群及群内企业对其外环境的调适过程。经济环境的变化使得当前区位的产业集群失去了优势，导致产业集群向更优的地理区位转移（刘军跃等，2015）。本书将环境因素归为以下三类：

（1）生产要素

①土地资源。稀缺的土地资源是制造业立足的根本，是其他生产要素的载体和基础，具有不可流动性。当众多的企业聚集在一定的空间地域内，使土地供不应求，土地价格上涨，导致企业运营的固定成本增大。随着东部沿海企业数量的增加和城市化的迅速发展，政府加大工业用地的管理力度，土地紧张的问题日益突出。如广州市 2011 ~2020 年建设用地控制在 1570 公顷/年；浙江省建立土地利用动态监测制度，控制建设用地的扩张规模；江苏省也在严格控制建设用地，形成集约发展的空间硬约束；等等。沿海发达地区的土地价格远高于西部地区，西部地区拥有 5.4 亿公顷的土地面积，占全国总面积的 56% 左右，在土地成本压力作用下，企业会转移到更优的地理区位。

②劳动力资源。近年来，随着房地产价格上涨，租房价格也在飙升，外来务工人员的生活成本上升，实际可支配收入大幅度下降。再加上中西部地区承接了部分产业，就业机会增多，农民工更不愿背井离乡，东部沿海地区出现“招工难”现象。此外，东部与中西部地区区域间劳动力成本差别也比较大。如《中国统计年鉴 2017》显示，2016 年上海、江苏、浙江、广东的制造业（城镇单位）的人均工资分别是 96813 元、66994 元、60390 元、62383 元，而河南、湖北、陕西、甘肃的制造业（城镇单位）人均工资水平分别是 43783 元、54033 元、54348 元、53130 元。企业为了追求利润最大化，会转移到劳动力富裕且低廉的地区。

③能源。制造业是东部地区经济快速发展的支柱型产业，制造业大多属于高能耗的产业，但是东部地区可供给的能源却很有限。浙江可供给的煤炭仅占总量的 10% 左右，90% 的煤炭、95% 的化石能源靠省外调入。广东 80% 的油品、90% 的煤炭依赖于省外调入。中西部地区能源较为丰富，陆上 82.2% 的天然气资源集聚在中西部地区，81.3% 的煤炭资源分布在新疆、内蒙古、山西和陕西，大部分水资源集中在中南、西南地区；电力资源与负荷呈逆向分布，主要集中在西部、北部地区，须通过“西电东送”满足东部地区用电的需求。企业为了突破能源的制约，会转移到能源更为

丰富的地区，如佛山高能耗的陶瓷业转移到资源更为充足的四川、江西。

（2）配套设施

①基础设施。基础设施建设水平是保障产业成功转移的基础和前提，应予以足够重视。基础设施主要包括交通设施、生活设施、通信设施等。良好的基础设施能有效地降低企业的生产成本，对外来企业有着很强的吸引力；然而薄弱的基础设施削减了承接地的优势，对产业转移有着不可低估的负面影响。叶丽娟和邝国良（2010）在对广东产业转移的研究中发现，基础设施建设是影响企业转移的主要因素之一，承接地基础设施不足降低了企业转移的激情，抑制着产业转移的进程。

②产业配套能力。产业之间存在关联关系，每个产业都不可能远离其他产业而独自存在和发展，于是仅有那些能够为东部沿海地区转移产业提供良好配套的区域，才最有机会成为承接地。这些区域可通过吸引更多优秀的企业，不断积累各种经验和资本等，逐步提高本地区的产业配套能力，成为承接产业转移的基地。然而，我国中西部地区经济较为落后，产业结构层次不高、工业化水平较低、许多产业部门发展薄弱，产业配套能力严重不足，进而抑制了产业转移的步伐（宋哲，2013）。

（3）制度环境

①政府政策。东部沿海地区为了调整产业结构、促进产业转型升级，提出了“腾笼换鸟”的政策，通过不同方法来完成产业的更新换代，表现出“引高排低”的趋势，迫使一些低端、落后的产业转出东部地区。中西部地区为了发展本地经济，吸引产业转移，给予转移企业大量的政策优惠，如较低的土地价格和较为宽松的信贷条件等，促进企业转入本地区。如国务院出台的《关于中西部地区承接产业转移的指导意见》、及批复的《皖江城市带承接产业转移示范区规划》规划并指导产业转移，有利于促进东部地区产业转移到中西部地区。可见，政府政策对产业转移有着至关重要的作用。

②公共服务。相对而言，中西部地区经济发展水平比较落后，人们对于开放、竞争、效率、信用等市场经济的观念较为淡漠。受到落后经济水平的影响，中西部地区的公共服务水平也相对较低。例如，政府办事效率低下、办事前瞻意识不强、寻租问题较为严重，这些因素都严重影响了企

业在中西部地区扎根的积极性。最后，中西部地区某些人员服务意识淡薄、官僚作风较重，办事的难度往往大于东部沿海地区。东部沿海地区无论是金融服务还是政务服务，各行业服务人员都注重公开、公平、效率，而中西部地区则存在办事效率低下、服务意识较差等问题。总体而言，中西部地区的营商环境赶不上东部地区，抑制了企业向中西部地区转移的步伐。

产业集群转移涉及转出地与承接地两地自然资源禀赋、人力资源的供给与成本、能源、基础设施、产业发展基础、地方政府的相关政策与公共服务等因素，这些都会影响产业集群的易地升级。

4. 产业集群易地升级的三因素模型

由前文分析可知，影响产业集群易地升级的因素可以概括为企业特征因素、集群特征因素、环境特征因素，并依此构建了集群易地升级的三因素模型，具体如图 5.1 所示。可见，产业集群易地升级既与集群企业和集群自身有关，也与集群所在地和承接地的市场环境、政策环境密切相关。

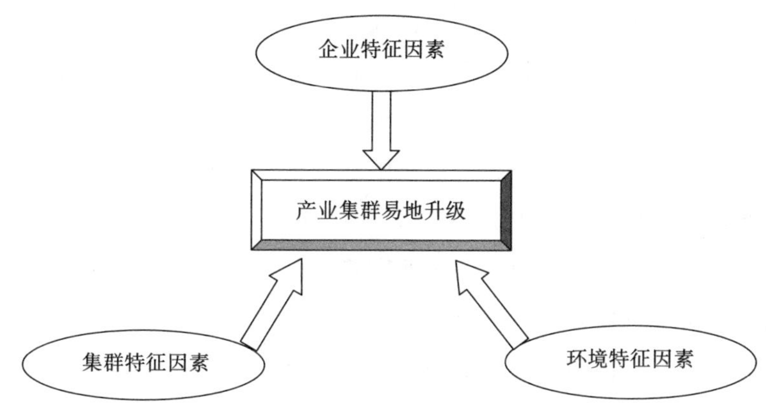

图 5.1　产业集群易地升级的三因素模型

5.2.2　核心企业驱动产业集群易地升级的演进过程

前文分析了产业集群易地升级的影响因素，在这些因素的作用下，能否出现产业集群“整体式”转移的现象？产业集群式转移的过程又是什么？刘友金等（2012）认为产业集群式转移主要是以核心企业带动关联企业“抱团式”转移为主要方式，以空间一致性和时间先后性为基本特点的复杂的企业转移过程。郭爱君等（2013）认为产业集群式转移主要有生产者驱动、购买者驱动、混合型驱动三种模式，无论哪种模式都是集群中的核心企业先作出转移决策，吸引并带动相关联企业向其集聚。那么核心企业为什么能够起到引领和示范作用，又如何带动集群进行转移的呢？

1. 核心企业在集群中的作用

核心企业是集群成长的动力源。核心企业无论在资源储备、技术水平、创新能力、学习能力还是网络关系方面都有一定的优势，不仅能与群内更多层次的企业进行交流沟通，还能高效率地整合、吸收群外资源，是集群创新的主力军和知识的溢出源，并通过正式交流合作或非正式交流的方式将知识、技术传递给群内其他企业，从而受益于整个集群。此外，核心企业创新提高了上下游配套企业的协作要求，为了使它们跟上创新的步伐，核心企业会给予上下游配套企业一定的创新支持。例如，供应商帮扶或客户帮扶，与他们进行协同创新，产生“1 +1 >2”的效果，进而带动集群整体技术水平的提高，推动集群成长。

核心企业是集群发展的风向标。核心企业有着广泛的网络关系，通过与政府机构及群外企业等交流合作，更易把握市场的变化趋势，具有市场前瞻能力。同时，很多中小企业都是围绕着核心企业进行产品生产，对核心企业有很强的依赖性，会跟随核心企业的生产计划调整自身的生产活动。可见，核心企业对群内其他企业有着示范和引导作用，对产业集群生产和经营业务及发展方向有着决定性作用。

核心企业是集群集聚外部资源的桥梁。核心企业有着集群内其他企业难以比拟的资本、人才、技术等方面的优势，这些资源优势在影响群内企业的同时，对集群外部的资源也有着强大的向心力，从而使集群外部的资源也向集群靠拢。如核心企业由于其美誉度、品牌影响力、较好的人才培养机制和较大的发展空间，对于集群外部的人才有着很大的集聚效应，吸引大量人才和企业进入集群。此外，集群外相关联企业为了降低成本、获得规模经济等，也会向集群靠拢，为集群注入新的资源，从而进一步加强了集群效应，使集群获得更多的资源。

核心企业是产业集群转移的引领者。随着经济环境的变化，集群发展可能会遇到瓶颈，如劳动力成本上升、土地价格上涨、环境治理成本增加等抑制产业集群发展的空间和速度，产业集群可以通过转移实现异地转型升级，突破发展瓶颈。产业集群式转移不是无次序的转移，而是有着如同自然界生物群落迁移一样的规律。生物群落迁移是指在某个或者几个适应能力较强的物种的带领下，同类物种和食物链物种跟随转移的过程。同理，产业集群式转移是指在经济实力雄厚、创新能力和适应能力较强的核心企业的带领下，配套企业随之迁移到更优区位的动态过程。

2. “点”转移阶段

产业集群式转移实质上是集群企业为了应对环境变化、寻求竞争优势进行区位调整的过程，是转出地的推力和阻力、承接地的拉力和斥力相互交织的结果（魏后凯，2003；张弢、李孙志，2008）。Wissen（2000）认为，转出地典型的推力是指转出地生产要素的可达性弱、区位成本高、市场空间小、政策制约多等；承接地典型的拉力在一定程度上是推力的“镜子”，在内容上与推力正好相反，如生产要素丰富、区位成本低、市场需求大、政策优惠等。高云虹和任建辉（2013）指出，转出地的阻力因素主要表现在资产专用性、社会资本、产业集聚、产业关联、路径依赖等方面；承接地的斥力因素主要体现在基础设施薄弱、思想观念落后、产业配套能力弱等方面。当推力和拉力的合力大于阻力和斥力的合力时，会发生产业集群转移。经济实力雄厚、技术资源丰富、网络关系广泛、适应能力与生存能力较强的核心企业势必会成为产业集群式转移的试探者（刘友金等，2012）。

在一定时期内，核心企业所受的推力和阻力是不变的，核心企业是否转移、转移到何处在很大程度上受制于承接地的拉力和斥力。核心企业一般会依据自身对要素和市场等因素的依赖程度选择最适合自身发展的区位（刘友金等，2012），即拉力大、斥力小，能改变其竞争优势、实现自身利益最大化的承接地。例如，能源密集型企业偏向于能源丰富的地区，我国东部地区很多采掘业企业转移到了自然资源富裕的西部地区；劳动密集型企业更偏向于劳动力成本较低的地区，我国东部地区很多鞋帽、服装、五金等企业转移到了劳动力丰富、市场容量大的中部地区；外向型企业倾向于沿海地区，珠三角地区的很多电子类加工企业没有转移到中国中西部地区，而是选择了越南、柬埔寨等东南亚国家。

在“推力、阻力、拉力、斥力”的耦合作用之下，核心企业转移到了承接地。在社会分工越来越细的背景下，核心企业不可能独立完成整个生产环节，为了完成产品生产，需要寻找配套企业。一方面，核心企业可以在承接地寻找新的配套企业，但核心企业刚转移到一个新的地方，对当地企业不甚了解，需要花费一定的时间和费用去搜寻相关企业的信息，增加交易成本；另一方面，核心企业可以继续与转出地的配套企业保持远距离合作，但这必定增加运输成本，也不便于更紧密地合作。可见，孤军奋战的核心企业对外界环境依赖性较大，若配套企业无法满足其生产需求，将会导致核心企业生存环境恶化，致使企业利润下降。此外，如果核心企业无法快速地寻找到合作伙伴，核心企业就会面临供应链短板，使其发展受阻。为了规避以上情况的出现，核心企业最好带领原配套企业一起转移到承接地。

核心企业的试探性转移形成了单一的“点”转移阶段。此时，核心企业的合作伙伴尚未固定，合作关系具有“不稳定性、偶然性”的特点，也反映出“点”转移阶段对转移企业的自身特征要求特别高，经济实力弱、信息搜索能力低、环境适应能力差的企业不可能成为先行转移企业。

3. “链”转移阶段

随着全球化步伐的加快，分工越来越专业化、精细化，已从产业间或产业内的分工演化为产品内的分工，产生了许多“工序型企业”，单个企业只是从事价值链中的某一环节，与其他企业之间的关系变得更加密切。集群内企业之间的关系更密切、关联性更强，它们通过产品供需与上下游企业紧密协作，形成相互关联、相互依存的内在联系。配套企业在管理理念、产品设计、核心技术等方面对核心企业都存在一定程度的依赖，与核心企业之间具有很强的共享性或互补性的关联关系。朱瑞忠（2007）在调研中发现，配套企业在很大程度上只有通过核心企业才能接到订单，接到订单后还需要核心企业给予技术辅导。另外，很多集群企业也需要依靠于核心企业的品牌效应和销售渠道。

集群内的配套企业在面对资源匮乏、要素价格上涨、产业转型升级以及环境规制等多重压力时，也往往通过异地转移来突破瓶颈的制约，它们可以选择单独转移，也可以跟随核心企业转移，即集群式转移。当企业单独易地创业时，将离开专业化的市场、独特的集群文化及制度环境，同时须在转入地寻找新的合作伙伴，产生搜寻成本，也可能因转入地配套能力差，又困于配套企业技术水平较低、经济实力较弱等自身因素的限制，导致配套企业难以生存。相对于单独转移，集群式转移维持了企业原来的网络关系，不仅降低了交易成本、运输成本，还可以分担基础设施成本、共享劳动力市场等，增加规模经济效益、增强创新能力、促进区域品牌建设（丘兆逸，2006；张红姣，2010），配套企业为了继续获得集群效应，倾向于跟随核心企业一起转移。

核心企业在转移的过程中，为了避免欠发达的承接地提供配套产品的不确定性，提高运营效率和降低转移风险，利用自身对集群强大的影响力形成产业转移的“空气”，示范并引导着配套企业随其转移。企业之间的依赖程度不同，转移的偏好也不尽相同，一般是由高度关联的直接配套企业先跟随核心企业一起转移到承接地。转移后，彼此之间的关系进一步加强。在合作机制驱动下，核心企业能进一步获得集群企业间相互关联的信息，促进合作的有效性，提高其在集群中的联盟能力以及整合资源和筛选信息的能力，带动更多的配套企业进行转移，促进产业集群式转移。此外，核心企业转移投资具有正的外部效应，为配套企业的转移提供了保障，配套企业能从与核心企业建立的紧密联系结构中获得更多的网络资源，以帮助企业成功地转移。核心企业与配套企业的“抱团式转移”还能够提升与承接地政府的谈判能力，可以争取更优惠的政策支持。

随着核心企业的易地创业与配套企业的跟随转移，形成了纵向垂直的“链”转移阶段，实际上是供应链转移阶段。但由于在此阶段，承接地经济落后、产业结构层次偏低、产业配套能力较为薄弱，只有那些与核心企业有着高度关联关系的配套企业才会跟随转移，从而形成“单链条”的转移。此外，“链”转移阶段主要集中在生产层面的转移，企业之间的交流也大多局限于产品之间的交易。

4. “面”转移阶段

“面”转移阶段主要包括集群内其他链条的核心企业及其配套企业的

转移、专业化服务机构的转移。由于产业集群也是供应链的集聚，供应链中的核心企业之间存在竞合关系，配套企业也不仅仅服务于一家核心企业，当一条供应链的核心企业进行转移时，其他链条的核心企业为了保持继续合作或者扩大市场、获得竞争资源等也会进行转移。同时，核心企业会带动与之相关联的生产配套企业“抱团式”转移。此外，随着承接地环境的优化，社会网络层面的如研发、检测、物流、商务、培训等服务组织及行业协会、商会、事务所等机构，为了获得区域品牌效应、集群效应等，也会采取转移策略。

服务配套机构对专业性人才、社会资本、科学技术等要素有着更高的要求，而承接地大多属于经济落后地区，技术层次、创新能力与东部沿海地区存在一定的差距，资金资源、人才资源也较为稀缺。服务机构不会独自先行转移，且在核心企业转移初期，也不会随其转移。但随着核心企业与生产配套企业的转入，服务需求增多，为原集群企业提供服务的相关组织利用其已建立起来的信誉和技术、资金、管理、营销等优势在承接地拓展发展空间，并充分利用承接地资源优势和优惠政策开拓新的市场。承接地政府在基础设施建设方面如通信、水电、交通等，以及在优惠政策和激励机制方面如财政、信贷、人才引进等为企业的快速健康发展提供了保障。软硬环境的优化对集群中的服务机构也会产业强大的吸引力，使其不断向承接地转移。它们也会为了获取集群效应及日后的区域品牌效应，积极主动地转移过来。例如，百丽集团将研发中心转移到宿州，其他大型制鞋企业也纷纷迁来了研发中心；鞋样设计、培训机构随奥康集团转移到重庆璧山。

另外，随着核心企业与配套企业发展及消费者日益多样化的需求，企业须及时获取市场信息并逐步开展更多的业务，但困于企业内部的资源和能力局限性，又受限于承接地配套能力有限性，具有领导能力的核心企业需要通过引进服务机构来拓展网络空间，搭建社会网络平台取得深层次的发展。核心企业可以继续从原集群中引进，也可从其他地区引进相关服务机构，或鼓励当地企业家投资创建相关服务机构。其中，最直接有效的方式是核心企业和承接地政府通过资金支持、人才引进、政策优惠等措施把原集群中互有默契的合作伙伴引进过来。从而企业能获得更多的专业服务和要素支持，对市场需求能做出敏捷的反应，核心企业的发展壮大和市场影响力进一步提高对外部资源的集聚效应，将更多的企业吸引到该承接地。

随着集群内其他链条和服务机构的转入，转移企业形成了纵向、横向的生产及服务网络，演化为“面”转移阶段，真正地实现了集群式转移。企业之间从产品交流扩展到了知识、技术、信息交流，合作越来越频繁，彼此之间关系更趋于稳定。在稳定的关系背景下，企业能专注于自身发展，把自身优势与承接地优势相互耦合，能够放大协同效应。需要强调的是，不论是核心企业的转移，还是配套企业及其他服务机构的转移，都不可能是原企业、原组织的“简单异地复制”，必然是与时俱进的易地创业，必定会采用新理念、新制度、新技术、新工艺、新设备、新产品，这一系列的创新带动产业集群实现易地升级。

根据以上分析可知，不同特征、不同层面的企业对要素的偏好和敏感度也不尽相同，使得产业集群式转移呈现出阶段性特征，可将产业集群式转移过程依次划分为“点”转移阶段、“链”转移阶段、“面”转移阶段（见图 5.2）。

综上所述，产业集群易地升级的影响因素包括：微观主体层面的企业特征因素、中观层面的集群特征因素、宏观层面的环境特征因素。在三类因素的共同影响下，呈现出企业“抱团式”转移的现象，然而产业集群式转移并不是一蹴而就的，而是在核心企业带动下，以空间一致性和时间先后性为基本特点的、复杂的动态转移过程，即“点”转移→“链”转移→“面”转移的动态演进过程。集群企业与相关机构的相继转移在实现自身发展的同时，也带动承接地经济水平不断提高，使资源优势转化为经济发展优势。

5.3 产业集群易地升级的演化博弈分析

上一节分析了产业集群式转移的演化过程及其机理，但是集群企业在

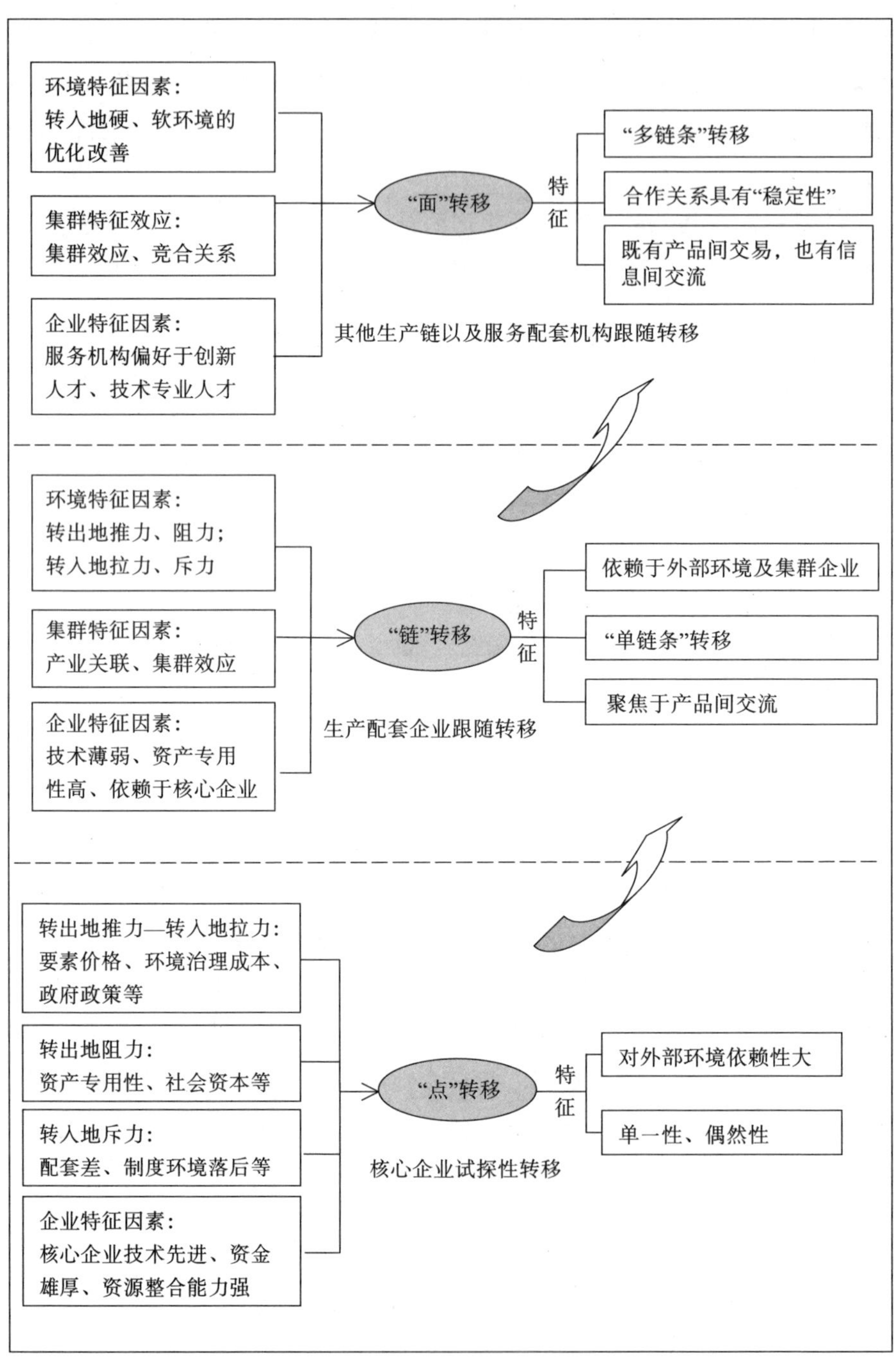

图 5.2　核心企业驱动产业集群式转移的演化过程

什么情况才会转移呢？形成集群式转移的条件又是什么呢？本节借助于演化博弈分析方法来刻画集群企业转移策略选择的动态过程，分析集群的演化稳定状态。为了研究的方便，本书根据演化博弈模型和产业集群式转移的特征，作如下假设。

5.3.1 模型的假设

假设1：假设集群内仅有一个核心企业A和一个配套企业B，它们具有有限理性的特点，为了追求自身利润最大化，它们可以选择的策略为（转移，不转移），其中，核心企业A选择的转移策略的初始概率为x，不转移的概率为$(1-x)$；配套企业B选择转移的初始概率为y，不转移的概率为$(1-y)$。有限理性的集群企业会在博弈中通过学习、试错和模仿，适时地进行策略调整。

假设2：核心企业A、配套企业B在不转移状态下的收益分别为π_A、π_B。核心企业A、配套企业B一起转移时获取的新增总收益为$\Delta\pi$。因为转移时需要成本，企业也可能对新环境不适应而产生损失，于是$\Delta\pi$有可能大于0，也有可能小于0。$\Delta\pi$在核心企业A与配套企业B之间的分配比例分别为a、$1-a$。核心企业A、配套企业B单独转移时获得的新增利润分别为R_A、R_B①，同理，R_A、R_B有可能大于0，也有可能小于0。核心企业A、配套企业B在合作伙伴转移情况下，自身不转移时受到的损失分别为C_A、C_B，且$C_A>0$，$C_B>0$，因为集群集聚效应的丧失必定给为未转移的企业造成一定的损失。

假设3：政府在产业集群式转移过程中扮演着重要的角色，部分沿海发达地区为了促进产业结构升级，提出了“腾笼换鸟”的政策，即转出地政府大力倡导低端产业转移出去，如提高产业的能源消耗、污染排放等标准。这些政策给核心企业A、配套企业B带来的损失（也可能是地方政府的消极态度引发的新增成本）记为P_A、P_B，且$P_A>0$，$P_B>0$；而相对落后的中西部地区承接地为了发展本地区经济，仍大力倡导“招商引资”，

① 由于处于集群环境中的企业可以获得集群效应，于是$a\Delta\pi>R_A$，$(1-a)\Delta\pi>R_B$。

并对转移的企业给予政策性的鼓励，如减免税收、融资优惠、土地优惠等政策。这些优惠政策给企业 A、企业 B 带来的收益增加分别记为 S_A、S_B，且 $S_A>0$，$S_B>0$。

根据以上假设，可以得到如表 5.1 所示的支付矩阵。

表 5.1　集群内核心企业 A、配套企业 B 在各种策略组合下的博弈支付矩阵

策略选择		配套企业 B	
		转移 y	不转移 $(1-y)$
核心企业 A	转移 x	$(\pi_A+a\Delta\pi+S_A,\ \pi_B+(1-a)\Delta\pi+S_B)$	$(\pi_A+R_A+S_A,\ \pi_B-C_B-P_B)$
	不转移 $(1-x)$	$(\pi_A-C_A-P_A,\ \pi_B+R_B+S_B)$	$(\pi_A-P_A,\ \pi_B-P_B)$

5.3.2　演化博弈模型的建立

依据表 5.1，可以计算出核心企业 A“转移”策略的收益 U_{A1}、“不转移”策略的收益 U_{A2}，混合策略的均值期望 $E(U_A)$ 的表达式为：

$$U_{A1}=y(\pi_A+a\Delta\pi+S_A)+(1-y)(\pi_A+R_A+S_A) \tag{5.1}$$

$$U_{A2}=y(\pi_A-C_A-P_A)+(1-y)(\pi_A-P_A) \tag{5.2}$$

$$E(U_A)=xU_{A1}+(1-x)U_{A2} \tag{5.3}$$

企业 A 的复制动态方程为 $\frac{dx}{dt}=x[U_{A1}-E(U_A)]$（谢识予，2001），可推得

$$\bar{x}=\frac{dx}{dt}=x(1-x)[y(a\Delta\pi+C_A-P_A)+(P_A+R_A+S_A)] \tag{5.4}$$

设 $Z_y=\frac{-(R_A+P_A+S_A)}{a\Delta\pi+C_A-R_A}$，令 $\frac{dx}{dt}=0$，若 $y=Z_y$ 时，则 $\frac{dx}{dt}=0$ 恒成立，即任意 $x\in[0,1]$ 都是稳定状态。若 $y\neq Z_y$，$x=0$，$x=1$ 是复制动态方程的两个稳定点。

同理，可以推算出配套企业 B 的“转移”策略的收益 U_{B1}、“不转移”策略的收益 U_{B2}，混合策略的均值期望 $E(U_B)$ 的表达式，以及动态复制方程 $\frac{dy}{dt}=y[U_{B1}-E(U_B)]$

$$\bar{y}=\frac{\mathrm{d}y}{\mathrm{d}t}$$
$$=y(1-y)\{x[(1-a)\Delta\pi+C_B-R_B]+(R_B+S_B+P_B)\} \tag{5.5}$$

设 $Z_x=\dfrac{-(R_B+S_B+P_B)}{(1-a)\Delta\pi+C_B-R_B}$，令 $\dfrac{\mathrm{d}y}{\mathrm{d}t}=0$，若 $x=Z_x$ 时，则 $\dfrac{\mathrm{d}y}{\mathrm{d}t}=0$ 恒成立，即任意 $y\in[0,1]$ 都是稳定状态。若 $x\neq Z_x$，$y=0$，$y=1$ 是复制动态方程的两个稳定点。

由此可见，企业 A 和企业 B 在演化博弈过程中的稳定点有以下五个：$E_1(0,0)$、$E_2(1,0)$、$E_3(0,1)$、$E_4(1,1)$、$E_5\left(\dfrac{-(R_B+S_B+P_B)}{(1-a)\Delta\pi+C_B-R_B},\dfrac{-(R_A+S_A+P_A)}{a\Delta\pi+C_A-R_A}\right)$。

5.3.3 策略的演化稳定性分析

根据 Friedman（1991）的观点，由微分方程描绘的群体动力系统，其均衡点的稳定性可由该动力系统的雅可比（Jacobian）矩阵的局部稳定性分析得到。首先，根据动力系统（5.4）、（5.5）给出其雅可比矩阵：

$$J=\begin{pmatrix}\dfrac{\partial\bar{x}}{\partial x} & \dfrac{\partial\bar{x}}{\partial y}\\[2ex] \dfrac{\partial\bar{y}}{\partial x} & \dfrac{\partial\bar{y}}{\partial y}\end{pmatrix}$$
$$=\begin{pmatrix}(1-2x)[y(a\Delta\pi+C_A-P_A)+(P_A+R_A+S_A)] & x(1-x)(a\Delta\pi+C_A-R_A)\\ y(1-y)[(1-a)\Delta\pi+C_B-R_B] & (1-2y)\{x[(1-a)\Delta\pi+C_B-R_B]+(R_B+S_B+P_B)\}\end{pmatrix} \tag{5.6}$$

从而得出矩阵 J 的行列式 $\det J$ 和迹 trJ：

$$\det J=(\partial\bar{x}/\partial x)\cdot(\partial\bar{y}/\partial y)-(\partial\bar{x}/\partial y)\cdot(\partial\bar{y}/\partial x)$$
$$=(1-2x)[y(a\Delta\pi+C_A-P_A)+(P_A+R_A+S_A)](1-2y)\{x[(1-a)\Delta\pi+C_B-R_B]+(R_B+S_B+P_B)\}-x(1-x)(a\Delta\pi+C_A-R_A)y(1-y)[(1-a)\Delta\pi+C_B-R_B] \tag{5.7}$$

$$trJ=\partial\bar{x}/\partial x+\partial\bar{y}/\partial y$$

$$= (1-2x)[y(a\Delta\pi + C_A - P_A) + (P_A + R_A + S_A)] + (1-2y)\{x[(1-a)\Delta\pi + C_B - R_B] + (R_B + S_B + P_B)\} \quad (5.8)$$

本书根据核心企业 A、配套企业 B 单独转移时的收益情况，将集群企业转移分为三类：核心企业 A 单独转移时收益增加，配套企业 B 单独转移时收益增加；核心企业 A 单独转移时收益增加，配套企业 B 单独转移时收益减少；核心企业 A 单独转移时收益减少，配套企业 B 单独转移时收益减少。① 然后，采用雅可比矩阵的局部分析方法，以 det$J$ 和 trJ 正负性来判断各个稳定点在不同类型下的稳定性。

①当核心企业 A 单独转移时收益增加，配套企业 B 单独转移时收益增加时，即 $R_A + S_A + P_A > 0$，$R_B + S_B + P_B > 0$，动力系统（5.4）、（5.5）只有四个均衡点 $E_1(0,0)$、$E_2(1,0)$、$E_3(0,1)$、$E_4(1,1)$，② 这四个均衡点的局部稳定性如表 5.2 所示。

表 5.2　$R_A + S_A + P_A > 0$、$R_B + S_B + P_B > 0$ 时均衡点的局部稳定性分析结果

均衡点	det$J$ 符号	trJ 符号	稳定性
E_1（0，0）	+	+	不稳定
E_2（1，0）	-	N	鞍点
E_3（0，1）	-	N	鞍点
E_4（1，1）	+	-	ESS

注：N 表示取值符号不确定。

由表 5.2 可知，此时 E_4（1，1）为策略稳定点，其演化路径如图 5.3 所示。当转入地劳动力成本比较低，政府给予的优惠政策较多，配套设施较为完善或转出地政府为实施“腾笼换鸟”政策给未转移的低端产业带来严重损失时，无论配套企业 B 选择何种决策，核心企业 A 转移时的收益总大于其不转移时的收益，即“转移”总是核心企业 A 的占优策略和必

① 核心企业 A 单独转移时收益减少，配套企业 B 单独转移时收益增加（$R_A + S_A + P_A < 0$，$R_B + S_B + P_B > 0$）这种情况很少。这是由核心企业 A 与配套企业 B 在集群中的作用和地位所决定的，核心企业 A 是产业集群发展的“引擎”，配套企业 B 对核心企业具有很大的依赖性，自身的技术创新能力、获取资源的能力都不是很强。于是，很少出现在同一集群内，配套企业 B 单独转移后能获得较高的收益，而核心企业 A 单独转移时却取得较低收益的情况。

② 此时 $Z_x < 0$，$Z_y < 0$，即 $Z_x \notin [0, 1]$，$Z_y \notin [0, 1]$，因此将 E_5（Z_x，Z_y）剔除。

然选择。同理，配套企业 B 也会选择“转移”策略。于是，（转移，转移）为集群企业的演化稳定点，此时形成了产业集群式转移。但在现实中，制造业的产业转移一般是梯度转移，即发达地区转移到欠发达地区，而欠发达地区的配套设施较为落后，难以满足企业生产需要，造成企业收益的削减。此外，在资源配置中起决定性作用的是市场而不是政府，政府的奖罚力度有限，因此现实中这种情况较少。

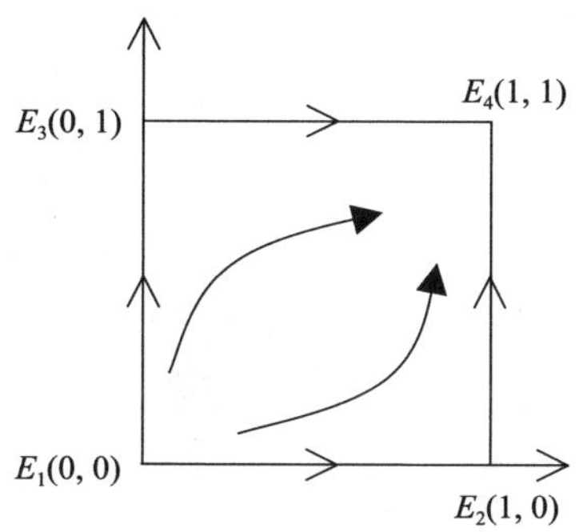

图 5.3　$R_A+S_A+P_A>0$，$R_B+S_B+P_B>0$ 时集群企业演化路径

②当核心企业 A 单独转移时收益增加，配套企业 B 单独转移时收益减少时[①]，即 $R_A+S_A+P_A>0$，$R_B+S_B+P_B<0$，动力系统（5.4）、（5.5）同样只有四个均衡点 $E_1(0,0)$、$E_2(1,0)$、$E_3(0,1)$、$E_4(1,1)$，[②] 这四个均衡点的局部稳定性如表 5.3 所示。

表 5.3　$R_A+S_A+P_A>0$，$R_B+S_B+P_B<0$ 均衡点的局部稳定性分析结果

条件	$(1-a)\Delta\pi+S_B+C_B+P_B>0$			$(1-a)\Delta\pi+S_B+C_B+P_B<0$		
均衡点	det$J$ 符号	tr$J$ 符号	稳定性	det$J$ 符号	tr$J$ 符号	稳定性
E_1（0，0）	-	N	鞍点	-	N	鞍点
E_2（1，0）	-	N	鞍点	+	-	ESS

① 因为相比于配套企业，核心企业的资源优势和能力优势更加明显，单独转移时能较快地找到合适的配套企业，其收益情况受配套企业的影响较小。而配套企业 B 选择单独转移时，其技术和规模的不足使得配套企业 B 在转移后搜寻合作伙伴的难度增大。此外，由于它们主要为产业集群里的核心企业服务，资产专用性都比较高，离开核心企业，总收益会随之减少。

② 此时 Z_x，即 $Z_x\notin[0,1]$，因此将 $E_5(Z_x,Z_y)$ 剔除。

续表

条件	$(1-a)\Delta\pi+S_B+C_B+P_B>0$			$(1-a)\Delta\pi+S_B+C_B+P_B<0$		
均衡点	det$J$ 符号	tr$J$ 符号	稳定性	det$J$ 符号	tr$J$ 符号	稳定性
E_3 (0, 1)	+	+	不稳定	+	+	不稳定
E_4 (1, 1)	+	-	ESS	-	N	鞍点

注：N 表示取值符号不确定。

由表 5.3 可知，产业集群内企业的演化结果与$(1-a)\Delta\pi+S_B+C_B+P_B$的正负有关，当$(1-a)\Delta\pi+S_B+C_B+P_B>0$时，$E_4$（1，1）为策略稳定点；当$(1-a)\Delta\pi+S_B+C_B+P_B<0$时，$E_2$（1，0）为策略稳定点。

（Ⅰ）$(1-a)\Delta\pi+S_B+C_B+P_B>0$表示配套企业 B 跟随核心企业 A 转移时，获得总收益大于其不转移时取得的总收益。① 当进行集群式转移时，相比于单独转移，配套企业 B 转移后原有合作关系得以保持，能继续获得集群效应，降低了交易成本和运输成本等，提高了范围经济和规模经济效应，从而提高其总收益值。有限理性的配套企业 B 即使最初不选择“转移”策略，但是经过长期的试错、模仿学习后，演化的趋势是“转移”，即（转移，转移）为集群企业的演化稳定点，形成了核心企业驱动的产业集群式转移现象。但演化路径与第一种条件下的不同，如图 5.3 与图 5.4（a）。图 5.4（a）表示，配套企业 B 只有在核心企业 A 的带动下，才有可能选择“转移”策略，若是核心企业 A 不转移，配套企业 B 也不会转移，配套企业 B 是根据核心企业 A 的策略以及自身的收益情况作出决定的；而图 5.3 表示，配套企业 B 独立于核心企业 A 而作出的“转移”策略。

（Ⅱ）$(1-a)\Delta\pi+S_B+C_B+P_B<0$表示即使配套企业 B 跟随核心企业 A 转移，但获得总收益还是小于其不转移时取得的总收益，由表 5.3 可知，E_2（1，0）是策略稳定点。也就是说，当转移会使配套企业 B 收益受损时，无论核心企业 A 选择何种策略，配套企业 B 都会选择不转移。即使有限理性的配套企业 B 最初选择的是“转移”策略，转移之后发展并不顺利，经过长期的动态博弈之后，会选择继续留在原产地进行生产经

① $(1-a)\Delta\pi+S_B+C_B+P_B>0$，即$(1-a)\Delta\pi+S_B>-C_B-P_B$，$\pi_B+(1-a)\Delta\pi+S_B>\pi_B-C_B-P_B$，配套企业 B 跟随核心企业 A 获得总收益大于不转移时取得的总收益。

营活动，其演化路径如图 5.4（b）所示。

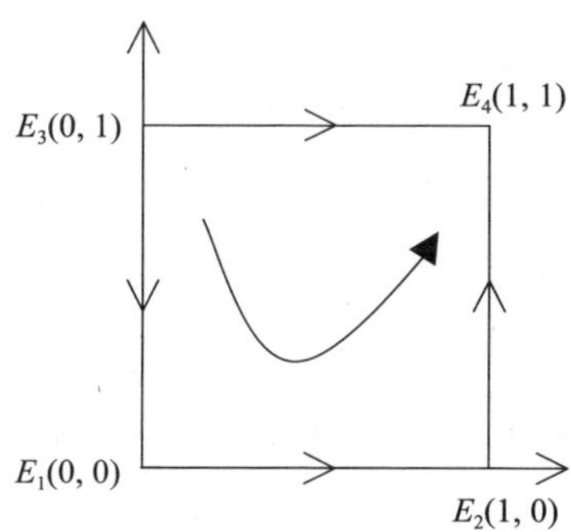

图 5.4（a） $R_A+S_A+P_A>0$，$R_B+S_B+P_B<0$，$(1-a)\Delta\pi+S_B+C_B+P_B>0$ 时集群企业演化路径

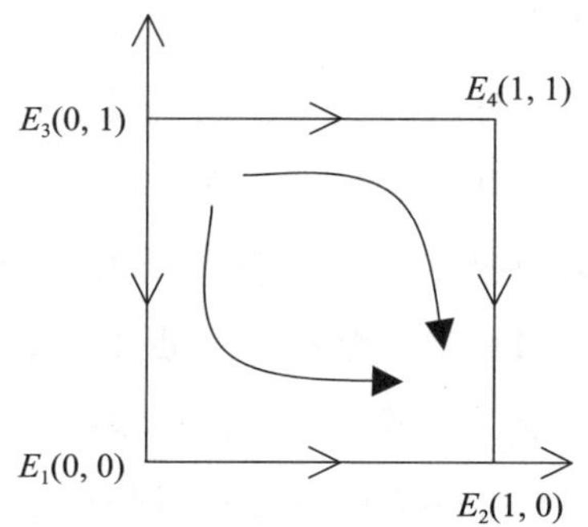

图 5.4（b） $R_A+S_A+P_A>0$，$R_B+S_B+P_B<0$，$(1-a)\Delta\pi+S_B+C_B+P_B<0$ 时集群企业演化路径

③当核心企业 A 单独转移时收益减少，配套企业 B 单独转移时收益减少时，即 $R_A+S_A+P_A<0$，$R_B+S_B+P_B<0$。① 这时动力系统（5.4）、（5.5）有五个均衡点 $E_1(0,0)$、$E_2(1,0)$、$E_3(0,1)$、$E_4(1,1)$、$E_5(Z_x, Z_y)$，这五个均衡点的局部稳定性如表 5.4 所示。

表 5.4 $R_A+S_A+P_A<0$，$R_B+S_B+P_B<0$ 均衡点的局部稳定性分析结果

条件	$a\Delta\pi+S_A+C_A+P_A>0$ $(1-a)\Delta\pi+S_B+C_B+P_B>0$			$a\Delta\pi+S_A+C_A+P_A>0$ $(1-a)\Delta\pi+S_B+C_B+P_B<0$			$a\Delta\pi+S_A+C_A+P_A<0$ $(1-a)\Delta\pi+S_B+C_B+P_B>0$			$a\Delta\pi+S_A+C_A+P_A<0$ $(1-a)\Delta\pi+S_B+C_B+P_B<0$		
均衡点	det$J$	tr$J$	稳定性	det$J$	tr$J$	稳定性	det$J$	tr$J$	稳定性	det$J$	tr$J$	稳定性
$E_1(0,0)$	+	-	ESS	+	-	ESS	+	-	ESS	+	-	ESS
$E_2(1,0)$	+	+	不稳定	-	N	鞍点	+	+	不稳定	-	N	鞍点
$E_3(0,1)$	+	+	不稳定	+	+	不稳定	-	N	鞍点	-	N	鞍点
$E_4(1,1)$	+	-	ESS	-	N	鞍点	-	N	鞍点	+	+	不稳定
$E_5(Z_x,Z_y)$	-	0	鞍点	无意义			无意义			无意义		

注：N 表示取值符号不确定。

① 因为企业进行单独转移时面临寻找新合作伙伴带来的搜索成本，但由于转入地一般都是欠发达地区，配套能力较为落后，企业在短时间内很难找到合作伙伴，增加企业的交易成本和运输成本使企业收益受损。

（Ⅰ）$a\Delta\pi + S_A + C_A + P_A > 0$，$(1-a)\Delta\pi + S_B + C_B + P_B > 0$，表示在核心企业 A 驱动配套企业 B 一起转移时，各自获得的总收益分别大于它们不转移时的收益。这时集群企业的演化均衡是 E_1（0，0）或 E_4（1，1），演化路径如图 5.5（b）所示。集群企业最初选择“转移”策略概率的大小决定了它们在相位图中的位置，集群企业因为最初所处的区间不同，最终的策略稳定点也不同，如图 5.5（a）所示。当企业 A 和企业 B 都位于①区域时，集群最终的策略稳定点是 E_4（1，1），即实现产业集群式转移。当集群内企业最初位于③区域时，即企业选择转移的概率均小于临界值，说明企业集群式转移的基础薄弱，条件也不完善，企业“转移”策略下取得预期收益小于“不转移”策略下的预期收益，集群企业都会选择“不转移”策略。当集群内企业最初位于②区域或者④区域时，经过长期的动态演化博弈之后，集群的最终稳定策略有可能是 E_1（0，0），也有可能是 E_4（1，1）。

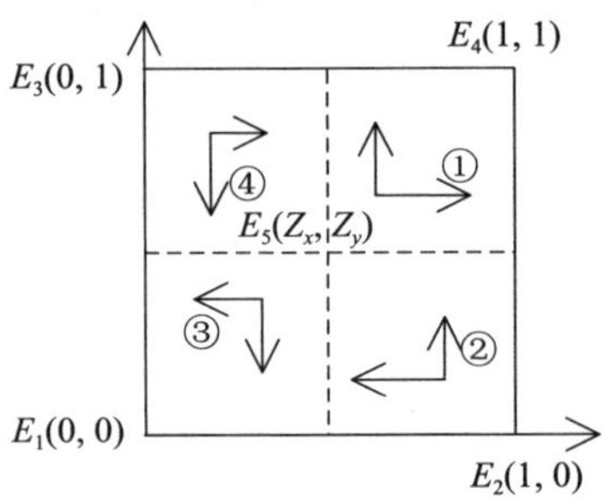

图 5.5（a） 集群企业的复制动态和稳定

当集群企业最初位于②区域时，博弈过程中核心企业 A 在转入地的适应程度与配套企业 B 的学习模仿速度共同决定了集群的演化结果。若核心企业 A 在转入地的收益大，则学习能力较强的配套企业 B 为了获得集聚效应会跟随核心企业 A 进行转移。当集群内企业最初位于④区域时，集群的演化结果取决于有限理性核心企业 A 在长期博弈过程中对预期的判断，若预期转移时获得的收益比较高，核心企业 A 就会选择“转移”策略，并带动配套企业 B 一起转移，形成集群式转移；若预期转移后收益比较低，核心企业 A 则选择“不转移”策略，配套企业 B 即使最初选择“转移”策略的概率较高，但由于自身能力的不足，最后会跟随核心企业 A 继续留在原产地进行生产活动。

图 5.5（b）中区域 $E_2E_4E_3E_5$ 表示集群内企业经过长期动态的博弈后，最终集体转移到另外一个地区，区域 $E_1E_2E_5E_3$ 表示集群内企业选择继续留在原地区。$E_2E_4E_3E_5$ 越大，产业集群式转移的概率也就越大。

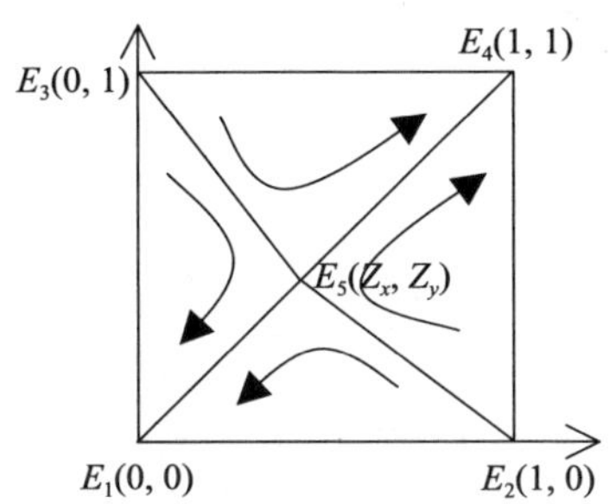

图 5.5（b） 当 $R_A+S_A+P_A<0$，$R_B+S_B+P_B<0$，$a\Delta\pi+S_A+C_A+P_A>0$，$(1-a)\Delta\pi+S_B+C_B+P_B>0$ 时集群企业的演化路径

$$S_{E_2E_4E_3E_5}=1-\frac{1}{2}\left[\frac{-(R_B+P_B+S_B)}{(1-a)\Delta\pi+C_B-R_B}+\frac{-(R_A+P_A+S_A)}{a\Delta\pi+C_A-R_A}\right] \tag{5.9}$$

化简可得

$$S_{E_2E_4E_3E_5}=\frac{1}{2}\left[\frac{1}{1+\frac{-(R_B+P_B+S_B)}{(1-a)\Delta\pi+C_B+P_B+S_B}}+\frac{1}{1+\frac{-(R_A+P_A+S_A)}{a\Delta\pi+C_A+P_A+S_A}}\right] \tag{5.10}$$

由公式（5.10）可知，$S_{E_2E_4E_3E_5}$ 与 R_A、R_B、$\Delta\pi$、C_A、C_B、P_A、S_A、P_B、S_B 成正比，即企业“单独转移”时获得新增净收益越大或者是参与“集群式”转移时分得的新增净收益越大，集群内企业选择“转移”策略的概率就越大，那么形成产业集群式转移的可能性也就越大；集群内企业因失去原合作伙伴遭到的损失越大，企业就越愿意与其他企业一起转移；转出地的惩罚力度、转入地的优惠政策也与集群企业转移的概率呈正相关。此外，$S_{E_2E_4E_3E_5}$ 的大小与 a 的关系不确定，但收益的分配比例 a 是影响企业参与“集体式转移”的关键因素之一。

（Ⅱ）$a\Delta\pi+S_A+C_A+P_A>0$，$(1-a)\Delta\pi+S_B+C_B+P_B<0$，表示在

核心企业 A 带动配套企业 B 一起转移时，获得的总收益大于不转移时的收益；这时配套企业 B 转移时获得的收益总小于不转移时取得的收益，于是有限理性的配套企业 B 演化博弈的结果是“不转移”。核心企业 A 没有成功地驱动配套企业 B 转移，那么核心企业 A 单独转移时会因失去原合作伙伴而导致收益减少，最后也会选择不转移，演化路径如图 5.5（c）所示。

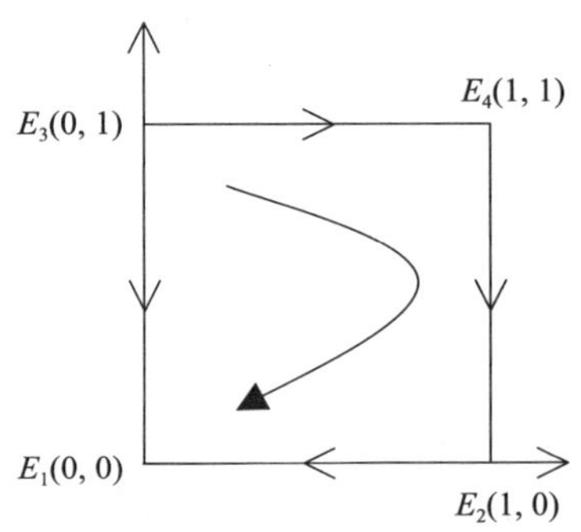

图 5.5（c） 当 $R_A+S_A+P_A<0$，$R_B+S_B+P_B<0$，$a\Delta\pi+S_A+C_A+P_A>0$，$(1-a)\Delta\pi+S_B+C_B+P_B<0$ 时集群企业的演化路径

（Ⅲ）$a\Delta\pi+S_A+C_A+P_A<0$，$(1-a)\Delta\pi+S_B+C_B+P_B>0$，表示即使核心企业 A 带动配套企业 B 一起转移，核心企业 A 转移时获得总收益还是小于不转移时的收益，但是配套企业 B 跟随核心企业 A 进行转移时获得总收益大于不转移时的收益。这可能是因为核心企业 A 的产品市场主要在国外，在中西部地区完成生产后，还需将产品运输到沿海地区的港口，由于交通不便，高昂的运输成本抵消了甚至超过了廉价劳动力、政府政策带来的好处；然而，配套企业 B 有可能主要生产核心企业所需的中间产品，跟随核心企业 A 转移后，不会增加运输费用，反而靠近了原材料产地，节省了采购成本。在这种情况下，核心企业 A 经过长期的博弈后，会选择“不转移”策略，配套企业 B 一般依赖于核心企业 A，自身能力不强，核心企业 A 不转移，配套企业 B 也不会转移。集群企业的演化稳定策略是（不转移，不转移），其路径如图 5.5（d）所示。

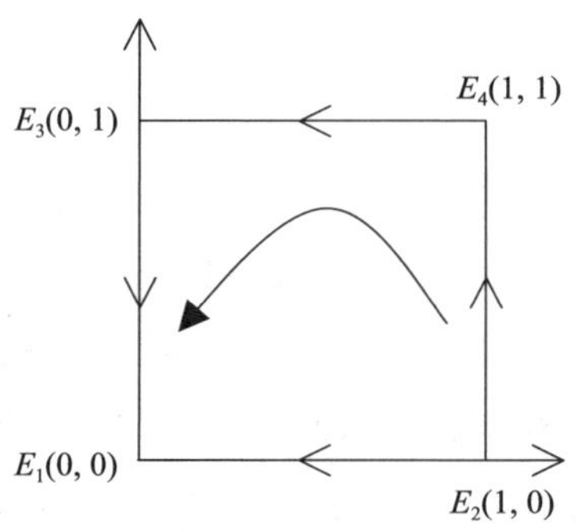

图 5.5（d） 当 $R_A+S_A+P_A<0$，$R_B+S_B+P_B<0$，$a\Delta\pi+S_A+C_A+P_A<0$，$(1-a)\Delta\pi+S_B+C_B+P_B>0$ 时集群企业的演化路径

（Ⅳ）$a\Delta\pi+S_A+C_A+P_A<0$，$(1-a)\Delta\pi+S_B+C_B+P_B<0$，表示在核心企业 A 驱动配套企业 B 一起转移时，各自获得的总收益分别小于它们不转移时的收益。当转入地基础设施较为落后、转入地与转出地文化差异较大、政府优惠力度较小，或核心企业 A 和配套企业 B 生产规模比较大，企业在转移的过程中需放弃原有厂房设备时，将带来巨大的沉没成本，同时面临在转入地新建厂房的资金投入。此外，生产设备在移动过程中会产生拆迁、重新安装等费用，巨大的转移成本超过了企业转移时带来的好处。这时，核心企业 A 与配套企业 B 都会选择“不转移”策略，集群的演化稳定策略为（不转移，不转移），演化路径如图 5.5（e）所示。

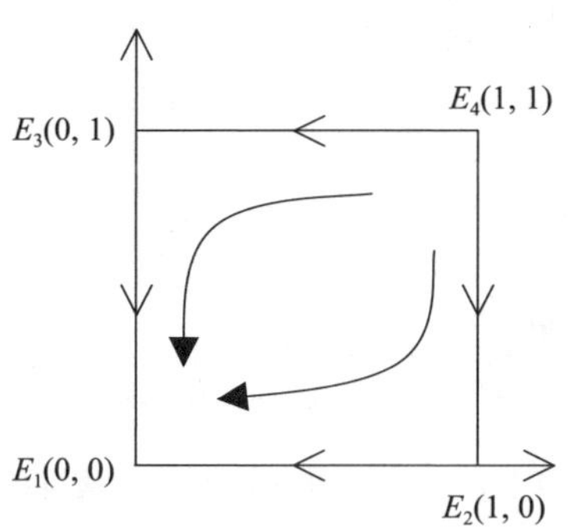

图 5.5（e） 当 $R_A+S_A+P_A<0$，$R_B+S_B+P_B<0$，$a\Delta\pi+S_A+C_A+P_A<0$，$(1-a)\Delta\pi+S_B+C_B+P_B<0$ 时集群企业的演化路径

5.3.4 基于数值模拟的演化稳定性分析

本节将利用 MATLAB R2012a 软件进行数值模拟，验证理论分析结果的正确性和均衡点的稳定性，并分析损益参数对集群企业“抱团转移”演化的影响，参照郑月龙（2015）、杨苏（2013）数值模拟仿真的赋值方法，对下列各个情况的参数进行赋值。为了观察方便且不失一般性，这里均匀地选取具有代表性的 11 个初始观察值点（0.01，0.005）、（0.3，0.2）、（0.5，0.3）、（0.7，0.5）、（0.9，0.7）、（0.9，0.9）、（0.005，0.1）、（0.2，0.3）、（0.3，0.5）、（0.5，0.7）、（0.7，0.9）。

1. 单独转移时核心企业 A、配套企业 B 收益均增加

此时 $R_A+S_A+P_A>0$，$R_B+S_B+P_B>0$，在此条件下设核心企业 A 的参数值分别 $R_A=6$，$S_A=3$，$P_A=3$，$a\Delta\pi=8$，$C_A=2$，配套企业 B 的参数值分别为：$R_B=3$，$S_B=1$，$P_B=3$，$(1-a)\Delta\pi=5$，$C_B=2$，数值模拟结果如图 5.6（a）所示。

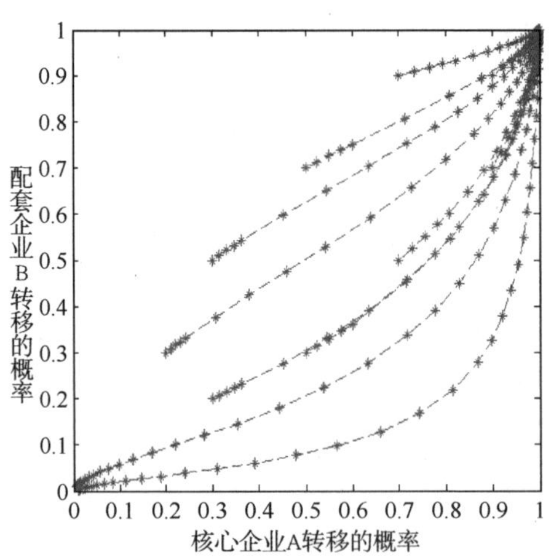

图5.6（a） 企业单独转移收益均增加时集群的动态演化路径

由图 5.6（a）可知，正如演化博弈分析的结果一样，集群企业在此条件下的演化稳点策略为（转移，转移），演化稳定策略与集群企业的初始状态无关，但集群企业最初选择转移策略的概率越大，其收敛于演化稳

定均衡所花费的时间就越短。在外界条件相同时，有限理性企业的市场分析与机会识别能力越强，越能对外界环境变化作出准确决策。由此可见，企业特征因素对产业集群式转移的速度有着重要的影响，尤其是处于领导地位的核心企业，在产业集群式转移中起着引领和示范作用，其行为决策关系着产业集群转移的进程。

2. 单独转移时核心企业 A 收益增加、配套企业 B 收益减少

此时 $R_A+S_A+P_A>0$，$R_B+S_B+P_B<0$，在此情况下对损益参数合理取值，因为核心企业 A 的条件没变，于是核心企业 A 的参数取值也保持不变。配套企业 B 参与集群式转移时的收益情况不同，其参数取值也不同。

（Ⅰ）$(1-a)\Delta\pi+S_B+C_B+P_B>0$，配套企业 B 的参数值分别为：$R_B=-8$，$S_B=2$，$P_B=2$，$(1-a)\Delta\pi=-5$，$C_B=2$，数值模拟结果如图 5.6（b）所示。可以看出，不论初始条件如何，集群企业的演化轨迹有一个共同的规律，前期比较平缓，后期比较陡峭。前期是核心企业选择转移的概率逐渐增大，而配套企业 B 选择转移概率的增幅很微小，但当核心企业 A 转移概率增加到一定程度时（图 5.6（b）中为 0.95 左右），配套企业 B 转移的概率骤然上升，核心企业 A 转移概率越靠近 1，配套企业 B 转移概率的增幅越大，迅速演化至稳定策略。其经济含义为：配套企业 B 不会贸然进行转移，只有在核心企业 A 转移的情况下，配套企业 B 为了获得集群带来的好处才会转移，即核心企业驱动的产业集群式转移。如无锡市东日昌轴承制造有限公司是江苏无锡大型轴承制造业中的一个核心企业，2010 年为了企业发展需要转移到安徽郎溪，在安徽投资 2 亿元之后，很多生产轴承配件的企业纷纷跟随它签约落户郎溪的无锡工业园。

（Ⅱ）$(1-a)\Delta\pi+S_B+C_B+P_B<0$，配套企业 B 的参数值分别为：$R_B=-8$，$S_B=2$，$P_B=2$，$(1-a)\Delta\pi=-7$，$C_B=2$，数值模拟结果如图 5.6（c）所示，这验证了前面演化博弈分析的正确性。集群企业演化路径的轨迹同样具有先平稳后陡峭的特点，配套企业 B 一般依赖于核心企业 A，当核心企业 A 没有作出决策变动时，配套企业 B 也不会轻易改变决策。核心企业 A 通过长期的演化博弈后，选择了转移策略，而有限理性的配套企

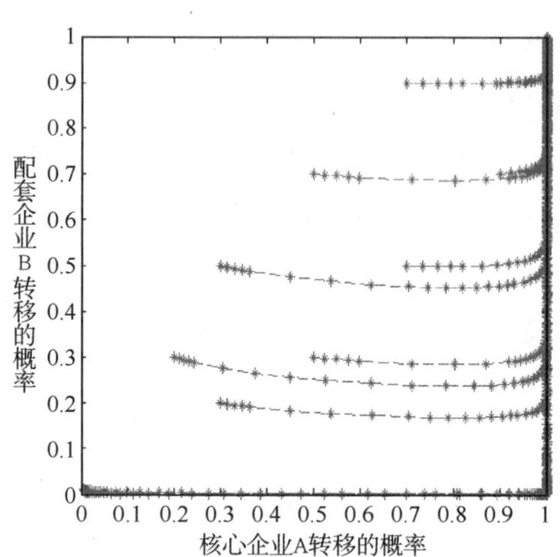

图 5.6（b） 配套企业参与集群式转移收益增加时集群的动态演化路径

业 B 在不断学习、尝试后发现，只要进行转移，就会利益受损，因此配套企业 B 会选择“不转移”策略。由此可见，核心企业在整个产业集群转移过程中起试探性作用，是产业集群转移的“探路者”，但是只有在满足一定条件下，核心企业才能成功地驱动产业集群式转移。

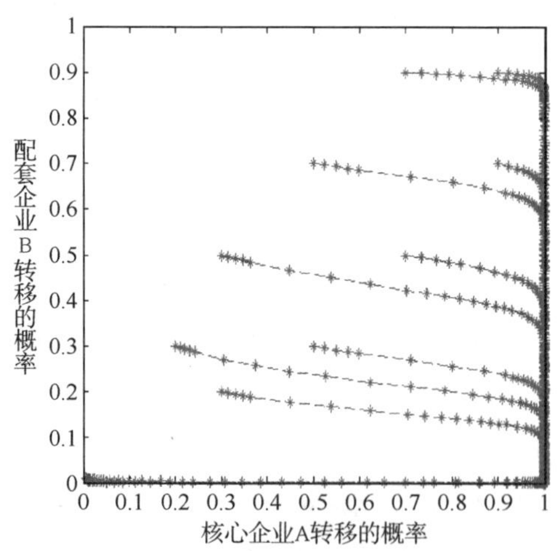

图 5.6（c） 配套企业参与集群式转移收益减少时集群的动态演化路径

比较（Ⅰ）和（Ⅱ）可知，当配套企业B参与集群式转移时的收益大于不转移时的收益时，才能形成产业集群式转移，这受集群效应（$(1-a)\Delta\pi$，C_B）和政府政策（S_B，P_B）的影响，集群效应越大、政府奖罚力度越大，越易形成产业集群式转移。除此之外，通过比较（Ⅰ）和（Ⅱ）中参数值还发现，仅是$(1-a)\Delta\pi$的值不同，就导致了不同演化稳定策略。因此可知，核心企业能够成功地带动配套企业转移也受利润分配系数a的影响，即使集群效应比较大，但是分配不合理，也无法形成产业集群式转移。

3. 单独转移时核心企业A、配套企业B收益均减少

此时$R_A+S_A+P_A<0$，$R_B+S_B+P_B<0$，即核心企业A、配套企业B单独转移时获得总收益均减少。在此条件下，分情况对参数进行合理取值，具体如下：

（Ⅰ）$a\Delta\pi+S_A+C_A+P_A>0$，$(1-a)\Delta\pi+S_B+C_B+P_B>0$，表示在集群式转移时，集群企业获得总收益均增加。设核心企业A的参数值分别为：$R_A=-7$，$S_A=3$，$P_A=3$，$a\Delta\pi=-3$，$C_A=2$，配套企业B的参数值分别为：$R_B=-9$，$S_B=2$，$P_B=3$，$(1-a)\Delta\pi=-5$，$C_B=4$，数值模拟结果如图5.6（d）所示。产业集群的演化稳定策略为混合策略，核心企业A与配套企业B均选择转移或者均选择不转移。正如理论分析一样，产业集群到底会演化稳定于哪种策略，取决于系统的初始状态。初始概率大于临界值时，演化稳定于（转移，转移）；相反，初始概率小于临界值时，演化稳定于（不转移，不转移）。这一临界值取决于系统的鞍点位置，也即损益参数的初始值及其变化。

鞍点$E_5(Z_x,Z_y)$与R_A、R_B、$\Delta\pi$、C_A、C_B、P_A、S_A、P_B、S_B有关，下面讨论各参数对鞍点的影响。

首先，集群效应对鞍点的影响。比如设$a\Delta\pi=-1$，$(1-a)\Delta\pi=-2$，即集群式转移时获得的利润值变大，其他参数值保持不变，产业集群系统的演化结果如图5.6（e）所示。与图5.6（d）不同的是，初始值（0.3，0.2）演化稳定于E_4（1，1），说明集群效应越大，越易形成产业集群式转移。同理，C_A、C_B越大，也说明集群效应越大，发生产业集群式转移的概率也越大。

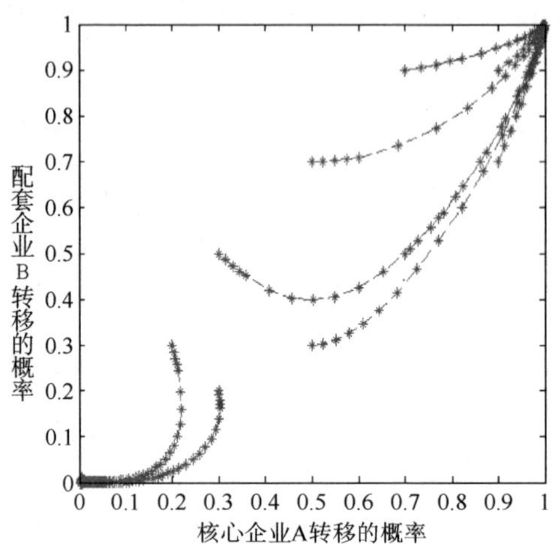

图 5.6（d） 企业参与集群式转移收益增加时集群的动态演化路径

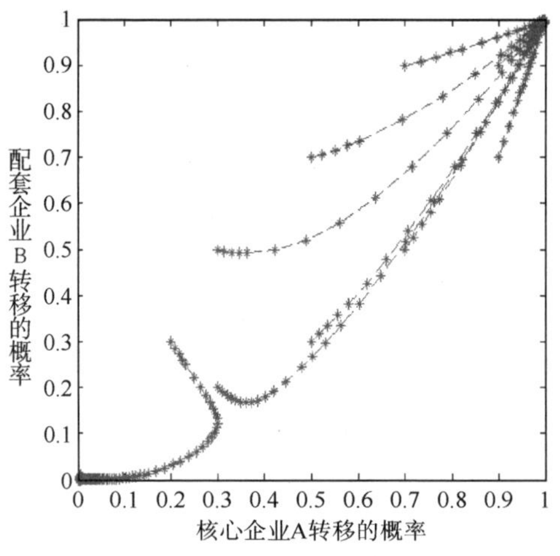

图 5.6（e） 其他条件不变，集群效应增加时集群的动态演化路径

其次，政府政策对鞍点的影响。比如设 $S_A=1$，$P_A=2$，$S_B=2$，$P_B=3$，即政府降低了奖罚力度，其他参数保持不变，产业集群系统的演化结果如图 5.6（f）所示。与图 5.6（d）不同的是，仅初始值（0.9，0.9）、（0.9，0.7）、（0.7，0.9）演化稳定于 E_4（1，1），说明政府在产业集群式转移中起到重要的作用，政府奖罚力度越小越不利于产业集群转移。

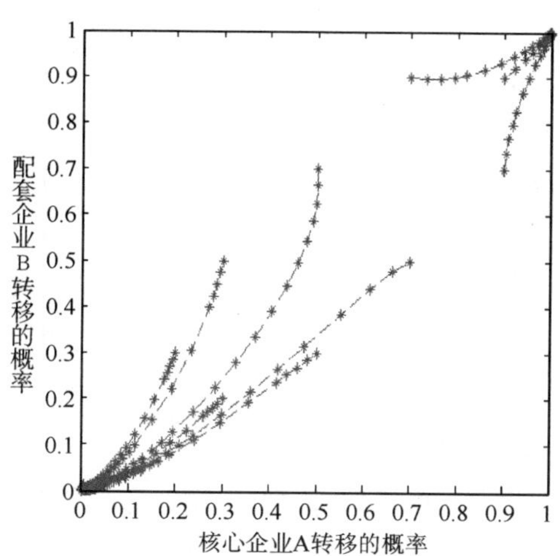

图 5.6（f） 其他条件不变，政策力度减小时集群的动态演化路径

最后，集群企业单独转移时的收益大小对鞍点的影响。比如设 $R_A = -14, R_B = -18$，即集群内企业单独转移时的收益减少，其他参数保持不变，产业集群系统的演化结果如图 5.6（g）所示，与图 5.6（d）不同的是，仅初始值（0.9，0.9）、（0.9，0.7）、（0.7，0.9）演化稳定于 E_4（1，1），说明集群内企业单独转移时的收益大小 R_A、R_B 影响着产业集群的转移情况。R_A、R_B 值越小，越不利于产业集群转移。

通过数值模拟分析发现，集群演化稳定于 E_4（1，1）的概率与 R_A、R_B、$\Delta\pi$、C_A、C_B、P_A、S_A、P_B、S_B 的大小呈正相关，从而验证了公式（5.10）的正确性。

（Ⅱ）$a\Delta\pi + S_A + C_A + P_A > 0$，$(1-a)\Delta\pi + S_B + C_B + P_B < 0$ 时，表示在集群式转移时，核心企业 A 获得总收益增加，而配套企业 B 的总收益还是减少。核心企业的条件没变，其取值也与（Ⅰ）保持一致，这时配套企业 B 的参数取值为：$R_B = -9$，$S_B = 2$，$P_B = 3$，$(1-a)\Delta\pi = -7$，$C_B = 1$，数值模拟结果如图 5.6（h）所示。核心企业 A 和配套企业 B 对转移的倾向不同，核心企业 A 偏向于集群式转移，以获取更大的收益，而配套企业 B 偏向于不转移，避免收益受损。产业集群就出现了图 5.6（h）中的演化轨迹，核心企业 A 的概率先增加，经过一段时间的动态博弈后，发现配套企业 B

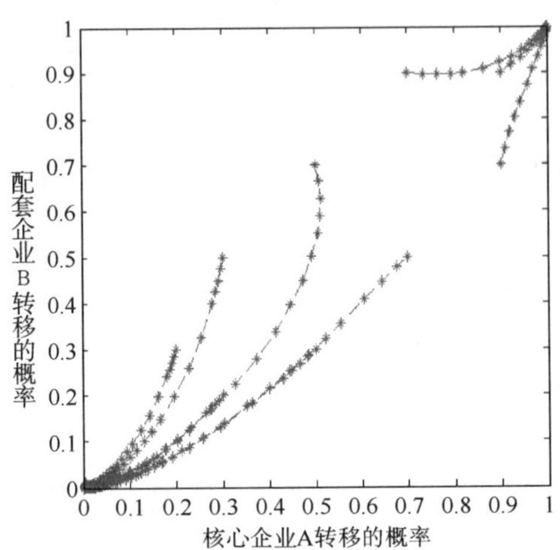

图 5.6（g） 其他条件不变，转移收益减小时集群的动态演化路径

还是选择“不转移”策略，核心企业 A 为了实现收益最大化，改变自身的策略，也选择不转移。配套企业 B 为了实现收益最大化，不断减小转移的概率。核心企业 A 没有成功地驱动配套企业参与集群式转移，集群企业演化稳定于（不转移，不转移）。

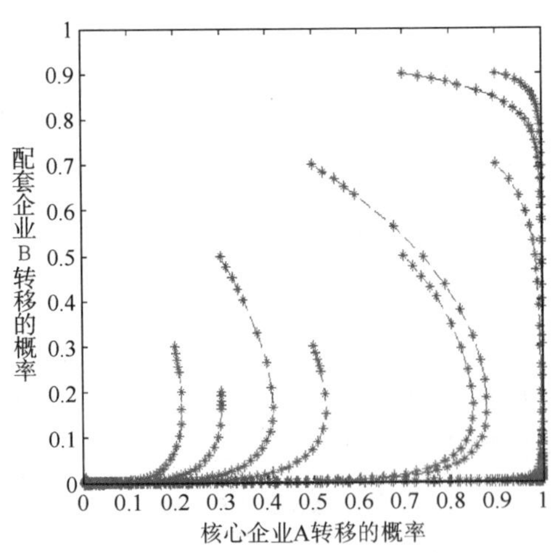

图 5.6（h） 参与集群式转移，核心企业收益增加但配套企业收益减少时集群的动态演化过程

（Ⅲ）$a\Delta\pi + S_A + C_A + P_A < 0$，$(1-a)\Delta\pi + S_B + C_B + P_B > 0$ 时，表示

在集群式转移时，核心企业A获得总收益还是减少，而配套企业B的总收益却增加。配套企业B的条件没变，其取值也与（Ⅰ）保持一致，这时核心企业A的参数取值为：$R_A = -14$，$S_A = 3$，$P_A = 3$，$a\Delta\pi = -10$，$C_A = 2$，数值模拟结果如图5.6（i）所示。与（Ⅱ）相同，集群内企业对转移的倾向不同，不管配套企业B转移的概率有多大，核心企业A都逐渐减少转移的概率，最后选择不转移。配套企业B想跟随核心企业A进行转移，于是在没确定核心企业A不转移前，配套企业B不改变自己转移的偏好，但是经过一段时间的博弈之后，发现核心企业A不转移，配套企业B为了收益最大化，会跟随核心企业A继续留在原地。

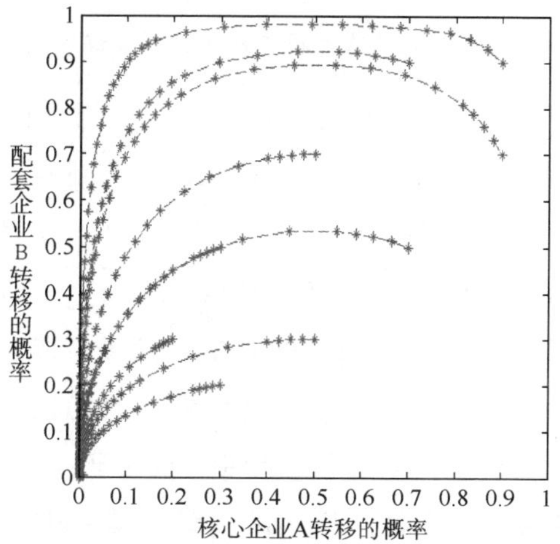

图5.6（i） 参与集群式转移，核心企业收益减少但配套企业收益增加时集群的动态演化过程

（Ⅳ）$a\Delta\pi + S_A + C_A + P_A < 0$，$(1-a)\Delta\pi + S_B + C_B + P_B < 0$时，表示集群式转移时，集群企业获得总收益都是受损。这时，核心企业A的参数取值为：$R_A = -14$，$S_A = 3$，$P_A = 3$，$a\Delta\pi = -10$，$C_A = 2$；配套企业B的参数取值为：$R_B = -9$，$S_B = 2$，$P_B = 3$，$(1-a)\Delta\pi = -7$，$C_B = 1$，数值模拟结果如图5.6（j）所示。无论初始状态如何，集群演化轨迹的倾斜度都有“基本保持不变”的特点，核心企业A与配套企业B都会不断减小转移的概率，经过一段时间的演化后，产业集群稳定于（不转移，不转移）。

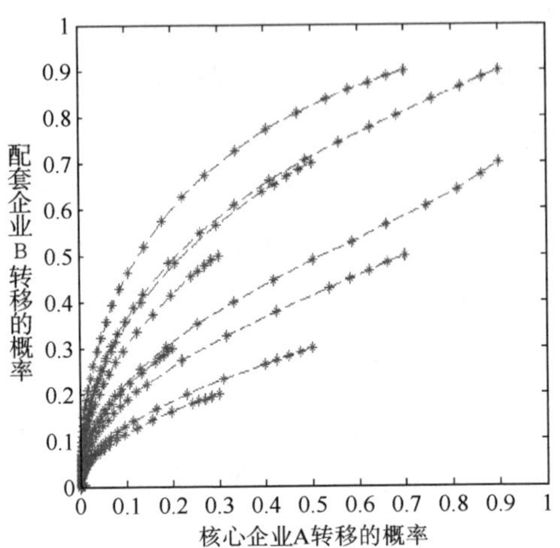

图 5.6（j） 企业参与集群式转移收益减少时集群的动态演化过程

本节通过构建集群内核心企业与配套企业之间的博弈模型和数值模拟，研究了核心企业驱动产业集群转移的动态演化过程，结果显示集群的演化结果有赖于企业转移时的收益情况。当 $R_A+S_A+P_A>0$，$R_B+S_B+P_B>0$时，产业集群演化稳定于 E_4（1，1）。当 $R_A+S_A+P_A>0$，$R_B+S_B+P_B<0$ 时，产业集群演化结果取决于配套企业参与集群式转移时取得的收益。若$(1-a)\Delta\pi+S_B+C_B+P_B>0$，则集群演化稳定于 E_4（1，1）；若$(1-a)\Delta\pi+S_B+C_B+P_B<0$，则集群演化稳定于 E_2（1，0）。当 $R_A+S_A+P_A<0$，$R_B+S_B+P_B<0$ 时，若 $a\Delta\pi+S_A+C_A+P_A>0$，$(1-a)\Delta\pi+S_B+C_B+P_B>0$，且最初选择转移的概率均超过临界值时，集群演化结果是 E_4（1，1）；否则，集群演化稳定于 E_1（0，0）。

5.4 案例分析——温州鞋业集群转入重庆璧山

我国产业转移呈现出了以集群核心企业为中心的“抱团式”转移，如浙江纺织品牌的核心企业洁丽雅带动配套企业在湖北建立新的生产基地；80 多家配套企业跟随百丽、七匹狼等核心企业坐落于安徽宿州；东日昌轴承制造有限公司带领其零配件制造商以“整体嵌入”方式转移到安徽郎溪无锡工业园区；上海电气集团、华谊集团等核心企业驱动相关联企业“抱团式”转移；等等。我国鞋业也出现了“南鞋北上”“东鞋西移”的产业梯度转移现象（王缉慈，2010）。按照转移的规模或程度，产业集群式转移可分为整体性转移和选择性转移。前者是指集群整体性迁徙，转移后原集群不复存在，易导致“产业空洞化”问题；后者是指集群选择性迁徙，原来的集群仍存在，并产生了新的集群间的地域分工，实现产业集群易地升级。以外企主导的嵌入型集群往往是整体性转移，以国内民企主导的内源型集群一般是选择性转移。选择性转移是我国东部产业集群转移的主流形式，本节选取选择性转移当中的一个典型代表——温州鞋业集群迁徙重庆璧山实现异地升级为例进行研究。

5.4.1 温州鞋业集群发展状况

鞋业是温州的支柱产业之一，在温州已有800多年的历史，早在宋朝年间，温州制鞋业开始萌芽。据记载，南宋时温州市区已有皮鞋生产“专业户”，在明代已经作为贡品而著称于世。尤其是从1978年中国改革开放以来，随着生产要素不断丰富和市场空间不断扩大，温州鞋业得到了空前发展。温州民营企业家紧抓这一历史性机遇，以农村家庭作坊为基础，探索出了“一户带动一村，一村带动一乡”的发展模式，这种模式在温州地区的复制与扩散形成了温州鞋业集群的雏形。2001年，温州被中国轻工业联合会和中国皮革协会授予“中国鞋都”美誉称号。经过30多年的发展，温州鞋业集群规模不断扩大，2013年温州市拥有制鞋企业2761家。其中，规模以上企业732家，亿元级以上企业80多家，超10亿元级企业6家，高新技术企业13家，上市企业1家。① 2017年，温州市制鞋业产值达1002.98亿元，规上企业超过850多家，有7个中国名牌产品、82枚中国驰名商标、196家中国真皮标志企业，占据全国鞋革行业品牌榜的半壁江山。

温州不仅制鞋业发达，鞋材、鞋饰、鞋机、皮革等相关配套产业也相

① 资料来源：《温州市鞋业产业提升发展规划（2014～2020年）》。

当昌盛，有比较完善的产业链，如鹿城区河通桥的鞋料、乐清市白石镇的鞋底、永嘉县黄田的鞋饰、永嘉县乌牛的鞋机、龙湾区的合成革等，从鞋料、鞋底、鞋楦、鞋跟、胶水到鞋表面处理、五金鞋饰等普通配件到特殊材料一应俱全。据《温州市鞋业产业提升发展规划（2014～2020年）》统计，2013年鞋材、鞋机、皮革、皮革化工、合成革等企业近2000家，从业人员近100万人。此外，配套技术服务及专业化市场也应有尽有，如温州大学皮革研究所、浙江工贸职业技术学院轻工产品舒适度研究中心、温州新方向鞋样设计学校、温州站南商贸城鞋类批发市场、温州黄龙鞋业批发市场、浙南鞋材市场、龙湾五金批发市场等等。

集群中的企业家的能力具有异质性特点，个别企业家具有独特的经营眼光、管理理念、沟通能力，能够抓住关键的发展机会，使自身在众多企业中脱颖而出，成为集群中的核心企业（朱瑞忠，2007）。核心企业通常占据集群的中心地位，控制着集群发展的关键资源，并不断通过产品创新、工艺创新、管理创新与战略创新，在群内形成一定的产业影响力、市场领导力，引领着集群的运营模式和发展方向。温州鞋业集群中也有诸多核心企业，如以内销为主的奥康、康奈、红蜻蜓等核心企业；以外销为主的巨一、东艺、金帝等核心企业；代表女鞋的浙江皇家鞋业、中国巨日鞋业、浙江大自然鞋业等核心企业；代表外贸安全鞋的荣光集团、塞纳集团等核心企业；等等。温州鞋业形成了以核心企业为主体，多个配套企业围绕其周围的弹性专精的集群网络，其空间分工如图5.7所示。

然而经过多年的快速发展，温州鞋业呈现出向外转移的现象。从2000年开始，温州鞋业集群将加工生产环节转移到周边地区，如台州、衢州、丽水等地。从2008年全球金融危机以来，国际市场需求低迷致使温州外来加工订单量骤减，并在扩大内需政策的驱动下，温州鞋业转向国内市场，将市场容量大、资源丰富的中西部地区作为目标区域，开始大规模地投资建厂。

5.4.2 温州鞋业集群转移的影响因素

温州鞋业集群为什么向外转移呢？影响其转移的因素是什么呢？谭文

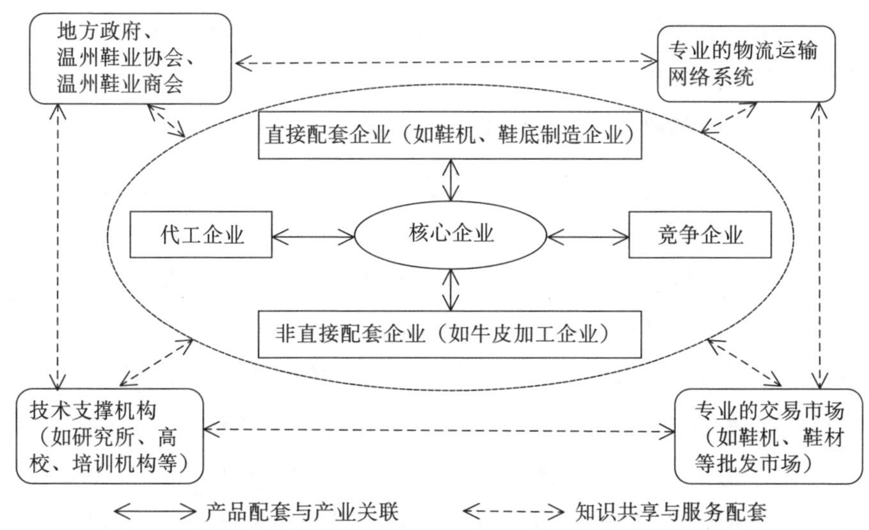

图 5.7　温州鞋业集群的结构模型

柱等（2006）认为，劳动力及土地成本上升使温州鞋业企业将生产车间转移到西部地区；李晓薇（2015）指出，土地紧缺、生产成本上升等是导致温州鞋业空间转移的主要因素。

依据前人的研究，并结合笔者实地调研和温州鞋业协会等网站资料，笔者认为温州鞋业集群转移的因素主要包括以下三个方面：

1. 土地紧缺

温州以丘陵为主、平原和盆地比例低，但人口密度高，人均土地面积少，人均耕地远低于浙江省和全国平均水平。据温州市国土资源部门的统计，温州总面积 1178600 公顷，平原面积 251200 公顷，仅占温州总面积的 21.3%；人均耕地面积仅有 0.03 公顷，仅占浙江省平均水平的 50%、全国平均水平的 20%。在温州市区 2015 年度国有建设用地 1429.07 公顷供应总量中，商服用地仅有 200.55 公顷，占总量的 14.03%。温州土地紧缺状况十分严峻，据不完全统计，下属各县（市、区）可使用土地量只占企业需求量的 10% 左右，土地资源的供不应求导致温州地价不断攀升，很多郊县甚至边远村庄工业用地的地价都高达每公顷 150 万元以上，较好地段甚至超过千万元，可谓“寸土寸金”，高昂的地价制约鞋业企业规模扩张，即使付出巨额资金申请到土地，也使鞋企背负沉重的财务压力，竞争乏力。然而，中西部地区很多省份工业用地价格每公顷不到75万元，如重庆璧山土地价格在2003年每公顷55.5万元，与当时温州“天价”形成鲜明对比，中西部地区丰富低廉的土地资源是吸引温州鞋企迁徙的重要动力之一。

2. 用工成本高

一方面，人口老龄化、外来务工人员返乡创业就业等使“招工难”问题更日益凸显，季节性用工荒呈常态化趋势。尤其是“80后”“90后”逐渐成为我国新一代劳动力主力军，他们不仅对薪资有较高的要求，而且更注重情感、社会尊重等精神需求，导致企业招工雪上加霜。“招工难”也导致招聘成本增加，2015年温州企业调研结果显示，基层人员、中层人员、高层人员的招聘的人均成本（包括招聘过程中的各种开支、补贴和培训等费用）分别为8345元、25345元、58100元，巨额的招聘成本增加了企业的财务负担、吞噬了企业利润。

另一方面，外来务工人员的减少使温州用工成本越来越高。温州市人力资源和社会保障局发布的《关于公布温州市区企业2016年度部分职位劳动力市场工资指导价位的通知》显示，不同专业技术、不同隶属关系、不同学历的工资水平较2015年上涨约10%。其中，鞋业企业普通工人年薪为5万~6万元，皮革加工工人年薪高达6万~7万元。然而，中西部欠发达地区的工资水平较低，如重庆市普通工人年薪约为3万元，高水准的工资压缩了温州鞋业企业的利润空间，削弱了企业竞争力，迫使温州鞋业企业向低成本的中西部地区转移。

3. 环境压力大

生态环境是人类生存和经济活动的前提和基础，党的十九大报告指出，“建设生态文明是中华民族永续发展的千年大计”，“像对待生命一样对待生态环境”。中共温州市委、市人民政府积极地树立和践行“绿水青山就是金山银山”的理念，越来越重视生态文明建设、大力发展生态经济，并发布《关于温州市排污权有偿使用费征收标准的通知》《温州市大气污染防治实施方案（2014~2017年）》等文件，加大了对高污染、高耗能、高耗水企业的整治力度，增加了企业环境治理成本，提高了行业环境准入门槛，限制了企业规模扩张。温州为调整产业结构、优化城市功能，实施“退二进三”“腾笼换鸟”工作，依据《浙江省淘汰落后产能规划（2013～2017 年）》和温州市相关淘汰计划，会定期公布淘汰的产能、工艺设备和企业名单。然而，劳动密集型的鞋业属于传统低端的制造业，在生产过程中会造成环境污染，与温州生态文明建设、智能制造等政策之间的矛盾日显突出。在鞋业产业自身的特征与温州政策环境的共同作用下，温州鞋业企业会转移到更优的地理区位。

综上所述，近年来温州鞋业竞争日益激烈、产品同质化严重，尤其是随着沿海发达地区制造企业的过度集聚，企业面临着土地面积制约、生产成本上升、环境管制约束、熟练劳动工人流失等方面的挑战，企业低成本、大批量生产优势逐步弱化，使很多企业纷纷把加工制造环节转移到更具竞争优势的中西部地区。

5.4.3 奥康集团带领温州鞋业转移到重庆璧山的过程

2003 年，温州市鞋业以集群式转移方式开始向重庆璧山转移。在奥康等核心企业的引领和示范作用的影响下，截至 2008 年，已有近 100 家温州制鞋企业和近 400 家鞋材经营配套厂商同时入驻璧山“中国西部鞋都”加工基地，截至 2012 年，温州人就占据了西南鞋材交易市场的 20%。

1. 核心企业先行转移形成“点”转移

奥康集团是一家拥有 50 多亿元资产、5 大鞋业品牌、2 万多名员工、30 多条国际领先生产流水线、3 大生产基地、年产量高达 1000 多万双的大型企业。奥康集团已设立 30 多个国内省级公司、5 家国外分公司、5 大销售中心、5000 多个网络营销点，同时设有 3 处鞋样设计中心，每年研究和设计的新品高达 3000 多种。奥康集团是全国民营百强企业，是温州鞋业集群中当之无愧的“核心企业”。

奥康集团为了追求成本优势、抢占内地市场，突破发展瓶颈，于 2003 年 1 月 9 日率先挥师西进，驻入重庆璧山，并斥资 10 亿元建设“中国西部鞋都工业园区”，总占地面积 173.33 公顷。其中，一期工程占地 62.47 公顷，主要建设了奥康出口生产基地、首批转入企业的生产基地、中国西部最大的鞋材交易中心；二期工程占地 106.67 公顷，进一步打造了鞋品牌企业加工生产基地，建设集鞋成品交易、质量质检、科技研发、技术培训于一体的特色工业园。随着一期工程重要项目竣工运行，西南鞋材交易中心、金都孵化区、奥康生产基地（红火鸟鞋业有限公司）正式投入使用，标志着温州鞋业向重庆璧山县的产业集群式转移的“点”转移阶段基本完成。

奥康集团之所以会转移到距其 1800 多千米且经济相对落后的重庆璧山，主要有以下几个因素。第一，璧山具有“要素”优势。2003 年奥康入驻璧山“中国西部鞋都工业园区”，璧山工业用地价格为 55.5 万元/公顷，比温州每公顷工业用地便宜几百万元甚至上千万元；工业用电比温州便宜 0.15 元/千瓦时；一线普通工人平均薪资比温州低 200～300 元/月；鞋底成本价比温州便宜 4 元/双；等等。与在温州相比，企业在重庆璧山生产一双鞋可节省 20% 左右的成本。第二，璧山具有“区位”优势。璧山距离重庆市中心 30 千米、距港口 40 千米，地理位置优越，并拥有良好的交通基础设施。一方面，交通设施完善，璧山紧邻渝遂高速、壁青高速、渝大高速，货物运输快捷，降低了运输成本；另一方面，水路运输也很发达，璧山地处嘉陵江和长江交汇处，水运方便，特别是三峡工程竣工后，万吨级别货船可以直接到达重庆，便于奥康集团出口或转口货物，并且水路运输量大、运输成本低。第三，璧山具有“配套”优势。璧山县有 80 余年的制鞋历史，有一定规模的鞋料市场和大批的中小鞋业企业，鞋业生产的配套能力较强。

2. 配套企业跟随转移形成“链”转移

奥康集团并非在单枪匹马地打造西部鞋都，而是利用自身的影响力和号召力从温州带来了部分配套企业，打造一个新的产业链。奥康集团在璧山安营扎寨后不久，与其合作密切的上下游 9 家温州鞋企同时也来到了璧山。随着基础设施的相对完善，其他配套企业为了寻求更优的发展空间也纷至沓来。例如，有的企业为了利用璧山的优惠资源、获得西部鞋都的集群效应，把在温州开办了 14 年的鞋厂搬到了重庆璧山。温州市龙弯区的龙泰鞋材有限公司于 2008 年转移到璧山，是奥康集团的配套企业之一，

50%的产品供应给重庆璧山奥康分公司，其总经理梁安定说："因为中国西部鞋都的建设，才作出了转移到璧山的决策，若无中国西部鞋都，公司不会来重庆璧山发展。"重庆市温州商会璧山分会会长赵福来说："通过奥康集团孵化和引擎作用，才敢将自家的鞋类扣饰公司迁入重庆璧山。"

以上说明，中小型生产配套企业一般不会先行转移，而是跟随核心企业进行转移，这主要是由企业特征因素决定的。中小型生产配套企业的环境适应能力较差，资金、技术较为薄弱，资产专用性高，当核心企业不转移时，有限理性的中小型生产配套企业不会贸然行动。当核心企业转移后，有限理性的中小型生产配套企业会经过一段时间的动态博弈后，发现转移获得的收益大于不转移时获得的收益，就会跟随转移；反之，选择"不转移"策略。

这些上下游生产配套企业跟随奥康集团落户于重庆璧山，形成了"链"转移。那么，影响中小型生产配套企业选择"转移"策略的因素主要有三个方面。其一，为了追求成本优势。由于土地、能源、环境等各项条件的制约，温州本土的发展空间日益狭窄，追求经济利益最大化的企业会向拥有丰富低廉要素资源的璧山转移。其二，为了获得集群效应。生产配套企业跟随奥康集团转移，可继续保持原来的合作关系，降低了重新搜索合作伙伴的成本，提高交易效率，降低交易不确定性风险；此外，跟随奥康集团转移使原集群企业继续保持生产合作关系，彼此能相互提供配套的产品，大幅度地降低运输成本，同时提高规模经济、范围经济，还可以获得外部经济。其三，奥康集团示范效应和璧山县政府的拉力。璧山县政府不仅提供了基础设施，而且打造了"璧山的温州文化"，如永嘉大道、永嘉大桥、奥康大道、奥康幼儿园等，拉动更多温州鞋业企业入驻璧山。此外，奥康集团制订扶持计划，对转入园区的企业给予帮扶，降低了企业转移带来的风险，提高了中小型生产配套企业成功转移的概率。

3. 服务机构跟随转移形成"面"转移

部分生产性配套企业跟随奥康集团由温州转移到璧山，完成了"链"转移阶段。与此同时，奥康集团在璧山加强基础设施建设，完善配套服务，进而带动一些相应的服务机构落户于重庆璧山，如鞋样设计工作室、鞋业培训机构、电子商务企业等。这些服务机构转移的同时带来了先进的技术、管理经验和行业信息，为璧山鞋业注入新的活力，并充分利用璧山资源，实现东西部地区优势互补，不断提升璧山鞋业的品牌意识和质量观念，带动了璧山鞋业的二次或多次创新创业活动，也实现了温州鞋业易地升级的目标。此外，为了给企业投资兴业、资源整合、互通信息提供方便，搭建政企交流、会员交流的平台，重庆市温州商会璧山分会于2012年成立，发挥在商界与政府之间的桥梁作用，为企业服务。随着服务机构的不断加入，形成了“面”转移阶段。此时，企业之间的交流不再局限于产品之间的交流，还有知识、信息等之间的交流，璧山鞋业逐步形成了以鞋业生产为中心，原辅材料、鞋机设备、物流运输、技术研发协同发展的产业集群。

以上说明，产业集群式转移不是“连根拔起”的一次性转移，而是一个动态的梯度转移过程。服务性机构对人才、制度、文化等软环境要求较高，在奥康集团转移的初期，服务性机构因璧山县软、硬环境较为落后，倾向于不转移。随着西南鞋材交易中心、物流中心等基础设施的建设，人才引进、规范制度等软环境的改善，服务性机构转移的步伐加快。

驱动服务性机构转移到璧山县的因素主要有两个方面。第一，地方政府的拉动。璧山县政府针对新落户璧山的鞋业服务企业，出台了一系列的优惠政策，依据企业所缴纳的税收，1年内按区乡（镇）分成的50%拨付企业，2~5年按30%拨付企业；对于如教育培训、信息、展示、研究开发等鞋业服务企业还可将拨付额另增30%。凡进入“西部鞋都”从事鞋业生产、交易、服务的企业，可免交房屋建设、租赁、交易等区内收取的行政、事业性规费。这些优惠的政策为企业开了“直通车”。第二，品牌效应、集群效应。奥康集团的辐射带动作用大，利用其自身的品牌影响力、先进的生产技术和管理经验吸收其他企业入园发展，服务性机构为了获得奥康集团的品牌效应、“西部鞋都”的区域品牌效应和璧山鞋业的集群效应，持有积极转移的态度。

综合以上分析，温州鞋业集群动态转移的过程如图5.8所示。

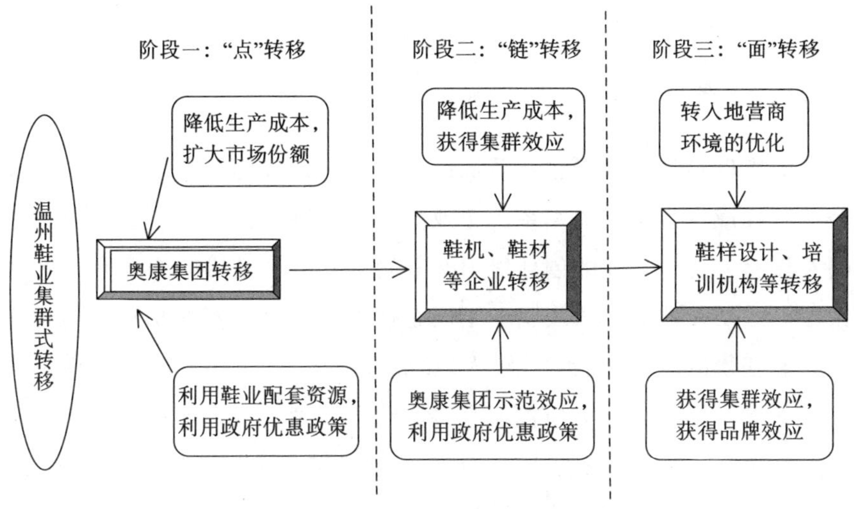

图 5.8　温州鞋集群向璧山县转移的过程

综上所述，温州鞋业由于受到土地资源、能源资源、用工成本、环境压力的综合制约，生存环境不断恶化，驱使温州鞋企转移到更优的地理区位——重庆璧山。实际上，温州鞋业集群转移不是一蹴而成的，而是以奥康集团为导向，鞋机、鞋底、鞋料、鞋样设计、培训机构等配套企业跟随转移的动态转移过程。不论是以奥康集团为代表的核心企业，还是其他跟随而来的配套企业，都不是原企业的简单易地复制，而是以新科技为支撑的新起点、新目标的战略创业行为。温州鞋业集群是典型内源型集群，其向璧山县转移是选择性转移，璧山县与温州鞋业集群形成了新的集群间的地域分工，实现产业集群易地升级。

5.5　主要结论

本章首先对核心企业驱动产业集群易地升级的内在机理进行探析，并在此基础上，借助于演化博弈模型和仿真方法，刻画了核心企业驱动产业集群式转移的动态演化过程，最后通过温州鞋业集群转移到重庆璧山的案例，进一步例证了核心企业在产业集群转移中的作用及产业集群转移的演变过程。

5.5.1 产业集群易地升级受“三因素”影响

产业集群易地升级受企业特征因素的影响。理论分析表明，企业规模与企业转移成本呈正相关关系；企业资本的多寡、优劣决定着企业的转移策略及转移方式；企业的创新能力及其管理水平也是影响企业转移的关键因素之一。演化博弈分析表明：不同企业的损益值也不尽相同，如企业单独转移时获得的新增利润 R、转入地政府的优惠政策给入驻企业带来的新增收益 S 等不同，企业的损益值直接影响着其策略稳定状态，进而决定企业的策略选择。案例分析表明，企业的经济实力、创新能力、管理经验、对要素的偏好等影响着企业的转移策略。

产业集群易地升级受集群特征因素的影响。理论分析显示，产业集群的结构与类型、产业集群的生命周期、集群的根植性、集群创新能力和集群竞争优势的动态变化等集群特征因素都会影响产业集群转移。演化博弈结果表明，集群效应不仅增加了产业集群转移时群内企业的收益，即 $a\Delta\pi > R_A$，$(1-a)\Delta\pi > R_B$，也加大了合作伙伴转移而自身不转移时遭到的损失 C，影响着企业的收益，进而促进产业集群式转移的形成。案例分析显示，奥康集团带领关系密切的上下游配套企业转移到重庆璧山，在璧山形成了产业集群效应，产生了强大的向心力，吸引更多的关联企业入驻璧山。

产业集群易地升级受环境特征因素的影响。理论分析表明，东部沿海地区稀缺的土地资源、高昂的能源和用工成本、“腾笼换鸟”的政策促使产业集群转移到更好的地理区位，同时，中西部转入地的优惠政策促进了产业转移的步伐，然而转入地较差的配套设施、落后的思想观念抑制了产业集群转移的步伐。演化博弈分析表明，外部环境直接决定着各个参数值的大小，影响着企业转移的临界值，进一步影响企业的选择策略。数值仿真结果显示，产业集群转移与企业转移时获利大小、政府政策力度呈正相关，即环境优良的转入地有效地降低了企业转移的门槛，提高了产业集群式转移的概率。案例分析表明，温州高昂的土地价格和用工成本、政策压力等环境因素使得鞋业集群转移到资源丰富、要素价格优惠、同样具有悠久鞋业制造历史和一定规模的鞋料市场的重庆璧山。

5.5.2 核心企业是产业集群易地升级的动力源

理论分析表明，核心企业通常处于集群中的核心地位，拥有先进的技术、较强的创新能力和雄厚的经济实力等，是集群成长的动力源、是集群发展的风向标、是集群集聚外部资源的桥梁、是产业集群易地升级的引领者，并对产业集群在承接地的选择及转移后承接地集聚效应的积蓄方面起着决定性作用，引领着产业集群的转移方向及运行绩效。

演化博弈分析表明，核心企业在产业集群中的特殊优势使其单独转移时获得新增利润 R_A、集群式转移时获得新增利润 $a\Delta\pi$、转入地优惠政策带来的收益 S_A 等收益值较大，更趋向于“转移”策略稳定状态。同时，数值模拟仿真结果显示，配套企业通常依附于核心企业，依据核心企业的决策来作出自己的行为选择，不会贸然行动。核心企业是产业集群转移的“探路者”“引导者”“领头羊”，对配套企业具有引导、示范作用。

案例分析表明，奥康集团为温州鞋业集群的转移奠定了坚实的基础，在奥康集团斥资打造“中国西部鞋都”之后，大量的企业才入驻重庆璧山。而在此之前，很少有企业转移到重庆璧山，如赵福来会长很多年前就考察过重庆璧山，当时没敢在此落脚，但是在奥康集团转来之后，才在重庆璧山易地创业。

5.5.3 产业集群易地升级是一个动态演化过程

理论分析显示，受产业集群内企业自身特征、对要素的偏好敏感程度和企业间横纵向的关联关系等因素的影响，产业集群式转移在不同阶段的特征有所差别。在转出地推力和阻力、承接地拉力和斥力的综合作用下，核心企业先进行试探性转移，形成“点”转移阶段；然后带动强关联关系的上下游配套企业转移，形成纵向的“链”转移阶段；随着转入地硬软环境的优化，吸引服务配套企业入驻承接地，形成横向、纵向的关系的“面”转移阶段。

演化博弈分析显示，有限理性的集群企业是否进行转移是一个不断学习、模仿和试错，并逐渐发现更优策略的动态演化过程，而不是博弈一开始就能够达到的结果，且演化结果取决于企业转移时的收益情况。当集群企业单独转移收益增加时，无论企业的初始概率如何，经过一段时间的动态博弈后，产业集群演化为转移稳定策略，形成产业集群式转移。当核心企业单独转移收益增加，而配套企业收益减少，但配套企业参与集群式转移收益增加时，形成产业集群式转移，否则仅核心企业转移。当集群企业单独转移收益减少时，但企业参与集群式转移收益增加，且选择“转移”策略的初始概率较大时，产业集群演化为“转移”稳定状态，否则演化为“不转移”稳定状态。

案例分析显示，核心企业奥康集团首先入驻重庆璧山，建立西南鞋材交易中心、金都鞋业孵化区等，打造“中国西部鞋都”；鞋机、鞋底、鞋料等上下游配套企业为了继续获得集群效应，紧随奥康集团转移到重庆璧山；随着交通设施、生活设施、通信设施等基础设施的完善和人才引进、优惠政策等制度环境的改善，鞋样设计工作室、鞋业培训机构、电子商务企业等服务企业也陆续转移过来。

总而言之，产业集群易地升级是集群企业个体决策和行为演化为集群企业群体决策和行为的过程。产业集群易地升级是在企业特征因素、集群特征因素、环境特征因素的交织作用下，以核心企业为主导，配套企业跟随转移的长期动态演化博弈过程。

第 6 章

核心企业创新驱动产业集群升级的模式

国内外学者对产业集群升级的研究已经取得了丰硕的成果，本书第 1 章进行了比较系统的梳理。关于产业集群升级模式的研究大多数是基于“工艺流程升级、产品升级、功能升级和链式升级”的“四阶梯式上升”（Gereffi，1999；Humphrey & Schmitz，2002）展开的，是在其基础上的深化、拓展或者“变形”。本章将以中国丰富多彩的产业集群升级实践为背景，以产业集群竞争力提升和产业集群发展为集群升级的目标，从核心企业创新驱动的视角，探讨产业集群升级模式。

本书认为，产业集群升级模式是对产业集群升级演化方式的概括与提炼，既是理论的演绎，又是对实践的总结。产业集群作为一个多维度（企业、产业、区域）的复合体，由于集群产业、集群结构的差异性，核心企业创新驱动产业集群升级的模式必然会存在差异。根据集群升级的典型特征，将集群升级模式从企业、产业、区域三个维度抽象为集群结构升级、集群产业升级、集群产业转型和集群易地升级。某一产业集群升级很可能同时伴有多种模式，但每一种模式都是集群主体创新、扩散、选择行为互动的结果，是创新机制、共享机制、协同机制交互迭代的结果。

6.1 集群结构升级——企业维度

6.1.1 集群结构升级的特征

企业是产业集群的微观主体，从形式而言，产业集群是具有产业关联性的企业在特定地域的集聚，因此产业集群也被称为企业集群。集群结构主要表现为集群企业的构成及其之间的互动关系，也包括集群内其他主体与集群企业之间的关系。产业集群结构具有层次性，包括主体层、支持层和环境层。[①] 集群结构升级主要体现在主体层内各企业间的互动关系，以及支持层各主体与主体层企业之间互动关系的协同性的提升和集群组织化程度的提高。产业集群是一个开放性的系统，产业集群结构升级的目标是要提高集群系统的整体竞争力。结构决定功能，从企业维度来看，集群结构升级包括两个层面：一是集群企业之间关系从松散转向紧密但富有柔性，从竞争转向竞合，行为选择以共赢为目标；二是集群企业与本地的联系更加紧密，集群发展的社会服务体系完善，支持层对集群发展保障有力。核心企业作为产业集群的治理主体之一，通过其创新创业行为改变集群内各类主体的构成及其相互间的互动关系，优化产业集群结构，实现集群结构升级。

产业集群结构升级的特征具体体现在以下两个方面：

1. 竞争有序、合作共赢

集群主体层上各企业都是具有独立利益的经济主体，在产业集群发展的初级阶段，集群企业间无序竞争，在价值链上具有互补关系的上下游企业围绕讨价还价展开利益博弈，合作关系脆弱。由于交易地位的不对等，具有强势地位的企业利用价格、付款条件、交货时间、产品质量等手段对其交易伙伴进行压榨，处于弱势地位的一方则通过质量缩水、减少服务甚至以次充好减少自身利益损失，最终导致供应链上的终端产品或（和）服务市场竞争力下降，甚至遭到市场的抵制。位于价值链同一节点的企业间的竞争更为激烈，它们对于顾客、人才和原材料等生产要素的争夺使产业集群内弥漫着价格战、促销战的硝烟，同时又拉高了企业的运营成本。企业面对利益驱动或生存压力作出的选择导致其产品质量或服务大幅度缩水，假冒伪劣给产业集群发展造成致命的打击。例如，20 世纪 80 年代末，乐清电气产业集群在发展初期因集群内部恶性竞争，偷工减料和假冒伪劣

---

① 集群结构图详见第 2 章。

之风猖獗，使乐清电气产业集群跌入万丈深渊，国务院 7 部委进驻乐清掀起打假风暴，乐清电气产业集群社会声誉受到很大影响（张聪群，2007）。温州鞋业集群同样因恶性竞争，也出现过产品质量危机。1987 年杭州武林广场火烧温州劣质皮鞋，全国先后在武汉等 10 个城市禁售温州皮鞋，温州皮鞋甚至一度被贴上“纸板鞋”“一日鞋”等标签，温州鞋业集群的区域品牌形象受到了严重的损害（张聪群，2007）。因此，从集群主体层面来看，产业集群结构升级应做到集群企业加强自律、有序竞争，由基于价格的竞争转化为基于创新的竞争，集群企业通过产品创新和工艺创新实现产品的差异化竞争，通过不同的市场定位和渠道创新避免集群企业间的恶性竞争。供应链上具有互补关系的企业合作互助、互利共赢，通过打造战略联盟形成关系紧密且富有弹性的利益共同体，提高集群内各供应链的整体竞争力。正泰集团是乐清电气产业集群的核心企业之一，通过对供应商的帮扶策略将上游更加紧密地整合到自己的生产体系与节奏当中。正泰集团遍布全国的供应商有 2000 余家，2008 年公司提出“构建战略合作，实现互助共赢”举措，成立了供方优扶办公室。按照“现场诊断、制订方案、驻点帮扶、验收总结、持续跟进”步骤，对供应商开展个性化、定制化帮扶提升。与此同时，还成立了销售渠道提升办公室，对经销商进行全方位提升。除了为经销商企业提供“信息平台、物流平台、技术服务、信用资金”四大平台，还对经销商的内部经营管理、物流配送体系、渠道品牌形象塑造、分销体系建设、行业市场拓展等方面给予支持。正泰集团在已有的“经销在线”和“供方在线”等协同电子商务平台基础上，还进一步在帮扶行动中开发了“商务订货”“物流 ERP”等新系统。通过协同电子商务平台，实现了正泰电器与供应商之间的信息共享，供应商可以从网上订货，并能清楚看到每天的交货和欠货数，有效地降低了供应链上的库存，为供需双方科学安排生产作业计划和库存控制提供了帮助。为每个供方量身定做的物流 ERP 系统使物资收、发、存的状况一览无余。信息实时共享加快了物流和资金流的速度，既降低了库存，又保证了及时交货，降低了整个供应链的物流成本。在正泰集团的有效帮扶和引导下，一批小微企业逐渐做强、做大。如温州一家叫做“福达”的企业，就是在正泰集团的帮扶下，靠着一个合金触点，做到了“行业老大”“全国冠军”。浙江宝丰机电有限公司在接受正泰帮扶之后，产品交货合格率从87%提高到了95.4%，平均万元损失从123元下降为30元，库存周转天数从90天骤降至30天。可见，正泰集团的管理创新促进了与上游供应商、下游经销商和客户结成战略联盟和利益共同体，正泰集团的引导与示范促进了集群内合作共赢文化氛围的形成和乐清电气产业集群的结构升级。正泰集团作为核心企业，其管理创新和战略创新提升了乐清电气产业集群的组织化程度。

产业集群不仅是企业的集群，也是供应链的集群。供应链之间的竞争主要表现为在供应链上核心企业之间的竞争，核心企业的创新驱动发展战略使各供应链产生了差异化竞争优势，共同形成了产业集群的竞争优势，优化了集群竞争环境和集群结构。可见，核心企业是产业集群治理的重要主体之一。

2. 多维治理、提升服务

地方政府和行业协会位于集群支持层，不仅为集群企业提供相关服务，而且参与产业集群的治理。产业集群作为区域经济发展的重要载体，地方政府一方面为集群企业提供公共服务，搭建技术创新平台和公共服务平台，通过优化创新创业环境和投资环境、营商环境，引进高端人才和高端服务机构，为集群企业排忧解难；另一方面地方政府可以利用多种政策工具引导集群产业发展方向和集群企业转型升级，也可以利用政策工具和法律手段约束集群企业行为，如污染物排放、假冒伪劣、恶性竞争等。行业协会在产业集群发展中除服务职能外，还具有管理、监督、协调等职能。行业协会为集群企业提供行业资讯、市场信息、政策咨询，联合地方政府、核心企业等机构共同为集群企业搭建公共服务平台，如产学研合作平台、信息服务平台、质量检测平台、产业论坛和展销会等；在发生国际贸易纠纷时，代表或联合集群企业维护权益；行业协会还能够利用其管理、监督、协调等职能促进集群企业行为自律，维护集群内的有序竞争，创造集群内和谐、共享的氛围。集群内科研院所、其他中介与服务组织积极参与政府或行业协会搭建的各类公共服务平台，或基于互利共赢的准则为集群企业提供优质服务。地方政府和行业协会等参与集群治理、为集群企业提供精准服务，不仅密切了集群主体层与支持层之间的关系，而且使集群企业与本地的联系更加密切，增强了集群企业的根植性和集群企业间的凝聚力、向心力。完善的社会服务体系降低了集群内各类企业之间的交易成本，促进了集群的发展。地方政府和行业协会对产业集群的治理形成了集群企业的自律与约束机制；各级各类服务平台和服务组织与核心企业一起将集群内的中小企业凝聚在一起，互补与合作机制增强了集群相关主体间的合力。自律与约束机制、互补与合作机制共同促进了集群结构的优化升级，形成集群内部竞争有序、互利共赢的文化氛围，提升了集群系统的整体竞争力。

6.1.2　集群结构升级的典型案例

海宁皮革产业集群起步于小作坊，经历了跌宕起伏的发展，已经成为闻名中外的“中国皮都”，是我国最主要的皮革产业制造基地。

海宁的皮革产业可以追溯至 20 世纪 20 年代。1926 年，海宁就有了皮革加工的家庭作坊，利用剪刀、棍子、水缸等简陋的生产工具，采用传统的盐酸硝皮法硝制皮革。同年，海宁制革厂成立，成为海宁皮革业发展史上第一家具有现代工业意义的企业。新中国成立后，众多的皮革小作坊也经历了公私合营改造。20 世纪 70 年代初，地方国营海宁制革厂发明了猪皮绒面服装革，获得了国家轻工业部的高度重视，并成为国家轻工业部重点扶持单位；1977 年国家投入上千万元，对海宁制革厂进行大规模的技术改造；1979 年再次投入 300 多万元，建成了全国第一批皮革污水处理站。改革开放后，浙江浓郁的商业氛围使掌握制革技术的职工纷纷下海创业，创办起小型皮革厂。海宁制革厂播下海宁皮革产业集群的“种子”，培养和储备了一大批技术人员，不少人后来都成为皮革行业的企业家。

20 世纪 90 年代初期，随着市场经济改革步伐的加快，许多皮革企业为了提升产品附加值，重视品牌创建，涌现出了像雪豹、蒙努、圣尼等上百个皮革品牌。特别是 1993 年海宁中国皮革城落成，海宁皮革产业集群发展迎来了里程碑式的一刻。2017 年海宁的皮革、裘皮服装产量占全国

1/3 以上。

海宁中国皮革城（以下简称“海宁皮革城”）在海宁皮革产业集群的成长和转型升级中扮演了重要的角色。海宁皮革城全称为海宁中国皮革城股份有限公司，于2010 年在深圳证券交易所上市，是海宁皮革产业集群中的商贸服务型核心企业，其在驱动产业集群结构升级中有着独特的优势。海宁皮革城作为商贸服务平台，是原材料的供应商、皮革制品的生产商和经销商、消费者互动交易的平台，与集群内其他企业之间是一种互补的关系。

2008 年全球金融危机后，海宁皮革城通过启动交易网络协同升级和一系列的创新创业行为驱动海宁皮革产业集群转型升级，主要措施有以下三个方面①：

（1）管理创新撬动市场升级，市场升级拉动集群结构升级

海宁皮革城作为商贸平台，是生产者、经销商和消费者共同的舞台，入驻经营企业6000 多家，在市场高峰时期，日均客流量达10 万人次。海宁皮革城通过提高准入门槛和引入国际知名品牌，使其成为高端品牌的生产商与经销商、高收入群体与高端消费者的活动舞台，高价值创造、高价值捕获的高端市场所传递出的信号与压力，拉动集群内生产企业加大科技投入，提高产品质量和品牌影响力，提升了海宁皮革产业集群的主体层次，优化了集群主体层的企业结构。例如，海宁皮革城对进驻的产品质量和品牌影响力提出了严格要求，并定期对进驻的品牌产品进行认证和排名。2017 年海宁时装批发中心招商时设有准入门槛，对意向入驻企业从产品定位、时尚度、设计研发能力、组货能力等进行了全方位考察。2013 年海宁皮革城欧洲一条街为了吸引国际知名品牌，以免费的方式吸引欧洲具有悠久历史、质量过硬的品牌企业入驻。海宁皮革城通过策动高收入消费者和高质量生产者之间的网络正反馈，实现了交易网络协同升级（吴义爽，2016），带动了皮革产业集群结构升级和价值创造能力的提升。

① 本案例在实地调研的基础上，参考了海宁中国皮革城股份有限公司官方网站的相关资料。

(2) 战略创业拓展平台业务，研发设计服务集群升级

海宁皮革城不局限于商贸服务平台，以“皮革风尚中心”为依托，打造研发创新平台，为海宁皮革产业集群升级提供技术支撑。“皮革风尚中心”始建于2008年，于2011年10月正式投入使用。总投资6亿元，占地面积9.93公顷，建筑面积21万平方米，由72栋独栋企业楼宇、工业设计大厦、设计服务中心等组成。有设计公司、设计工作室、企业设计中心共计100多家入驻，包括40家设计公司、38家企业设计中心、22家设计制版工作室。“皮革风尚中心”以带动皮革产业转型升级为目标，依托皮革城市场优势和品牌影响力，按照现代总部商务的理念进行规划、设计、建设和经营，集设计研发、品牌运营、总部商务等功能于一体。“皮革风尚中心”提升了海宁皮革产业集群支持层的服务能力，特别是弥补了研发设计的短板，对于打造企业自主品牌和提升自主品牌影响力发挥了重要作用。在“皮革风尚中心”的引领下，设计型企业逐年增加，设计理念、主题风格、面料材质等方面的全面创新展示了“设计+”给时尚产业带来的活力。截至2017年5月，拥有自主品牌、自主设计能力的设计企业（工作室）105家，拥有专职设计人员616人；各设计企业、工作室实现设计服务收入累计达到6.83亿元，设计成果转化产值累计107亿元。

(3) 搭平台、请进来、走出去，提升区域品牌形象

依托海宁中国皮革城的平台，每年一次的海宁中国皮革博览会已经成为中国皮革界最具影响力的盛会，海宁中国皮革博览会不仅包括产品展示与展销，更是创新、创意、设计、潮流等信息交流的峰会。例如，在2017年第24届海宁中国皮革博览会上，还成功举办了“2017国际设计师高峰论坛暨中国皮革协会皮衣专业委员会年会”。海宁皮革城积极实施“海宁在世界、世界在海宁”的转型升级战略，2018年3月举办了“一带一路”国际毛皮文化产业高峰论坛，来自全球14个国家和地区的行业组织、重要机构的近20位行业领袖级人物以及来自国内外的300多位行业“大咖”齐聚海宁，掌握世界毛皮产业话语权的专业权威人士悉数到场。2018年2月海宁皮革城组团赴米兰时装周走秀，“FASHION HAINING 海宁—意大利合作发展”新闻发布会和FASHION HAINING SHOW在意大利米兰隆重举

行。这次活动吸引了意大利最大的时尚财经类媒体集团等全球数十家媒体报道，意大利国家时尚商会（CNMI）名誉主席 Mario Boselli 等时尚界权威人士到场并给予高度评价。海宁皮革城策划、组织的这些“高”进、“高”出平台和活动，不仅确立了海宁在全球价值链的新方位，而且提升了海宁皮革产业集群区域品牌影响力，吸引越来越多的国内外知名设计师扎根海宁，越来越多的国内外知名品牌落户海宁。

海宁皮革城作为商贸平台型的核心企业，将研发、设计、商贸、营销整合在一起，在海宁皮革产业集群转型升级中发挥了源头效应、平台效应和集聚效应。海宁皮革城不仅为集群企业提供服务，而且成为海宁皮革产业集群的一个关键治理主体。海宁皮革城的一系列创新创业活动引导集群企业转型升级，提升了生产商、经销商、研发设计企业的层次和业务能力，优化了海宁皮革产业集群的企业构成，并利用其双边市场的优势将集群内各类企业凝聚在一起，形成紧密的皮革产业链，提升了海宁皮革产业集群竞争的合力。仅 2008 ~ 2013 年，集群企业从“对外贴牌与自主品牌 8:2”转换为“对外贴牌与自主品牌 4:6”，且年产值 2000 万元以上的规模企业基本上都是自主品牌；组建研发中心的企业数量从 24 家增加到 200 多家，专业性研发人员从 100 人左右增加到 2000 人（吴义爽，2016）。在海宁皮革城的引领和推动下，海宁皮革产业集群已经成为亚太地区皮革服装行业最大的设计创意、生产加工、时尚展示、品牌孵化、产品营销基地，实现了产业集群的升级。

6.2 集群产业升级——同产业维度

产业集群具有明晰的产业特征，每一产业集群的名称都体现了其产业属性，如宁波服装产业集群、乐清电气产业集群、中关村高新技术产业集群等。集群产业特征也即专业化特征，具体表现为区域专业化和集群内生产（经营）的专业化（张聪群，2007）。集群产业升级包括两个层面：一是集群产业的产品升级和技术升级，实现集群产业所服务的细分市场从低端客户转向高端客户，其核心是产品创新和技术创新，特别是产业关键核心技术、产业共性技术的创新与突破；二是集群在该产业全球价值链上的升级，从价值链的低端转移到高端环节，提升产业集群的价值创造能力，其关键是技术创新、战略创新或商业模式创新。学术界普遍认同产业集群升级的四种形式：工艺流程升级、产品升级、功能升级和链式升级。波特（2003）认为集群升级有三种类型：产品升级、效率升级和生产环节升级，即“制造更好的产品、更有效率地生产，或转移至更具技能的环节”。集群产业升级并不离开原来所在的产业，其本质是集群企业价值创造能力和价值捕获能力的提升，是集群整体竞争能力的提升。因此，集群产业升级是一种“本产业链”升级模式（黄纯、龙海波，2016）。

6.2.1 集群产业升级的类型与特点

1. 集群产业“深度”升级

集群产业的“深度”升级是集群产业的跃迁，是对原材料的深度加工，主要取决于产业关键核心技术的创新与突破，使集群产业的附加价值实现“跳跃式”提升。产业跃迁既不是简单的产品创新，新产品与原产品具有完全不同的使用价值和附加价值，也不是简单的工艺技术创新，而是新的技术范式。例如，浙江安吉竹产业集群升级以产品创新为主线，既有基于原技术范式的竹制品的改进型新产品或换代型新品的拉动，又有基于新技术范式的本地区全新产品（如竹纤维、竹质生物制品等）的引领，两种技术范式并存，产品创新和工艺创新并重。因此，产业“深度”升级的背后是技术跃迁。集群产业“深度”升级不是对传统加工业（原产业）的放弃，也不是新产业对原产业的替代，而是对传统加工业的提升与基于新技术范式的新产业的兴起，各自沿着不同的技术路径演化与升级。

2. 集群产业“宽度”升级

集群产业的“宽度”升级是集群产业拓展和产业链条的延伸，集群产业拓展到原产业的关联产业，多发端于核心企业的相关多元化战略，是由核心企业的战略创新引起的诱致性变迁过程。新产业领域或有较高的技术含量和较高的附加价值，或有更广阔的市场空间，并能实现产业链的延伸和产业链上的协同效应。集群产业拓展（延伸）从微观视角考察，是集群企业实施相关多元化战略的结果。集群内核心企业依托其技术优势和资本优势，拓展产业边界和市场空间。核心企业的战略创新行为对其他集群企业的引领与示范，集群内相关企业的战略跟随、战略匹配等互动行为形成了核心企业主导的新产业链上的分工与协同，从而推动集群产业的“宽度”升级。例如，乐清电气产业集群由低压领域拓展到成套设备、智能电器、高压、特高压和新能源等高新领域。

6.2.2 集群产业升级的典型案例

1. 集群产业“深度”升级的典型案例

浙江安吉竹产业集群从传统的竹制品加工制造转型为竹纤维材料、复合竹材、竹质生物制品等战略性新型产业，实现了集群产业的“深度”升级，是集群产业的跃迁。安吉被誉为“中国竹子之乡”“中国竹凉席之都”“中国竹地板之都”“中国竹纤维名城”，这一系列美誉反映了安吉竹产业集群的升级之路。20 世纪 70 年代前，安吉县竹产业主要是竹材（竹子）生产，是该县的特色林业，毛竹林面积、毛竹蓄积量、年采伐量、商品竹产量均名列全国前列。竹加工产业始于 20 世纪 70 年代，2005 年之前，安吉县仍以竹凉席、竹地板等为主的传统加工制造为主。2005 年之后，安吉县政府大力扶持核心企业（龙头企业）和企业创新，从传统的竹制品加工制造拓展到竹纤维材料、复合竹材、竹质生物制品等战略性新型产业，实现了从用竹竿到用全竹、从物理利用到生化利用、从简单利用向综合、精深加工利用的转型升级。基于“全竹利用”和“高效利用”的思路，集群企业加大新产品开发力度，与高等院校和科研单位合作，相继开发出新型竹窗帘、室外竹地板、竹叶黄酮系列产品、竹叶抗氧化剂、竹纤维、竹醋液等新产品。同时，为解决竹加工废料对环境的影响，加大了竹废料的开发利用，先后研制出竹屑板、重组竹板材等变废为宝的新产品，加工利用每年高达 20 万吨的竹加工废料，年产值超过 3 亿元，年创利税达 6000 万元，废料利用率几乎达 100%，有力促进了安吉竹产业高效可循环发展。① 2016 年，安吉竹产业集群企业总数达到 1360 家，形成竹质结构材、竹装饰材料、竹日用品等 8 大系列共 3000 多个品种的产品体系，实现工业总产值 200 亿元；其中，规模以上企业 61 家，实现销售收入 57.6 亿元，竹产业产品自营出口量达到 25.91 亿元，同比增长 29.0%，占全县出口总额的 14.25%。②

在安吉竹产业集群升级的过程中，核心企业的创新发挥了很重要的驱动作用。浙江永裕竹业股份有限公司（以下简称“永裕竹业”）是该集群的核心企业之一，是一家专业研发、生产与销售竹制品的国家高新技术企业，主要产品有竹地板、竹家具、竹装饰材料及竹户外地板、材料，公司拥有 200 多人的专业技术团队，有 4 条国际一流的生产流水线和现代化加工中心。其产品亮相北京奥运会、上海世博会、G20 杭州峰会，并在欧洲和美国市场有良好的美誉度，2017 年销售收入达 4.53 亿元。永裕竹业坚持创新驱动发展战略。首先，重视技术创新。设有国家林业局竹子研究开发中心试验基地、省级高新技术企业研究开发中心、院士工作站、博士后工作站等平台。公司一直坚持产学联盟，先后与南京林业大学、浙江农林大学等多所大专院校建立起长期合作关系，年研究开发费投入占销售收入总额的 3%，拥有 1 项发明专利、29 项实用新型和外观专利；先后成功开发了“马赛克”竹地板、竹木复合地板、耐热竹地板、竹炭环保地板等多种新产品。2014 年永裕竹产业企业研究院落成，象征着永裕竹业以“平台、研发、项目”为三维一体的立体化研究开发战略的实施。其次，重视管理创新。公司坚持“质量使企业做久，产品使企业做实，成本使企业做强，资本使企业做大”的发展观。坚持竹产业发展，布局全竹产业链；严把产品质量关；大力推行“大部门管理，小核算体系”降本增效；先后引

① 刘继军，霍兴华，张红亮．安吉竹海 安且吉兮——聚焦浙江安吉竹产业发展[N/OL]．中国绿色时报，2016-06-21(A1)[2018-10-05]http://www.greentimes.com/greentimepaper/html/2016-06/21/content_3290962.htm.

② 王哲琦．浙江安吉“竹产业”趟出县域经济发展新路径[EB/OL]．[2018-10-05]．http://big5.xinhuanet.com/gate/big5/www.zj.xinhuanet.com/dszxym/20170527/3716192_c.html.

进了浙江万向、上海复星医药、大自然家居等战略合作伙伴。自2010年起，在“产品转型、市场转型、管理转型”战略实施过程中，持续推行6S现场管理、精益生产、机器换人，在提高生产效率的同时，实现了企业内部管理的提升。

安吉登冠竹木开发有限公司（以下简称“登冠竹木”）是安吉竹产业集群又一典型核心企业，“竹印象”品牌的诞生与成长是公司产业转型升级的重要标志。“竹印象”已成为竹纤维行业领军品牌。竹纤维不仅在性能上超越玻璃纤维、粘胶纤维等化学材料，更具有天然环保、原料可再生、低污染低能耗、可自然降解等特点，作为生物质纤维的新材料、一种性能优异的高分子材料，应用广泛，为人类衣住行相关产品制造带来前所未有的新鲜血液和动力。“竹印象”采用最先进的工艺技术生产而成的竹纤维，具有“棉的舒适性、涤纶的柔韧性、毛织物的豪华美感和丝绸的光泽与触感”。公司自2003年成立以来，一直致力于新产品和新工艺的开发，并通过自主创新与技术引进相结合，利用先进技术改造传统产业，开拓功能性健康生态家纺。2011年“竹印象”加大科研开发投入，建立竹纤维研发设计打样生产中心，着力打造企业核心自主知识产权。在扩大自主研发力量的同时，与国内著名高等院校合作，致力于竹纤维面料的研发与创新，一直遵循绿色健康、匠心智造的发展理念，不断加大产品的创新力度。“竹印象”产品已经形成了六大系列、上百件产品，覆盖服饰、床上用品、卫浴等生活的方方面面，逐渐走出一条高品质、高品位、时尚化的特色化发展之路。

永裕竹业、登冠竹木等集群核心企业的创新成果和创新行为在集群内部的溢出与扩散对集群内其他企业具有引领和示范作用，带动了安吉竹产业集群的产业升级。[①] 安吉竹产业集群升级是以竹材为原料的深度加工和综合利用，即使传统竹制品的加工也在产品创新和工艺创新方面有所突破，产品品质和品牌都有了较大提升，摆脱了同质化严重、低价恶性竞争

① 本案例在实地调研的基础上，参考了浙江永裕竹业股份有限公司官方网站和安吉登冠竹木开发有限公司官方网站的相关资料。

的困局。安吉竹产业集群在保持传统竹制品加工制造优势的基础上，通过技术创新使集群产业跃迁到竹纤维材料、复合竹材、竹质生物制品等战略性新型产业，实现了竹材从物理利用到生化利用、从简单利用向综合、精深加工利用的技术范式转变，实现了集群产业的“深度”升级。

竹产业是安吉的特色产业，政企合力打造区域品牌，集群企业借力区域品牌跳板，掀起了“创牌”热潮。同时，政府、行业协会和核心企业合力推进行业标准制定，如“竹印象”参与竹纤维国际标准制定，标准制定企业在业界获得了话语权，并提高了其产品品牌的影响力，实现了安吉竹产业集群“本产业链”升级。“世界竹子看浙江、浙江竹子看安吉”，安吉竹产业集群已经在引领全球竹产业发展。

2. 集群产业“宽度”升级的典型案例

案例一：浙江乐清电气产业集群升级是典型的集群产业“宽度”升级。① 浙江乐清电气产业集群起步于柳市低压电器产业集群，在经历了质量风波，通过调整和整治之后，加快了产品创新、技术创新和品牌建设进程，实现了产业链的延伸和产品线的拓展，同步实现了由低端制造向高端制造的升级。乐清电气产业集群已经由低压领域拓展到成套设备、智能电器、高压、特高压和新能源等高新领域，产品结构由单一的低压电器元件生产扩展到覆盖输电、变电、配电、工业控制电器和各种特殊用途电器装备等 200 多个系列、6000 多个种类、25000 多种型号的规格产品，形成了庞大而比较完整的产业链和近 20 个专业小行业，打造了全产业链式发展格局。2014 年乐清电气产业总产值更是首次突破千亿元大关，达到 1030 亿元，成为温台地区首个千亿元级产业集群。2016 年乐清电气产业实现总产值达 1170 亿元，拥有规模以上电气企业 602 家。其中，超亿元级企业 129 家，超 5 亿元级企业 30 家，超 10 亿元级企业 13 家，3 家入选中国 500 强企业，7 家企业成功上市。其中，规模以上电气产业产值 840 亿元，同比增长 6.6%，占规模以上工业产值的 61.25%。

乐清电气产业集群在生产制造领域实现全面转型升级的同时，也积极

① 本案例资料来源于实际调研时乐清市经济和信息化局提供的内部资料和工作报告。

推进商业模式的转型升级，市场销售从专业市场销售为主转向品牌连锁经销，由实体店销售为主转向线上线下并重，大力推进电商换市。从地理空间看，乐清电气产业集群已经走出柳市，基本形成了以柳市镇、北白象镇和经济开发区为电气产业核心集聚区域，拓展了电气产业集群的发展空间。

乐清电气产业集群不断加大创新力度和投资力度，持续推进产业技术升级。2016 年乐清电气行业规模以上企业 R&D 经费支出总额为 15.84 亿元，同比增速 23.1%，占主营业务收入比例为 2.14%，新产品产值率达 33.57%，拥有发明专利授权数 636 件，企业研发机构数 197 个，电气行业高新技术企业 103 家。2016 年，电气行业实现固定资产投资 125.50 亿元，同比增速 53.5%，其中，技改投资 111.90 亿元，增速 59.9%，“机器换人”覆盖率达到 60% 以上，建成 1 家电气行业“机器换人”工程服务平台，组建 1 个电气行业“机器换人”产业技术联盟。

乐清电气产业集群转型升级离不开正泰、德力西、天正、华仪、人民电器等核心企业的创新驱动与示范引领，其内在机理在本书第 5 章进行了深入探讨。

案例二：江苏杭集镇由“中国牙刷之都”嬗变为“中国酒店日用品之都”，是集群产业“宽度”升级的又一典型案例。① 牙刷生产在杭集有着悠久的历史，可以追溯到清朝道光六年（1826 年）。20 世纪 70 年代，各级地方政府主导创办集体企业生产牙刷；80 年代中后期，原集体企业的部分技术、销售和管理人员离职创业，创办自己的企业生产牙刷，一批中小民营牙刷企业迅猛发展，带动杭集牙刷产业集群初具雏形；90 年代后期，集群内核心企业三笑集团迅速崛起，1999 年，三笑集团已发展成为全球最大的牙刷生产基地，年产牙刷 30 亿支，特别是 2000 年集团与全球 500 强之一的美国高露洁棕榄公司强强联手，合资成立了“高露洁三笑有限公司”，三笑集团借此迅速踏上了国际市场的快车道。在高露洁品牌引领下，明星、五爱、晨笑、曙光、倍加洁、晨洁等本土品牌如雨后春笋

① 本案例是在实地考察的基础上，结合相关网站资料整理而成。

般快速发展。如今，“小产品创出了大市场”，杭集镇年生产牙刷 75 亿支，产值 130 多亿元，约占全镇工业产值的 40%，出口 80 多个国家和地区，国内市场占有率为 80% 以上，国际市场占有率为 30% 以上，占中国牙刷总出口量的 90% 左右。近十多年来，许多规模较大的牙刷企业拓展业务，通过相关多元化战略向洗漱用品延伸，杭集镇在牙刷产业的基础上延伸出了牙膏、香皂、梳子、沐浴露、洗发液、护肤霜、拖鞋等一系列的酒店日用品产业，已占领了全国酒店日用品 65% 的市场份额。地方政府在支持发展本地民营企业品牌建设的同时，引进了黑妹、两面针、中华、隆力奇、飘影、舒蕾、奇丽等一大批国内知名品牌，也吸引了比利时安泰士（Ontex）公司、广西两面针公司、广东美晨集团、安徽山鹰纸业、中华老字号谢馥春化妆品等一批国内外知名企业相继落户杭集镇。从产品设计、模具制作、生产、销售、印刷、包装、物流等形成了完整的酒店日用品产业链，产品从传统的洗漱用品进一步拓展到酒店布草、餐饮设备、电器、大堂用品等几百种，并衍生出了相关装备制造和新材料等新兴产业。①

“小产品撬动了大产业”，以牙刷产业为基础，向相关产业延伸，使杭集牙刷产业集群转型升级为酒店用品集群，集群产业“宽度”和市场空间得到进一步拓展，被誉为“中国酒店日用品之都”。

6.3　集群产业转型——跨产业维度

集群产业转型意味着对原产业的逐渐放弃，进入与原产业无关联的产业，既可能是政府主导的“腾笼换鸟”，是政府推动下的以企业创新创业为核心的诱致性制度变迁过程，又可能是市场驱动与政府扶持核心企业播下新产业的“种子”，在核心企业的引领与示范、政府政策的引导与扶持下“高位”发展起来的高端产业集群。通过“高位”发展新产业，挤压

① 黄春兰，张红梅，叶华．杭集：“牙刷之都”的集群崛起之路［N/OL］．中国企业报，2013－04－09（4）［2018－10－06］．http：//epaper. zqcn. com. cn/content/2013－04/09/content_ 13991. htm.

原产业的发展空间，倒逼企业向新产业转型。转型后的新产业一般起点高、技术含量高、附加值高。可见，集群产业转型是一种“跨产业链”的升级模式（黄纯、龙海波，2016）。

6.3.1 集群产业转型的特点

1. 原产业渐渐衰退、新产业迅速崛起

产业集群是具有明晰的区域特征和产业特征的产业空间组织，每一个产业集群的名称都深深地打上了区域与产业的双重烙印。不论是源于特定商业传统和产业文化基础之上的内源型产业集群，还是对外开放和承接国际产业转移发展起来的嵌入型产业集群，都会面临产业生命周期演化和集群内外部竞争的压力。新产业的市场机会和市场潜力会吸引生产要素在产业间流动，推进集群内企业的战略变革和业务转型。与之相伴的是特定区域内新产业的崛起和原产业的衰退，实现区域内产业转型，产业转型拉动了产业集群升级。

2. 集群产业转型是政府推动下诱致性制度变迁

地方政府是产业集群的主体之一，位于产业集群的支持层。地方政府既有促进集群产业转型的资源优势，也具有促进集群产业转型的内在动力。在“压力型体制”下，地方政府的经济激励（如税收）和政治激励使其有足够的动力推进集群产业转型。地方政府对创新能力培育和核心企业培育的政策导向是集群产业转型的主要推动力。集群产业转型是市场与政府的合力驱动以及核心企业创新驱动共同作用的结果。企业创新和集群演化升级往往取决于地方政府在产业政策、市场环境、法律等方面所实施的努力（Campbell，2007），政府有效制度性介入能促进集群企业创新（黄纯、龙海波，2016）。集群企业是集群产业转型的主体，市场的引力和政府的推力都是外部作用力，共同作用于集群企业。只有集群企业的创新与战略变革才能实现集群产业转型，核心企业的创新创业在集群产业转型中同样扮演着引领和示范作用。

6.3.2 集群产业转型的典型案例

2005 年之前，余姚市以传统产业为主，几乎没有新兴产业这一概念

（黄纯、龙海波，2016）。余姚市人民政府引进宁波江丰电子材料股份有限公司（以下简称“江丰电子”），积极推进传统制造企业向新材料产业转型，培育新材料产业集群。①

2005 年，在时任余姚市长引荐下，在美国霍尼韦尔日本工厂担任总经理的姚力军博士回国创业，成立江丰电子。创业团队核心人员由海外高层次归国留学人员构成。公司专门从事超大规模集成电路芯片制造用超高纯金属材料及溅射靶材的研发生产，填补了国内的技术空白，打破了美、日跨国公司的垄断。在余姚市人民政府的大力支持下，江丰电子渡过了创业初期的一道道难关，于 2008 年荣获国家“高新技术企业”称号。公司在溅射靶材领域的重大突破使中国成为除美、日后第三个拥有该项技术的国家，太阳能电子用 PVD（高端物理气相沉积工艺）材料在行业处于领先地位，成为日本富士通、东芝、Intel、IBM 等海外大型半导体企业的供应商。江丰电子是国家科技部、国家发改委及工信部重点扶植的一家高新技术企业，其创新能力源自于高端创新团队，公司拥有 6 名国家“千人计划”专家、2 名省“千人计划”专家。公司先后承担了国家 02 重大专项②、国家 863 重大专项、国家发改委高技术产业化项目、工信部电子发展基金等国家级科研及产业化项目。

江丰电子持续性创业，诞生了以江丰电子控股和参股的一批新材料企业，引领着余姚产业转型的方向。借助于江丰电子董事长、总经理姚力军博士在业界的影响力和社会网络关系，吸引了大批高端人才和项目落户余姚“千人计划产业园”，一批半导体新材料产业上下游以及横向相关产业迅速集聚，落户余姚。“以智引智”的招商策略加快了新材料产业集群的快速发展。除了核心企业江丰电子的引领和示范外，余姚市人民政府的“人才招商”政策、培育“龙头企业”和扶持企业创新的一系列政策，如打造“千人计划产业园”等，在促成一批新材料企业诞生的同时，成功激

① 本案例在调研的基础上，借鉴了相关网站的资料和黄纯等（2016）学者的研究成果。

② 02 重大专项是指“极大规模集成电路制造技术及成套工艺”项目，因次序排在国家重大专项所列 16 个重大专项第二位，在行业内被称为“02 重大专项”。

活了与新材料产业相关的一系列微观主体，促进了余姚传统制造业集群的“跨产业链”升级，形成了包括铜、铝、钛、钼、钽等超高纯材料的完整产业链，即通过集群产业转型实现集群升级。2008 年余姚新材料产业实现产值约 63 亿元，同比增长 30%，销售收入超亿元企业已有 10 家，2012 年余姚新材料产业产值达到 190.7 亿元（黄纯、龙海波，2016）。2017 年余姚实现战略性新兴产业、高新技术产业、装备制造业增加值 129.4 亿元、151.2 亿元和 193.1 亿元，分别增长 20.8%、17.1% 和 13.9%，调结构、促转型成效明显。

6.4 集群易地升级——区域维度

集群易地升级即集群迁徙，集群内核心企业及其关联企业重新选址，异地重建，既可能在本国，也可能走出国门。集群易地升级是集群企业追求竞争优势的理性选择，我国嵌入型产业集群就是其他国家和地区集群迁徙的结果。集群易地升级的关键是集群企业的战略创新和易地创业，同样离不开核心企业的示范和引领。产业集群易地升级不仅能摆脱原集群发展的资源瓶颈，形成新的竞争优势，而且能够促进区域经济的协调发展。

集群易地升级的特征、机理和典型案例在本书第 5 章已进行了比较系统的研究，本节不再赘述。

第 7 章

核心企业创新驱动产业集群升级的对策

产业集群升级的微观主体是企业，集群升级的动力是创新，特别是集群中的核心企业创新行为对产业集群升级具有重要的驱动、引领与示范作用。然而，仅有核心企业的创新，没有其他集群主体支持与协同，也不可能实现产业集群升级。核心企业、地方政府、行业协会是推进产业集群升级的三大主体，只有通过三者之间的联动与协同才能形成产业集群升级的合力。因此，产业集群升级需要以新发展理念为指导，以知识共享与合作发展为宗旨，通过集群内各类主体的持续创新与互动协同推动产业集群的升级，以带动区域经济持续发展和高质量发展。

基于前面各章理论分析、实证分析和案例研究，围绕核心企业创新驱动产业集群升级这一研究主题，本书分别针对核心企业、地方政府、行业协会，以及创新型产业集群建设、产业集群易地升级五个方面提出对策建议。

7.1 提升核心企业的创新能力和驱动能力

7.1.1 提升核心企业自身的创新能力

俗话说，“打铁还需自身硬”。核心企业创新要能驱动产业集群升级，首先必须提升自身的创新能力。核心企业的创新能力包括产品创新、工艺技术创新、管理创新、战略创新、战略创业、商业模式创新，战略创业和商业模式创新也可以包含在战略创新中。前文的实证研究与案例分析结果表明，不同类型的创新在产业集群升级中发挥的作用存在差异，从而形成了不同的产业集群升级模式。

1. 提升核心企业产品创新和工艺创新的能力

企业的市场竞争力归根结底表现为企业产品和服务的竞争力，优秀的产品（服务）和先进的工艺技术是产业集群升级的基础。不论是集群结构升级、集群产业升级、集群产业转型，还是产业集群易地升级，都必须向市场提供具有竞争力的产品和服务，产品创新和工艺创新是各产业集群升级模式共同的技术基础。

第一，保证研发投入，提升研发团队的创新能力。核心企业都有自己的研究院或研发中心、设计中心等研发部门，虽称谓不同，但功能和使命相同。技术领域的竞争本质上是研发人才的竞争，要加大对研发人员的激励力度，激发研发人员的创造力，使研发人员能够与企业共享创新成果所带来的收益。例如，正泰集团新产品上市后，在五年内给研发人员提成销售毛利的1%～10%。要配合公司战略需求和技术发展的趋势，加大高层次技术人才的引进力度，同时，又要重视现有研发人员的学习与提升。保证研发持续投入，为研发部门提供物质保障和资金保障。

第二，既要瞄准前沿技术，又要紧盯市场需求变动趋势。核心企业作为产业集群的领头羊，引领着产业集群升级的路径和方向。核心企业只有站在技术的前沿和市场的“潮头”，才能引领产业集群升级。核心企业技术创新要处理好基础性、前瞻性和实用性三者之间的平衡，既要着眼于应对当下市场竞争的技术，又要重视谋划未来市场的技术储备。要根据集群产业生命周期所处的阶段，在产品创新和工艺创新方面各有所侧重。

第三，合作借力，提升研发水平。核心企业要加强与集群内外的科研院所、大学之间的合作，利用科研院所和大学的人才优势、信息优势，既可以弥补创新资源的短板，又可以缩短研发周期、提高创新效率。核心企业要积极探索形式多样的产学研柔性合作方式，优势互补、合作共赢。多数产业集群特别是传统制造业集群大多数依托于县域经济，远离大、中城市，难以吸引高端科技人才。核心企业可以在大、中城市设立研发机构，既便于聚集高端创新人才，也便于与名校、大院大所之间的合作。例如，正泰集团通过开展广泛的产学研合作，全面整合产业链研发资源，打造了国际国内协同发展的开放式研发体系，成立了集团中央研究院，建立了温州、杭州、上海、北美和欧洲等多个区域科研中心。

第四，加强核心企业内部的协同创新，增强创新的合力。不论是产品创新还是工艺创新都是一个系统工程，不能看作仅仅是研发部门的工作。研发部门要与营销部门、生产部门、采购部门、品质与售后服务等部门密切合作，通过并行工程和跨部门资源整合提高产品创新和工艺创新的成功率与创新效率；其他部门如财务部门、人力资源部门等也要密切配合，为产品创新和工艺创新提供保障，形成企业技术创新的合力。

除此之外，在产品创新和工艺创新过程中，核心企业还需要与供应商、客户进行沟通合作。顾客的诉求与抱怨既是创新的动力，又是创新灵感的源泉，获取对创新有价值的信息，构建基于供应链的合作创新联盟。

2. 提升核心企业管理创新能力

核心企业创新驱动产业集群升级，要求核心企业不仅要能够整合与协调企业内部的各种资源，还要求核心企业能够跨越组织边界、整合集群网络系统中的资源，积极争取其他集群企业的配合与行业协会、地方政府的大力支持。核心企业管理创新能力不仅是核心企业自身转型升级的支撑和保障，也对产业集群升级具有促进作用。

第一，建立高效科学的决策机制。管理学大师西蒙认为，“管理就是决策”。建立高效科学的决策机制是核心企业管理创新的首要任务。在激烈竞争的国内外市场上，高效决策就是要提高决策的效率，抓住一切稍纵即逝的机遇；科学决策就是要提高决策的质量，降低决策的风险。高效科学的决策机制又与企业的组织体系和治理结构有关，组织体系创新和治理机制创新是建立高效科学决策机制的前提和基础。

第二，打造强有力的领导执行力。企业决策要转化为企业行为、企业绩效必须依赖于各级领导的执行力，归根结底，就是要提高核心企业各级领导的综合素养。在企业内部，要打造一支具有强烈事业心和责任心、具有创新意识和担当精神的管理团队，建立领导干部能上能下的竞争机制和基于企业长期绩效的激励机制，提升管理团队的整体执行力。

第三，培养敏捷的市场反应能力。在现阶段，核心企业面临动荡多变的市场环境和日新月异的科技创新，产品的生命周期越来越短，顾客不仅需求多变而且变得越来越挑剔。在高度动态化的环境条件下，企业竞争优势与核心能力的可持续性受到了很大的挑战，就需要培养核心企业敏捷的市场反应能力。敏捷的市场反应能力是建立在企业动态能力的基础之上。因此，需要构建核心企业动态能力，形成核心企业的动态竞争优势。

第四，构建畅通的信息沟通机制。高效科学的决策机制和敏捷的市场反应能力都必须以高效畅通的信息沟通为保障。信息的价值在很大程度上体现为信息的时效性，虽然大企业都会建有信息化平台，但并非所有对决策有价值的信息都能反应在信息化平台上。核心企业一般规模大，实行多元化经营，部分机构分布在公司总部之外的其他地区或国家，部门化与层级化会出现责任边界模糊和部门本位主义，就需要打破部门间的信息藩篱，实现跨部门无障碍的信息沟通。当然，畅通的信息沟通机制与核心企业的组织体系具有密切的关系，要突破过强的科层治理体系，推进组织结构的扁平化，提高核心企业内部信息传递效率和决策效率。

第五，健全奖惩分明的激励约束机制。核心企业的经营活动和创业创新活动都是由企业员工完成的，员工的行为最终决定了企业的经营绩效和创新绩效。激发每一位员工的创造力和创新动能，需要激励机制的引导与驱动。“没有规矩不成方圆”，还需要明确的约束机制规范员工的行为。因此，要建立奖罚分明、公开、公平、公正的激励约束机制。

3. 提升核心企业战略创新能力

在日益多变复杂的商业环境中，战略的动态性特征越来越凸显。核心企业战略创新能力既是对动荡复杂的商业环境的应对，又是战略动态性的体现。核心企业战略创新不仅涉及企业的战略变革，也包括战略创业和商业模式创新。战略创新能力决定核心企业的发展方向，也影响产业集群的转型模式。例如，集群产业升级、集群产业转型、集群易地升级在很大程度上都是核心企业战略创新驱动的结果。

提升核心企业战略创新能力的关键在于提高高管团队战略决策水平和

战略执行力。核心企业的高管团队不仅要有创新意识，还要有战略思维。这就要求管理团队能够站高望远，既要有国际化的视野，又要有本土化的“功力”，能够“懂中国国情、察中国政情、明中国民情、通中国人情”；既要有前瞻意识，又要有洞察能力，战略决策者应该具备出色的直觉、悟性、远见和谋略，能够从细微的环境变化中识别企业战略创新的机遇或威胁；既要具备一定的风险意识，又要有很强的决断能力，战略决策者能够审慎地识别风险，善于规避风险，并敢于承担必要的风险，要有执着、勇敢、果断的品质与作风，把握好一切可能的战略创新机遇。同时，核心企业的高管团队要有很强的使命感、责任感和权力愿望，有卓越的沟通能力和协调能力，能够激发下属的成就愿望，善于适应变化，能够掌控局面。有强烈的不断追求成功的愿望，才能形成高管团队战略创新的动力和战略创新的执行力。

4. 提升核心企业对全球价值链的控制力或影响力

在全球经济一体化的背景下，我国产业集群嵌入于全球价值链之中，并受发达经济体跨国公司的技术压制和高端封锁。核心企业要利用好我国“一带一路”倡议与技术变革的机遇，率先突破全球价值链的低端锁定，在全球范围内开展跨国投资，建立全球研发中心，全面提升跨国经营能力，带领我国产业集群迈向全球价值链的中高端，进入技术密集度高、附加值高和利润率高的价值环节，提升我国产业集群的国际竞争力。

7.1.2 提升核心企业创新的驱动能力

核心企业要以新发展理念为指导，形成开放、共享、合作的发展观。产业集群内生产要素的共享面越宽、共享程度越高，其外部经济正向作用力就越强（张小蒂、曾可昕，2012）。前文相关章节的研究结果表明，核心企业创新成果的溢出与共享是核心企业创新驱动产业集群升级的重要路径。核心企业是产业集群升级的主要发起者和推动者。核心企业创新的驱动能力是指核心企业创新行为与创新成果对其他集群企业创新行为的影响力和对集群竞争优势的“撬动效应”，是核心企业创造集群正的外部性的能力以及推动产业集群升级的能力。

核心企业创新包括产品创新、工艺技术创新、管理创新、战略创新（含战略创业、商业模式创新）等，每一类型创新成果[①]的知识形态各异，对集群内关联企业的影响存在差别。在产业集群内部，核心企业的知识溢出是不可避免的，任何企业都很难做到创新知识的排他性使用，知识产权的维护成本甚至会高于创新成果所带来的收益，任何创新成果给企业带来的相对竞争优势都可能是短暂的。随着科技创新的日新月异，创新成果的有效生命周期也在缩短。在信息与市场瞬息万变的今天，企业的核心技术随时会被超越或抛弃，鲜有企业能凭借一项或几项关键技术获得长久竞争优势，唯有持续地开拓创新才能帮助企业适应外部环境，并快速作出正确决策以积极应对，通过不断创新持续获取瞬时竞争优势，才能实现企业的可持续发展。既然核心企业无法规避创新成果的溢出效应，就应该主动以知识共享寻求合作利益。因此，核心企业应该转变发展观念，做创新的引领者，而不是创新成果的守护者，通过对创新成果的开放与共享，争取更多的合作机会与合作利益，并通过合作提升创新的能力。在产业集群中，核心企业创新具有嵌入性和互动性，其创新成果的共享会激发更多集群企业的创新活动，这种外部性正是产业集群升级的驱动力量。

1. 促进核心企业主动知识溢出与共享

知识和技术溢出是产业集群演化的关键因素（Bell & Zaheer，2007；Giuliani，2013；杨张博、高山行，2017）。核心企业知识溢出可以是被动的溢出，也可能是主动的溢出。核心企业主动知识溢出与共享，能有效地掌控知识的扩散范围和节奏，甚至可以实现“定向溢出”，以主动引导和影响集群内关联企业的行为。从某种意义上讲，核心企业扮演了“创新孵化器”的角色，是产业集群的技术创新中心和信息中心，影响集群内其他企业的技术行为和市场行为，能够带动集群内其他企业的协同创新和集群竞争优势的提升。

2. 提升集群企业的学习能力和吸收能力

核心企业创新的驱动能力一方面取决于创新知识的形态和创新知识的

① 为了便于表述，将各类创新成果均称为“知识”或“创新知识”。

市场潜力，另一方面取决于其他集群企业的学习能力和吸收能力。不同创新知识的形态，其溢出的途径与效率存在差异；创新知识的市场潜力也影响到对其他集群企业的吸引力以及对创新知识学习与吸收的意愿。吸收能力理论认为，吸收新知识可使组织变得更具创新性和灵活性，且相比不吸收新知识的组织有着更高的绩效水平。集群企业学习能力和吸收能力的提升能够促进知识的获取、消化、转化和利用，使知识转化为自身的创新能力或竞争优势。

3. 加强核心企业与其他集群企业的协同能力

产业集群是一个网络系统，每一个集群企业都处于特定的市场交易网络和社会关系网络中，集群网络更有利于集群企业间分享、交换和吸收知识，形成集群的竞争优势。

第一，要促进集群内企业间的联动与合作。核心企业在产业集群网络中占据特殊网络位置，并拥有稀缺资源和核心能力，其创新行为和战略行为对其他集群企业会起到引导和示范作用。核心企业为了追求供应链的整体效率，对供应商和客户提供技术帮扶、管理咨询、员工培训等，能够提升核心企业对供应链的控制力以及供应链的整体竞争力。其他集群企业与核心企业的联动和合作能够降低自身的经营风险和运营成本，并促进集群整体创新能力的提升或新竞争优势的形成，促进集群升级。

第二，要促进集群内企业间形成共同的认知。集群内企业都处于同一产业或具有产业关联性，对产业发展状况、市场机会和创新知识容易形成共同的认知，有利于集群内企业间的创新合作和战略协同。地理上的邻近性、企业间频繁的交流与互动、人际间复杂的社会关系网络增强了集群企业间的信任，有利于集群企业间的信息交流与联合行动。

第三，要促进集群内企业间知识的双向溢出。集群企业间的知识溢出可以是单向溢出，也可以是双向溢出。但双向知识溢出更有利于促进集群内知识共享与合作创新，实现互利共赢。

7.1.3 提升核心企业创新文化的软实力

行为始于理念，播种一种观念，收获一种行为。企业经营理念是企业文化的内核。核心企业创新文化会影响其自身的创新能力及其对集群的驱动能力。因此，培育核心企业的创新文化、学习文化、合作与共享的文化，提升核心企业创新文化的软实力，将有利于提升核心企业的创新能力和驱动能力，推动产业集群升级。

第一，核心企业要培育鼓励创新、包容失败的文化。创新是核心企业发展的新动能，核心企业创新是产业集群升级的动力之源。核心企业要形成“创新、创业、创造，争先、领先、率先”的文化氛围，要将创新置于企业发展的核心位置，敢为人先，面向科技前沿、面向市场需求，抢占科技创新发展先机和市场制高点；然而，创新充满着不确定性，既要鼓励创新，又要包容失败，打造企业“崇尚创新、敢于创新、勇于创新、乐于创新”的创新文化。要树立全员创新和全面创新的理念，创新不仅是研发部门和技术部门“高、大、尚”的创新活动，每一部门、每一岗位都有“创新的空间”，既要重视从无到有的创造和“高科技含量”“高附加值”的创新，也要重视有益的、微不足道的业务改善和工作改进，形成“人人参与创新、人人服务创新”的企业文化。同时，核心企业要加大对获得重大创新成果的项目和团队的支持与奖励的力度，使企业的创新文化能够落到实处。例如，正泰集团 2016 年 1 月召开科技创新大会，从基础性与前瞻性研究、新产品开发、工艺装备创新、标准与科技创新等四个维度评选并授奖 38 个科技创新项目，表彰了 41 位“科技创新杰出人才”“科技创新青年拔尖人才”和“科技创新专项人才”，激发了正泰集团新一轮科技“创新潮”，使正泰能够在国内外制造业持续低迷的背景下逆势发展。正泰集团正是依靠一以贯之的科技创新传统，使其从 30 多年前的白手起家到现在的国际领先，逐渐将自己打造成为行业的领跑者。

第二，核心企业要形成进取向上的学习文化。知识是形成和增强企业创新能力的基础，企业与不同外部主体之间持续的交互学习能够促进创新。学习是核心企业获取知识的重要途径，有利于企业进行渐进性技术变革和创新，也能有效降低核心企业的研发风险和成本，因此企业学习是企业技术创新的重要组成部分。企业的学习过程包括外部知识获取、内部知识获取、知识社会化、知识编码化四个阶段（Figueiredo，2003）。在市场环境复杂多变和科技创新日新月异的时代，特别是在“互联网+”背景下，跨界思维和颠覆式创新不断地突破原有行业惯例和技术路径，核心企业为了预防核心能力刚性和创新惰性，需要不断学习获取产业内部知识和产业外部知识，使核心企业成长为学习型企业，形成积极向上的学习文化。学习型企业文化强调人的重要因素，特别是企业员工素质的全面提高，要营造鼓励个人学习和自我超越的文化氛围，培育员工终身学习的价值理念。核心企业的学习文化也会影响集群的学习氛围，对集群内其他企业产生影响。

第三，核心企业要形成合作与共享的文化。创新是一个开放的交互学习过程。核心企业创新需要与集群内外的不同主体进行合作，合作不仅可以加快创新速度、降低创新风险和创新成本，而且还可以提升创新能力、增强创新成果的市场有效性。核心企业的知识共享有利于增强集群企业间的合作，发挥核心企业对其他集群企业的引领与示范作用，促进核心企业与其他企业的协同创新，有利于形成核心企业创新对产业集群升级的驱动能力。培育核心企业合作与共享的文化，首先要树立合作与共享的理念，摈弃传统的竞争思维。在产业集群中，企业之间有合作也有竞争，但集群企业之间的竞争是一种协同竞争，协同竞争博弈是一种“非零和博弈”，竞争博弈可以实现双赢；集群企业间的重复博弈特征受地理邻近性和社会关系网络的约束，增加了集群企业的违约成本，有利于集群企业间的行为协同。其次要建立合作与共享的机制。既要促进核心企业内部各部门间的合作与知识、信息的共享，又要促进核心企业与集群内关联企业间的合作与知识共享，以提高核心企业的创新能力、核心企业与其他企业的协同创新能力和对产业集群升级的驱动能力。

7.2 提升地方政府高效服务核心企业创新和产业集群升级的能力

7.2.1 地方政府要为核心企业创新提供平台和有效激励

核心企业创新是产业集群升级的驱动力，地方政府支持核心企业创新是推动产业集群升级和区域产业转型的重要方式，是地方政府创新驱动发展的具体实现形式，也是转变经济发展方式、推进供给侧结构性改革、实现区域经济向高质量发展转型的需要。因此，地方政府支持核心企业创新与其施政目标是一致的。第一，地方政府要培育产业集群升级的新动能，制定有利于企业创新的政策，鼓励和支持企业通过产品创新、技术创新、商业模式创新、管理创新、战略创业等途径实现企业转型升级，形成促进产业集群升级的新动能。第二，地方政府要定向施策，重点支持核心企业的创新创业行为。由于政府很难对量大而面广的中小企业进行激励，而对核心企业激励则具有很大的外部性，能够带动集群内中小企业发展，政府激励核心企业创新创业能够间接地带动集群内中小企业的创新行为，能够形成政府激励的“乘数效应”和集群企业的创新联动效应，促进集群产业转型升级。第三，地方政府要积极搭建合作创新的平台，为核心企业创新创业提供精准服务。地方政府要搭建产学研合作平台，积极促进核心企业与区域内外的高校、科研院所展开形式多样的合作，攻克单个核心企业难以突破、又制约产业集群发展的关键技术、核心技术和产业共性技术、前沿引领技术；跟踪科技发展前沿，研发带动区域产业发展的前瞻性技术和产业关键共性技术。同时，要加强协同创新，整合域内外创新资源，提高跨境研发与创新的效率。

7.2.2 地方政府要营造集群企业协同创新与知识共享的氛围

产业集群内企业间的协同创新与知识共享既有利于提高集群企业创新的效率和成功率，又能实现集群内创新资源的高效整合；既能够盘活集群企业的冗余资源，又能使创新成果通过共享实现知识增值和创新成果价值的“乘数效应”。集群企业由于地理的邻近性、产业的关联性、业务交易与人员往来之间的频繁性，创新成果的保密非常困难，知识产权保护成本很高。集群核心企业应该转变观念，由知识产权保护转变为知识产权运营，通过合作研发、协同创新与知识共享增大集群知识供给，降低单个企业的创新和维护成本，提高知识利用率和经济价值，同时也形成了集群企业创新的合力。因此，地方政府要积极践行开放、创新、共享等新发展理念。一方面，地方政府需要制定创新导向的政策，鼓励集群企业间合作研发、协同创新，形成创新合力，推动集群技术水平的提升；另一方面，地方政府应倡导企业树立开放、共享、协调（协同）等新发展理念，推动集群内的知识溢出和主动分享，促进科技成果转化。例如，对主动贡献核心技术的企业进行技术补贴，通过设立科技项目、创新成果奖励、税收减免等方式弥补核心企业知识共享成本，引导集群企业知识分享，以营造良好的集群企业协同创新和知识共享的环境与氛围。此外，地方政府要积极为集群企业间的信息和知识共享搭建平台，加强集群内企业间、企业与非企业机构间的交流，主动创造正式交流或非正式交流的机会，使得集群企业分享技术和管理经验，为集群企业的发展和产业集群升级创造良好的软环境。

7.2.3 地方政府要营造创新型人才安居乐业的环境

人才是创新驱动发展的第一资源，创新驱动实质上是人才驱动，高层次创新型人才是核心企业驱动产业集群升级的核心要素。地方政府要通过政策创新、服务创新营造有利于高端人才创新创业的生态环境，要突出平台聚才、强化政策引才、优化服务留才，形成具有吸引力的人才软环境。第一，加大高层次人才引进力度，既要重视科技领军人才和高端研发人才的引进，又要重视高端管理人才和卓越工程师的引进。地方政府要与核心企业联合，根据集群产业转型升级和高质量发展的需要搭建创新创业平台，以平台汇聚人才；要以才引才、以才育才、以才评才，创新人才管理机制和评价机制；地方政府要为企业引进各类高层次创新型人才提供人才奖励。第二，完善人才激励机制，健全科研人员绩效评价和奖励机制，完善薪酬制度，采用技术入股、成果转让、专利授权、股票期权等方式激励人才创新创业；探索有利于体现人才创新价值的科研经费管理制度。第三，要建立高层次人才服务联盟，整合政府有关部门力量，完善人才宜居环境，为人才提供一站式就业、就医、子女落户等服务，排除后顾之忧，优化人才的生活和工作环境，进一步激发各类人才的创业创新活力。第四，要营造开放包容的环境，要包容人才流动、包容创新失败、包容人才个性，努力优化生活和工作环境，让高层次人才安居乐业。

7.2.4 地方政府要优化营商环境，为集群企业创新排忧解难

李克强总理在2018年政府工作报告中指出，“优化营商环境就是解放生产力、提高竞争力”。地方政府要坚持问题导向，提升“放管服”水平，构建“亲”“清”新型政商关系，深入推进“互联网+政务服务”“最多跑一次”政策实施，改善市场环境、公共政策环境、法治环境、社会环境，营造法治化、便利化的营商环境，为集群企业创新“除障碍、解难题、筑坦途”。第一，地方政府要提高公共政策的精准性，要瞄准企业创新和集群升级的关键问题，前瞻性地谋划产业集群升级与区域经济的协同发展。第二，地方政府要提高公共服务的便利性，着力解决多头多层重复申报、重复审批（核）、重复检查等问题，着力解决多头多层重复执法问题，推动权力清单和互联网政务深度融合，建立高效、便捷、透明的审批体制；加快政府信息系统互联互通，打通信息孤岛，打造网上办事大厅，探索开通全流程线上服务，力争做到“只进一扇门”“最多跑一次”，为集群企业增添活力。第三，地方政府要进一步规范税收征管与各类行政事业性收费，制定合理的企业“五险一金”缴费比例，加大中介服务收费清理整顿力度；打破基本要素价格涨易降难的格局，有效降低水、电、气等政府垄断性要素价格，在地方政府的权限范围内切实为企业减负，让集群企业轻装上阵、聚力创新、共谋集群升级。第四，地方政府要加强市场监管，维护公平、有序的市场竞争环境，加大打击假冒伪劣的力度，有效管控集群内的不正当竞争行为，切实维护产业集群的区域品牌形象。

7.3 提升行业协会服务集群企业协同创新和产业集群升级的能力

7.3.1 充分发挥行业协会在集群企业集体行动中的协调作用

产业集群升级是以集群企业集体行动为基础、以集群企业协同创新为

动力、以集群网络优化为支撑，实现集群企业价值增长并促进集群持续发展的过程。企业是产业集群的微观主体，产业集群升级是集群企业个体行为在集体层面的涌现。因此，从本质上来讲，产业集群升级是集群企业集体行动获取更大价值分享的发展路径转换（郭金喜，2007）。行业协会作为降低交易成本、提升集体效率的制度安排，在协调集群企业集体行动中具有先天性优势。集群内的核心企业往往是行业协会的发起者和领导者，行业协会与核心企业在集群企业协同创新中更容易达成共识、形成合力。行业协会是集群企业集体行动的关键协调者，为了谋取和增进集群企业（会员企业）的共同利益，行业协会可以通过制定和执行行业标准、行规行约，监督本行业的产品和服务质量，协调行业内各企业的经营行为，维护行业信誉，制裁不正当竞争行为等方式协调集群内企业的行为，提高集群企业的组织化程度，引导集群内中小企业与核心企业协同互动，促进产业集群升级。

7.3.2 提升行业协会在集群企业协同创新中的服务能力

集群企业创新具有嵌入性和互动性（郭金喜，2007）。在共享理念的引导下，集群企业协同创新将成为产业集群运行的常态。行业协会要为集群企业协同创新提供全方位的服务。行业协会需完善服务职能，不断拓宽服务领域，提高服务水平，通过多样化的服务手段切实为集群企业服务。第一，行业协会要以信息服务引导集群企业创新。行业协会要利用网站、会刊、组织论坛、企业家沙龙等方式向集群企业提供最新的市场信息、行业动态、技术资讯、政策法规等，并积极开展与外部产业集群、协会的交流。第二，行业协会要以提供技术学习与搭建交流平台拓展技术来源。产业集群要摆脱发展的路径依赖，需要强化外向联系、拓展外部的创新网络，为集群企业协同创新提供新的动力与创新资源（郭金喜，2010）。行业协会一方面要组织集群企业走出集群、走出国门，学习国内外先进技术、先进理念，寻找创新灵感、创新资源和合作伙伴；另一方面，行业协会要为集群企业与集群内外的科研院所、高校的技术合作牵线搭桥。第三，行业协会要以行业发展规划与行业标准为集群企业协同创新提供指南。行业发展规划可以说是对集群发展的战略性安排，不仅能为地方政府制定产业政策提供了决策依据，而且对集群企业的发展指明了方向；行业标准为集群企业提供了具体性的技术要求与质量目标。行业协会要通过制定行业发展规划与行业标准引导集群企业协同创新，推进产业集群升级。第四，行业协会要协调好集群企业协同创新中的利益关系。由于各集群企业创新能力和创新资源具有异质性，每个企业在协同创新中扮演的角色不同，资源投入与获取的收益存在差别，但追求共赢的目标相同。共赢不等于创新收益的平均主义。行业协会要在协调创新资源投入和创新利益分割中主张公平，协调集群企业创新行为。第五，行业协会要以文化建设促进集群知识的共享。在分享经济的新背景下，使用权高于产权，共享高于独占，分享背后的逻辑是协同，知识共享对集群整体回报率明显高于对企业的回报率。在产业集群中，各创新主体的知识共享不仅有利于促进集群企业的协同创新，而且有利于促进集群企业的集体行动，从而实现产业集群升级。然而，知识共享又会产生“搭便车”行为，损害创新主体的利益。行业协会要积极倡导创新文化、共享文化、合作文化、集体文化，通过集群文化建设改变集群企业经营理念和行为准则，规范企业经营行为。

7.3.3　加强行业协会在集群升级中的公共服务职能

在我国产业集群中，以中小企业为主体，即使是集群中规模较大的核心企业，也同样受自身资源和能力的限制存在许多做不到、做不好的事情，或者即使能做到，但也是效率低的事情，这就要求行业协会为集群企业提供公共服务。第一，行业协会要做好企业的代言人，向地方政府反映企业的诉求，为集群发展和转型升级争取良好的外部环境。第二，行业协会要在应对国际贸易争端、维护集群企业利益方面发挥积极作用。在开放的国际市场环境下，产业集群升级必然会遇到国际市场的风云变化，不仅有激烈的竞争，还有形形色色的贸易保护和贸易争端，行业协会是维护集群企业利益的组织者，是发起倾销指控和实施反倾销诉讼的主体。第三，行业协会要做好集群的区域品牌建设，提供质量检测和技术检测服务，监督集群企业产品质量，维护产业集群的区域品牌形象，做好区域品牌推广，组织集群企业开拓国内外市场。第四，行业协会要帮助集群企业解决融资难题。行业协会可以通过搭建银企交流平台，增进了解与互信，促进银企间信息对称，并为银行提供企业信用信息，为企业争取银行贷款；行业协会也可以发起设立的内部融资渠道或担保机构，帮助集群企业特别是中小企业解决融资难题；同时，行业协会要引导集群企业规范民间融资行为和企业相互担保行为，防范融资风险，促进企业发展与集群升级。

7.4 统筹推进创新型产业集群建设

创新型产业集群的建设是推进产业集群升级的重要途径，也是建设制造强国的重要路径。世界制造强国和发达国家都十分重视创新型产业集群的培育和发展，在美国，联邦政府和宾夕法尼亚州政府以巨额财政资金支持匹兹堡转型为绿色科技产业集聚区；美国卫生和人类服务部、国防部以及美国国家科学基金会支持北卡罗来纳州的三角研究园区迅速成长为全美著名的生物科技产业集聚区（李金华，2020）。日本、德国、英国、意大利等发达国家也都有类似政策。2011 年 7 月，中国科学技术部（以下简称“科技部”）启动实施了“创新型产业集群建设工程”。科技部在《创新型产业集群建设工程实施方案（试行）》中指出，创新型产业集群是指围绕战略性新兴产业，通过制度建设和机制创新，以科技资源带动各种生产要素和创新资源集聚，形成以科技型中小企业、高新技术企业和创新人才为主体，以知识或技术密集型产品为主要内容，以创新组织网络、商业模式和创新文化为依托的产业集群。建设创新型产业集群能够有效整合区域创新主体和要素，是推进区域创新的重要途径。该工程旨在通过政府的引导，培育和发展高新技术产业，优化市场配置，促进传统产业转型升级，推动区域经济增长，提升我国产业国际竞争力。截至 2019 年底，科技部认定的创新型产业集群试点单位（以下简称“创新型产业集群”）有 61 个，创新型产业集群试点（培育）（以下简称“创新型产业培育集群”）有 47 个（李金华，2020）。创新型产业集群和创新型产业培育集群主要集中于先进制造业，体现了国家战略导向。从区域来看，主要分布于东部沿海发达地区。

7.4.1 发挥国家“创新型产业集群建设工程”的引领与示范作用

“创新型产业集群建设工程”坚持集群发展与科技创新相结合，强调充分发挥科技创新的支撑作用，形成创新驱动发展的机制和模式，使科技创新成为产业发展的原动力，实现产业可持续发展。该工程旨在以创新驱动产业集群转型与升级，产业集群发展的动能由要素驱动转向创新驱动，引导集群内企业由依赖“资源红利”转变为追求“创新红利”。科技部认定的创新型产业集群和创新型产业培育集群仅是我国众多产业集群中很小的部分，集中于战略性新兴产业领域，尚未包括众多的传统产业集群。因此，既要重视和加强“创新型产业集群建设工程”的建设，大力发展先进制造业集群，又要以“创新型产业集群建设工程”的理念与思路为指导，改造和提升传统产业集群，加快传统产业集群的转型与升级。例如，产业集群是浙江省的经济特色，早在2009年浙江省经济和信息化委员会的课题组调查报告显示，浙江省拥有年销售收入10亿元以上的产业集群312个，超过100亿元的产业集群72个，超过500亿元的产业集群7个。近年来，杭州、宁波、温州、绍兴、台州、嘉兴等市都提出打造若干个千亿元级现代产业集群的目标，但浙江省仅有杭州数字安防和温州激光与光电两个产业集群列为科技部认定的创新型产业集群试点单位。各地政府应该以国家“创新型产业集群建设工程”为引领，根据本地区产业集群发展实际情况，以建设创新型产业集群为目标，对照创新型产业集群的认定标准和评价指标，找差距、补短板，强基础、重创新，谋转型、促升级。要加大传统产业集群的数字化转型力度，强化数字赋能，坚持把产业数字化、企业智能化改造作为提高传统集群发展水平的核心动力。要强化科技创新，着力做活“创新链”，提升价值链，强化内生动力。

7.4.2 积极推进世界级先进制造业集群建设

世界级先进制造业集群是创新型产业集群的典型代表。科技部认定的创新型产业集群和创新型产业培育集群主要集中于先进制造行业、战略性新兴产业等领域，均属于《中国制造 2025》中国家建设制造强国需要重点支持发展的先进制造领域。党的十九大报告明确指出，加快建设制造强国，加快发展先进制造业，培育若干世界级先进制造业集群，促进我国产业迈向全球价值链中高端。要实现中国从“制造业大国”向“制造业强国”转变，培育和拥有世界级先进制造业集群是重要标志。世界级先进制造业集群是指以世界先进发展理念为引领，以世界先进技术手段为支撑，以具有高新技术和高附加值的先进制造业为主体，现代服务业与先进制造业融合发展，具有世界知名品牌和较强国际竞争力的创新型产业集群（杜宇玮，2018）。

推进世界级先进制造业集群建设，需要重点做好以下工作：

第一，要提升产业集群在全球市场上的影响力和控制力。世界级先进制造业集群要在全球具有较大的市场份额或处于主导地位，具有显著的行业影响力和市场控制力。同时，要拥有一大批世界级一流的龙头企业和知名品牌，具有行业标准的话语权。

第二，要建立健全产业集群的协同创新体系。在技术创新方面，世界级先进制造业集群建立有完善的技术体系，不仅掌握着某个领域具有国际先进水平的关键核心技术，也瞄准前沿、颠覆性的技术，引领技术变革和产业、技术标准的发展方向，推动技术不断从低级到高级演进和发展。积极推进以核心企业、大专院校、科研机构之间的协同创新，促进创新要素流动与共享、集群成员间的知识学习和技术外溢。

第三，要坚持开放融合发展，保持产业集群旺盛生命力。世界级先进制造业集群的发展更多地呈现出超越集群的地理边界和行政边界的思维，注重集群发展与城市功能拓展、集群演进与区域城市化的协调发展，真正实现跨区域融合发展。要培育多元、开放、包容的集群文化，不断丰富集群跨领域发展的潜力。集群国际化有利于集群企业获取全球生产网络的技术和知识溢出，有利于集群本地知识与全球知识的相互融合，促进集群技术创新、知识创造和产业升级。因此，要促进集群与集群之间的开放合作，不断强化集群的本地化和国际化联系，防止集群产生路径依赖和技术路径锁定。

第四，要建立高效的集群治理体系。集群治理体现为集群内众多主体的合作行动。所谓集群治理，是指基于一定的产业关联和社会网络关系的集群各行为主体，在相互信任和互动的基础上，为保证集群整体利益最大化而形成的各种正式或非正式的内生性协调机制的总体。治理对象是集群组织网络整体，治理路径是有效整合集群内核心资源，治理体系则包括政府及部门的公共治理、集群内核心企业的层级治理、集群行业的自律自治以及集群隐形规范的自发协调四个层面（侯彦全、程楠，2019）。培育世界级先进制造业集群，需要创新以自发治理为主、公共治理为辅的集群治理体系。

世界级先进制造业集群作为先进制造业集群的高级形态，是现代产业体系的重要组成，体现了国家战略，代表国家优势产业综合竞争力的最高水平，凭借持续的技术创新和组织创新，引领先进制造业高质量发展。尽管不可能所有产业集群都以世界级先进制造业集群为目标，但世界级先进制造业集群建设对其他产业集群转型升级具有示范、辐射和带动作用，将引领我国制造业高质量发展。

7.4.3　实施基于内需市场为依托的开放型集群发展战略

创新型产业集群建设需要转变发展战略，从单纯依赖外需市场的外向型集群发展战略，转变为基于内需市场的开放型集群发展战略。在第一轮出口导向型战略下，以外贸加工导向为特征的产业集群成为我国特别是东部地区制造业集群的主要形式（杜宇玮，2018）。这类产业集群主要来源于发达国家中低端制造业的产业转移，产业链较短，创新水平较低，本地嵌入性较差，溢出效应较弱。外贸加工导向的集群制造了大量廉价的工业产品。这类集群有降低成本的功能，有利于跨国采购商和合同制造商，但它对建立国家和区域竞争优势的作用却是有限的，还处于要素驱动而非创新驱动的阶段。但随着近年来国内劳动力、土地、环境等要素成本的不断攀升，再加上发达国家“再工业化战略”的实施，信息产业和战略性新兴产业等先进制造业出现向发达国家“回流”的趋势，贸易保护主义抬头与贸易争端纷争不断，而中低端制造业则开始向东南亚和我国中西部地区转移，外需市场的不确定性增强，这种外向型产业集群遭遇发展瓶颈，为出口“中国制造”产品作出大贡献的外贸加工集群已逐渐失去竞争力，迫切需要转型升级。因此，要摆脱以往单纯依赖外需市场、专注于国际代工的外向型集群发展战略，转向立足内需、面向世界的开放型集群战略，充分利用国内外市场，集聚和配置全球智慧和资源，发展基于内需的全球化经济和本土创新型产业集群，需要依靠内需市场“虹吸”全球创新要素集聚。

创新型产业集群建设需要转变政策理念。与传统制造业集群不同，创新型产业集群的竞争优势来源于高科技人才和协同创新系统所形成的创新能力，来源于先进技术和高端装备所形成的先进制造能力，来源于高品质的产品和强大的品牌影响力，而不在于产业规模和企业数量，要改变过去以规模取胜的政策理念，转向以质量取胜、创新导向的政策理念，提高集群主导产品在全球产业链的战略地位和竞争能力，强化对技术标准、产品定价等环节的国际影响力。现阶段，不论是沿海经济发达地区还是中西部地区，许多地方政府都提出了打造若干个千亿元级现代产业集群的发展目标，建议在“现代”上做足文章，重视产品的科技含量、附加值和产业竞争力，防止规模导向可能引发的供需失衡与区域间的恶性竞争。

7.4.4 构建创新型产业集群发展的现代服务支撑体系

创新型产业集群的建设除了完善科技创新和生产制造功能外，还需要加快发展工业设计、电子商务、营销策划、现代物流、金融服务、检验检测认证、商务服务、法律服务等现代生产性服务业，为创新型产业集群建设提供保障和支持。通过“外引内育”打造生产性服务业中心。一方面，鼓励和支持外资企业在华设立研发、设计、营销中心等，吸引跨国公司把技术含量高的生产制造环节、研发中心和营销服务中心转移过来。另一方面，要发挥核心企业引力、地方政策的推力和市场机制的活力，培育和吸引服务于创新型产业集群发展的服务实体，提高各类服务主体的服务能力和服务效率，形成保障有力的现代服务支撑体系。

7.5 有序推进产业集群易地升级

产业集群易地升级本质上是区域产业配置的调整与优化，具体表现为产业集群式转移。产业集群式转移是指集群中相关联的上下游企业组团式、集中式的转移到新的地区，并通过带动当地企业的配套成长，而融入和形成新的集群网络（黄晓等，2015）。产业集群易地升级是集群企业追求竞争优势的战略选择，集群内核心企业及其关联企业重新选址，异地重建，重构集群网络。21 世纪以来，在我国沿海发达地区产业向中西部地区转移过程中，企业“抱团迁徙”到同一产业承接地形成新的产业集群，已经成为一种较为普遍的现象。产业集群式转移成为新一轮产业转移的基本特征。这种转移既可能发生在本国的区域之间，也可能是跨国产业转移。对转出地而言，集群式转移通过将价值链低端环节集中转出而实现原集群的价值链攀升和转型升级。产业集群式转移既能为转出地产业转型升级置换空间，又能带动承接地产业集群的形成，加快承接地经济发展。我国幅员辽阔，各地区资源禀赋的优势不同，区域经济发展存在明显的梯度差异，产业集群式转移将在欠发达地区形成新的产业集群，而产业集群的自我强化功能和向心力将对区域生产网络产生重要影响，带动了承接地产业集群的跨越式发展，实现产业集群易地升级，促进了区域经济协调发展。在“一带一路”倡议背景下，企业抱团集群式“走出去”既是企业国际化倡议的实施方式，又是实现“一带一路”倡议的需要，是产业集群跨境易地升级的重要方式。

7.5.1 提升核心企业对集群网络的重构能力

产业集群式转移从本质上来说是集群企业的空间转移，但又不同于单个企业的转移，是集群内企业创新创业行为交互、协同的结果，是集群内核心企业的战略变革或战略创业，是其他关联企业的战略性跟随或战略匹配。核心企业必须具有在承接地重构新集群网络的能力，既包括对跟随转移企业的组织与协调能力，又包括嵌入本地社会网络、动员本地资源、融入本地生产网络的能力。只有如此，新集群才能发挥原有集群网络与本地网络的双重优势。

核心企业是产业集群式转移的引领者。核心企业处于产业集群网络中心位置，掌握着集群中较多的资源和利益关系，具有较高的议价能力，从而能够更为自主地选择自己的转移策略。核心企业为了克服发展瓶颈或谋求新的发展机会，先作出转移决策，吸引并带动相关联企业随其迁徙。随着全球分工向产品内分工演进，生产的片段化趋势越来越明显，企业之间相互依赖、相互协作的关系得到不断强化，单个企业离开了生产网络难以独立生存（刘友金、胡黎明，2011）。集群企业在长期的重复交易中不仅建立起来高度的信任，还形成和积累隐性知识，在集群式转移过程中，集群企业更倾向与原集群所信任的具有较强网络关系的合作者（如供应商等）组团式转移到新地区。因此，核心企业对原有集群网络的影响力和对关联企业的吸引力是集群企业抱团转移的前决条件。

产业集群式转移不仅是原集群网络的迁入，还需要嵌入本地生产网络中。集群转移企业与承接地生产网络的有效融合能降低转移企业的信息不对称和外来性风险，有利于获取承接地资源，克服迁入壁垒，获得承接地社会力量的支持。集群企业间的网络合作关系是集群竞争优势的主要来源，集群网络能够帮助迁入企业更好地嵌入本地网络和吸收本地知识。因此，核心企业必须具有重构新集群网络的能力，整合迁入网络与本土网络资源，才能形成新集群的竞争优势。

7.5.2 提升承接地政府的政策调控能力

产业集群式转移是一个动态过程，是转移企业的市场行为与承接地政府行为协同作用的结果。承接地政府要动态调整政策，引导迁入企业和本地企业的行为，促进新集群的成长和竞争优势的形成。根据承接地新集群的形成和发展过程，产业集群式转移可以分为导入期、成长期、成熟期和转型期四个阶段（胡黎明、赵瑞霞，2017），承接地政府要根据本地经济社会发展的整体目标，明确发展方向、发展思路、重点领域，因势利导地制定不同的政策组合，来推进新集群网络的整体演进。

第一，导入期。导入期是指转出地产业集群中小部分企业“抱团”转移到承接地，并与区域生产网络初步相互适应的阶段。虽然形成了新产业集群的雏形，但区域生产网络的功能尚不完善。承接地政府的政策核心应该根据本地生产网络及资源禀赋现状，改变过去以“单个项目”为导向的招商政策，进而采用“集群招商”或“产业链招商”的政策，以吸引目标集群中网络中心性强和社会网络密度较大的核心企业“抱团”转入，实现区域生产网络的扩张与完善。

第二，成长期。随着相关企业的不断转入，以价值链为纽带会在承接地形成一个新的产业集群。迁入的企业网络与本地生产网络相互支撑的作用逐渐增强，产业集群式转移对承接地的经济效应进一步显现。承接地政府开始介入产业集群的构建，通过出台定向优惠政策，促进产业集群式转移与区域生产网络的深度耦合，进而提升迁入网络与本土网络协同演化的速度，形成二者在物质、技术、资本、信息等方面优化配置与深度融合发展的格局。

第三，成熟期。承接地通过产业集群式转移及其对区域产业链的整合，已经形成了具有区域特色的产业集群，这一产业集群在集聚经济的带动下，成为承接地经济发展的“增长极”。此时，承接地政府的政策也要相应地转变：一是从大规模吸引产业转移的普惠政策向有重点、有选择地吸引相关企业转移的特殊政策转变；二是从引导产业集群、区域生产网络构建的支持政策向提升区域品牌形象和产业集群竞争力、维护产业集群及区域生产网络有效运转的综合保障政策转变。

第四，转型期。由于承接地经济的持续快速发展，其区域经济发展已跃进新的阶段，整个区域经济系统的生产成本和交易成本提高，承接地出现了产业转型升级的内在要求。此时，承接地产业集群中的部分企业开始向外转移，产业集群开始实现转型升级。承接地政府的政策重点一方面是通过组合政策实现“腾笼换鸟”，既能促使低端产业转出去，又能留住高端产业，以免陷入产业“空心化”陷阱；另一方面引导产业集群与区域生产网络重组，以确保产业转型升级的成功。

7.5.3 提升区域间产业的协同发展能力

产业集群是区域经济发展的载体，沿海发达地区利用区位优势和国家赋予的优先改革开放的政策优势，通过承接上一轮国际产业转移形成了产业集群优势和率先发展的先动优势，经济发展已步入工业化中后期阶段甚至后工业化阶段，而中西部地区经济发展水平仍处于工业化中期甚至初期阶段（昌忠泽、陈昶君、张杰，2019）。区域经济发展并不是某一区域的独立发展，必须要有资源丰裕、承载力强、合作互补的战略纵深地带。从客观上讲，中西部地区为沿海发达地区的优先发展提供了资源支持（如人力、能源、矿产等）。我国区域发展政策需要由梯度发展向协调发展转变，在新一轮的产业转移中，中西部地区不能够仅作为落后产能、高污染、高能耗产业和低附加值环节转移的目的地，应该在科学规划与合理分工的基础上，创新区域协调发展的体制机制，通过国家与转出地和转入地政府共同投资，提升转移产业的技术装备水平和产品的科技含量，带动中西部地区的资源开发与产业升级。要加强区域之间、产业集群之间的技术合作和经济联系，以产业集群为依托，实施产业集群协同发展战略，通过政策引导支持不同产业集群的协作创新。

综上所述，核心企业、地方政府、行业协会是构成产业集群升级的协同治理机制的三大主体，加强三者之间的联动与协同，才能形成产业集群升级的合力。创新型产业集群建设和产业集群易地升级为不同区域、不同类型产业集群升级的路径选择提供了思路。

参考文献

[1] Akamatsu K. A historical pattern of economic growth in developing countries [J]. The Developing Economies, 1962, 1 (Supplement s1): 3 ~ 25.

[2] Alavi M, Leidner D E. Review: knowledge management and knowledge management systems: conceptual foundations and research issues [J]. MIS Quarterly, 2001, 25 (1) : 107 ~ 136.

[3] Arrow K J. The economic implications of learning by doing [J]. Review of Economic Studies, 1962, 29 (3): 155 ~ 173.

[4] Asheim B T, Isaksen A. Regional innovation systems: the integration of local 'sticky' and global 'ubiquitous' knowledge [J]. Journal of Technology Transfer, 2002, 27 (1): 77 ~ 86.

[5] Asheim T. Interactive, innovation systems and SME policy [C]. Paper presented on the IGU Commission on the Organization of Industrial Space Residential Conference, Sevillia, Spain, August, 1998.

[6] Atkinson A B, Stiglitz J E. A new view of technological change. [J]. Economic Journal, 1969, 79 (315): 573 ~ 578.

[7] Baert C, Meuleman M, Debruyne M, et al. Portfolio entrepreneurship and resource orchestration [J]. Strategic Entrepreneurship Journal, 2016, 10 (4): 346 ~ 370.

[8] Baron R M, Kenny D A. The moderator – mediator variable distinction

in social psychologicalresearch: conceptual, strategic, and statistical considerations [J]. Journal of Personality and Social Psychology, 1986, 51 (6): 1173 ~ 1182.

[9] Bell G G, Zaheer A. Geography, networks, and knowledge flow [J]. Organization Science, 2007, 18 (6) : 955 ~ 972.

[10] Bell M, Albu M. Knowledge systems and technological dynamism in industrial clusters in developing countries [J]. World Development, 1999, 27 (9): 1715 ~ 1734.

[11] Boari N, Fiorentini G. An economic analysis of plea bargaining: the incentives of the parties in a mixed penal system [J]. International Review of Law and Economics, 2001, 21 (2): 213 ~ 231.

[12] Branstetter L . Looking for international knowledge spillovers: a review of the literature with suggestions for new approaches [J]. Annales Déconomie Et De Statistique, 1998, 49 (49/50): 517 ~ 540.

[13] Campbell L J. Why would corporations behave in socially responsible ways? An institutional theory of corporate social responsibility [J]. Academy of Management Review, 2007, 32 (3): 946 ~ 967.

[14] Camuffo A. Transforming industrial districts: large firms and small business networks in the Italian eyewear industry [J]. Industry & Innovation, 2003, 10 (4): 377 ~ 401.

[15] Capello R, Faggian A. Collective learning and relational capital in local innovation processes [J]. Regional Studies, 2010, 39 (1): 75 ~ 87.

[16] Capello R. Spatial transfer of knowledge in high technology milieux: learning versus collective learning processes [J]. Regional Studies, 1999, 33 (4): 353 ~ 365.

[17] Cassar A, Nicolini R. Spillovers and growth in a local interaction model [J]. Annals of Regional Science, 2008, 42 (2): 291 ~ 306.

[18] Churchill G A, Peter J P. Research design effects on the reliability of rating scales: a meta – analysis [J]. Journal of Marketing Research, 1984, 21

(4): 360 ~ 375.

[19] Cook G A S. The dynamics of industrial clustering in British broadcasting [J]. Information Economics & Policy, 2001, 13 (3): 351 ~ 375.

[20] Corbin J, Strauss A. Grounded theory research: procedures, canons and evaluative criteria [J]. Qualitative Sociology, 1990, 13 (1): 3 ~ 21.

[21] Cowan R, Jonard N, Zimmermann J B. Evolving networks of inventors [J]. Journal of Evolutionary Economics, 2006, 16 (1 - 2): 155 ~ 174.

[22] Davenport T H, Prusak L. Working knowledge: how organizations manage what they know [M]. Boston: Harvard Business School Press, 1999.

[23] Dyer J H. Specialized supplier networks as a source of competitive advantage: evidence from the auto industry [J]. Strategic Management Journal, 2015, 17 (4): 271 ~ 291.

[24] Eisenhardt K M, Graebner M E. Theory building from cases: opportunities and challenges [J]. Academy of Management Journal, 2007, 50 (1): 25 ~ 32.

[25] Fallick B, Fleischman C A, Rebitzer J B. Job - Hopping in Silicon Valley: some evidence concerning the microfoundations of a high - technology cluster [J]. Review of Economics & Statistics, 2006, 88 (3): 472 ~ 481.

[26] Figueiredo P N. Learning, capability accumulation and firms differences: evidence from latecomer steel [J]. Industrial and Corporate Change, 2003, 12 (3): 607 ~ 643.

[27] Freeman C, Soete L. The economics of industrial innovation [M]. London : Printer, 1997.

[28] Friedman D. Evolutionary games in economics [J]. Econometrica, 1991, 59 (3): 637 ~ 666.

[29] Gereffi G. International trade and industrial upgrading in the apparel commodity chain [J]. Journal of International Economics 1999, 48 (1): 37 ~ 70.

[30] Gilbert M, Cordey - Hayes M. Understanding the process of knowl-

edge transfer to achieve successful technological innovation [J]. Technovation, 1996, 16 (6): 301 ~312.

[31] Giuliani E, Pietrobelli C, Rabellotti R. Upgrading in global value chains: lessons from latin american clusters [J]. World Development, 2005, 33 (4): 549 ~573.

[32] Giuliani E. Network dynamics in regional clusters: evidence from Chile [J]. Research Policy, 2013, 42 (8) : 1406 ~1419.

[33] Hendriks P. Why share knowledge? The influence of ICT on motivation for knowledge sharing [J]. Knowledge and Process Management, 1999, 6 (2): 91 ~100.

[34] Hitt M A, Ireland R D, Camp S M, Sexton D L. Guest editors′introduction to the special issue strategic entrepreneurship [J]. Strategic Management Journal, 2001, 22 (6/7): 479 ~492.

[35] Hitt M A, Ireland R D, Sirmon D G, Trahms C A. Strategic entrepreneurship: creating value for individuals, organizations, and society [J]. Academy of Management Perspectives, 2011, 25 (2): 57 ~75.

[36] Humphrey J, Schmitz H. How does insertion in global value chains affect upgrading in industrial clusters? [J]. Regional Studies, 2002, 36 (9): 1017 ~1027.

[37] Ireland R D, Webb J W. Strategic entrepreneurship: creating competitive advantage through streams of innovation [J]. Business Horizons, 2007, 50 (1): 49 ~59.

[38] Ireland R D, Hitt M A, Camp S M, Sexton D L. Integrating entrepreneurship and strategic management actions to create firm wealth [J]. Academy of Management Executive, 2001, 15 (1): 49 ~63.

[39] Ireland R D, Hitt M A, Sirmon D G. A model of strategic entrepreneurship: the construct and its dimensions [J]. Journal of Management, 2003, 29 (6): 963 ~989.

[40] Izushi H. Can a development agency foster cooperation among local

firms? The case of the Welsh development agency's supplier association Programme [J]. Regional Studies, 1999, 33 (8): 739 ~ 750.

[41] Jaffe A B. Real effects of academic research. [J]. American Economic Review, 1989, 79 (5): 957 ~ 970.

[42] Kaplinsky R, Morris M. A handbook for value chains research [M]. Ottawa: IDRC, 2001.

[43] Keeble D, Wilkinson F. Collective learning and knowledge development in the evolution of regional clusters of high technology SMEs in Europe [J]. Regional Studies, 1999, 33 (4): 295 ~ 303.

[44] Klimenko M M. Competition, matching and geographical clustering at early stages of the industry life cycle [J]. Journal of Economics and Business, 2004, 56 (3): 177 ~ 195.

[45] Klink A V, Langen P D. Cycles in industrial clusters: the case of the shipbuilding industry in the Northern Netherlands [J]. Tijdschrift Voor Economische En Sociale Geografie, 2001, 92 (4): 449 ~ 463.

[46] Kojima K. Direct foreign investment: a Japanese model of multinational business operations [M]. London: Croom Helm, 1978.

[47] Krugman P. History versus expectations [J]. Quarterly Journal of Economics, 1991, 106 (2): 651 ~ 667.

[48] Krugman P. Increasing returns and economic geography [J]. Journal of Political Economy, 1991, 99 (3): 483 ~ 499.

[49] Langen P W D, Nijdam M. Leader firms in the Dutch maritime cluster [C]. Paper Presented at the ERSA 2003 Congress.

[50] Lavie D, Kang J, Rosenkopf L. Balance within and across domains: the performance implications of exploration and exploitation in alliances [J]. Organization Science, 2011, 22 (6): 1517 ~ 1538.

[51] Lazerson M, Lorenzoni G. The firms that feed industrial districts: a return to the Italian source [J]. Industrial & Corporate Change, 1999, 8 (8): 235 ~ 266.

[52] Lewin A Y, Long C P, Carroll T N. The coevolution of new organizational forms [J]. Organization Science, 1999, 10 (5): 535 ~ 550.

[53] Lin H, Lee G. Perceptions of senior managerstoward knowledge sharing behavior [J]. Management Decision, 2004, 42 (1): 108 ~ 125.

[54] Lorenzoni G, Baden – Fuller C. Creating a strategic center to manage a web of partners [J]. California Management Review, 1995. 37 (3): 146 ~ 163.

[55] Lorenzoni G, Ornati O A. Constellations of firms and new ventures [J]. Journal of Business Venturing, 1988, 3 (1): 41 ~ 57.

[56] Los B, Verspagen B. R&D spillovers and productivity : evidence from U. S. manufacturing microdata [J]. Empirical Economic, 2000, 25 (1): 127 ~ 148.

[57] Lucas R E. On the mechanics of economic development [J]. Journal of Monetary Economics, 1988, 22 (1): 3 ~ 42.

[58] Lumpkin G T, Cogliser C C, Schneider D R. Understanding and measuring autonomy: an entrepreneurial orientation perspective [J]. Entrepreneurship Theory and Practice, 2009, 33 (1): 47 ~ 69.

[59] MacDougall GDA. The benefits and costs of private investment from abroad: a theoretical approach [J]. Economic Record, 1960, 36 (73): 13 ~ 35.

[60] Markusen J R, Venables A J. Foreign direct investment as a catalyst for industrial development [J]. Nber Working Papers, 1997, 43 (2): 335 ~ 356.

[61] Mazzei M J, Ketchen D J, Shook C L. Understanding strategic entrepreneurship: a "theoretical toolbox" approach [J]. International Entrepreneurship and Management Journal, 2017, 13 (2): 631 ~ 663.

[62] McEvily B, Zaheer A. Bridging ties: a source of firm heterogeneity in competitive capabilities [J]. Strategic Management Journal, 1999, 20 (12): 1133 ~ 1156.

[63] Munari F, Malipiero A, Sobrero M. Focal firms as technological gatekeepers within industrial districts: evidence from the packaging machinery industry [J]. Social Science Electronic Publishing, 2005.

[64] Nelson R R, Winter S G. An evolutionary theory of economic change [M]. Boston: Belknap Press, 1982.

[65] Newman M E J. A measure of betweenness centrality based on random walks [J]. Social Network, 2005, 27 (1): 39 ~ 54.

[66] Padmore T, Gibson H. Modeling systems of innovation: a framework for industrial cluster analysis in regions [J]. Research Policy, 1998, 26 (6): 625 ~ 641.

[67] Poire M J, Sable C . The second industrial divide: possibilities for properity [M]. New York: Basic Books, 1984.

[68] Porter M E. Clusters and the new economics of competition [J]. Harvard Business Review, 1998, 76 (6): 77 ~ 90.

[69] Porter M E. The competitive advantage of nations [M]. New York: Free Press, 1990.

[70] Ritzberger K, Weibull J W. Evolutionary selection in normal – form games [J]. Econometrica, 1995, 63 (6): 1371 ~ 1399.

[71] Romer P M. Increasing returns and long – run growth [J]. Journal of Political Economy, 1986, 94 (5): 1002 ~ 1037.

[72] Rosefield S A. Bringing business cluster into the mainstream of economic development [J]. European planning suudies, 1997, 5 (1): 3 ~ 23.

[73] Rui B, Swann P. Do firms in clusters innovate more? [J]. Research Policy, 1998, 27 (5): 525 ~ 540.

[74] Saxenian A. Regional advantage: cultural and competition in Silicon Valley and Route128 [M]. Cambridge: Harvard University Press, 1994.

[75] Schmitz H, Knorringa P. Learning from global buyers [J]. Journal of Development Studies, 2000, 37 (2): 177 ~ 205.

[76] Shepherd D, Wiklund J. Are we comparing apples with apples or ap-

ples with oranges? Appropriateness of knowledge accumulation across growth studies [J]. Entrepreneurship Theory and Practice, 2009, 33 (1): 105 ~ 123.

[77] Smith J M. Evolution and the theory of games [M]. Cambridge: Cambridge University Press, 1982.

[78] Storper M, Venables A J. Buzz: face – to – face contact and the urban economy [J]. Journal of Economic Geography, 2004, 4 (4): 351 ~ 370.

[79] Stuart T E, Sorenson O. Strategic networks and entrepreneurial ventures [J]. Strategic Entrepreneurship Journal, 2007, 1 (1): 211 ~ 227.

[80] Subramaniam M, Youndt M A. The influence of intellectual capital on the types of innovative capabilities [J]. Academy of Management Journal, 2005, 48 (3): 450 ~ 463.

[81] Tallman S, Jenkins M, Henry N, Pinch S. Knowledge, cluster, and competitive advantage [J]. Academy of Management Review, 2004, 29 (2): 258 ~ 271.

[82] Tether B S, Smith I J, Thwaites A T. Smaller enterprises and innovation in the UK: the SPRU innovations database revisited [J]. Research Policy, 2004, 26 (1): 19 ~ 32.

[83] Tichy G. Clusters: less dispensable and more risky than ever [M] //Steiner M. Clusters and Regional Specialisation. London: Pion Limited, 1998. 226 ~ 237.

[84] Van Wissen L J G. A micro – simulation model of firms: applications of the concepts of the demography of firms [J]. Papers in Regional Science, 2000, 79 (2): 111 ~ 134.

[85] Vernon R. International investment and international trade in the product cycle [J]. Quarterly Journal of Economics, 1966, 80 (2): 190 ~ 207.

[86] Vlachopoulou M, Manthou V. Partnership alliances in virtual markets [J]. International Journal of Physical Distribution & Logistics Management,

2003, 33 (3): 254 ~267.

[87] Weibull J W. Evolutionary game theory [M]. Cambridge: MIT Press, 1995.

[88] Weidenfeld A, Williams A M, Butler R W. Knowledge transfer and innovation among attractions [J]. Annals of Tourism Research, 2010, 37 (3): 604 ~626.

[89] Welter C, Mauer R, Wuebker R J. Bridging behavioral models and theoretical concepts: effectuation and bricolage in the opportunity creation framework [J]. Strategic Entrepreneurship Journal, 2016, 10 (1): 5 ~20.

[90] Witt U. Evolutionary concepts in economics and biology [J]. Journal of Evolutionary Economics, 2006, 16 (5): 473 ~476.

[91] Yin R K. Case study research: design and methods [M]. California: Sage Publications, 2013.

[92] [美] 阿瑟·刘易斯. 国际经济秩序的演变 [M]. 乔依德, 译. 北京: 商务印书馆, 1984.

[93] [美] 迈克尔·波特. 竞争论 [M]. 高登第, 李明轩, 译. 北京: 中信出版社, 2003.

[94] [美] 托马斯·W. 李. 组织与管理研究的定性方法 [M]. 吕力, 译. 北京: 北京大学出版社, 2014.

[95] 包建华, 方世建, 罗亮. 战略创业研究演进与前沿探析 [J]. 外国经济与管理, 2010, 32 (8): 1 ~9.

[96] 蔡宁, 黄纯, 孙文文. 集群风险自组织理论建构的探索式案例研究 [J]. 中国工业经济, 2011 (7): 54 ~64.

[97] 蔡绍洪. 循环产业集群——西部地区生态化发展的新型产业组织模式 [M]. 北京: 人民出版社, 2010.

[98] 昌忠泽, 陈昶君, 张杰. 产业结构升级视角下创新驱动发展战略的适用性研究——基于中国四大板块经济区面板数据的实证分析 [J]. 经济学家, 2019 (8): 62 ~74.

[99] 陈傲, 柳卸林, 程鹏. 空间知识溢出影响因素的作用机制 [J].

科学学研究，2011，29（6）：883～889.

［100］陈赤平，张曦，彭仲耀．产业集群升级的微观机制研究——基于核心企业双元性的新视角［J］．中州学刊，2013（9）：31～35.

［101］陈红儿．区际产业转移的内涵、机制、效应［J］．内蒙古社会科学，2002，23（1）：16～18.

［102］陈佳贵，王钦．中国产业集群可持续发展与公共政策选择［J］．中国工业经济，2005（9）：5～10.

［103］陈建军．中国现阶段产业区域转移的实证研究——结合浙江105家企业的问卷调查报告的分析［J］．管理世界，2002（6）：64～74.

［104］陈建军．中国现阶段的产业区域转移及其动力机制［J］．中国工业经济，2002（8）：37～44.

［105］陈文婷，李新春．中国企业创业学习：维度与检验［J］．经济管理，2010，32（8）：63～72.

［106］陈耀，冯超．贸易成本、本地关联与产业集群迁移［J］．中国工业经济，2008（3）：76～83.

［107］陈颖．中小企业组织二元性对企业绩效的影响作用研究［D］．杭州：浙江大学，2014.

［108］成学真，王超．东业西移对西部就业的效应分析［J］．开发研究，2005（4）：24～26.

［109］程璐．高技术虚拟产业集群知识溢出效应研究［J］．科技进步与对策，2012，29（10）：119～122.

［110］戴维奇，魏江．创业心智、战略创业与业务演化［J］．科学学研究，2015，33（8）：1215～1224.

［111］戴维奇，魏江．集群企业创业行为的测度及其影响效应——以浙江永康五金产业集群为例［J］．科学学研究，2010，28（10）：1502～1510.

［112］戴维奇．“战略创业”与“公司创业”是同一个构念吗？——兼论中国背景下战略创业未来研究的三个方向［J］．科学学与科学技术管理，2015，36（9）：11～20.

［113］党兴华，王幼林．技术创新网络中核心企业合作伙伴选择过程

研究［J］. 科学学与科学技术管理，2007（1）：139～144.

［114］邓峰．核心企业创新能力对集群创新绩效的影响路径［J］. 管理现代化，2016（1）：96～98.

［115］邓恬湉．基于演化博弈论的网络信息生态链演化机制研究［D］. 武汉：华中师范大学，2014.

［116］董保宝，向阳．战略创业研究脉络梳理与模型构建［J］. 外国经济与管理，2012，34（7）：25～34.

［117］董微微．基于复杂网络的创新集群形成与发展机理研究［D］. 长春：吉林大学，2013.

［118］杜小民，高洋，刘国亮，葛宝山．战略与创业融合新视角下的动态能力研究［J］. 外国经济与管理，2015，37（2）：18～28.

［119］杜欣，邵云飞．集群核心企业与配套企业的协同创新博弈分析及收益分配调整［J］. 中国管理科学，2013，21（S11）：745～750.

［120］杜宇玮．培育世界级先进制造业集群的中国方案［J］. 国家治理，2018（25）：10～19.

［121］段淳林．产业集群升级及其自主品牌创建研究［D］. 武汉：武汉大学，2009.

［122］冯德连．全球价值链下中国劳动密集型产业集群升级机制与策略［J］. 江淮论坛，2017（2）：57～63.

［123］符正平，曾素英．集群产业转移中的转移模式与行动特征——基于企业社会网络视角的分析［J］. 管理世界，2008（12）：83～92.

［124］高云虹，任建辉．产业转移与承接的动力机制及其推拉力耦合［J］. 兰州商学院学报，2013，29（2）：87～93.

［125］龚丽敏，江诗松．产业集群龙头企业的成长演化：商业模式视角［J］. 科研管理，2012，33（7）：137～145.

［126］顾幸生，刘漫丹，张凌波．现代控制理论及应用［M］. 上海：华东理工大学出版社，2008.

［127］郭爱君，毛锦凰．全球价值链背景下产业集群式转移的特点与机理研究［J］. 兰州大学学报（社会科学版），2013，41（6）：104～111.

［128］郭金喜．产业集群升级：一个行业协会治理视角的分析［D］．上海：上海社会科学院，2007.

［129］郭金喜．行业协会的产业集群创新治理功能分析［J］．发展研究，2010（1）：42～45.

［130］郭润萍，陈海涛，蔡义茹，卢珊．战略创业决策逻辑的理论基础、类型分析与研究框架构建［J］．外国经济与管理，2017，39（5）：33～45.

［131］韩莹，陈国宏．多重网络嵌入与产业集群知识共享关系研究［J］．科学学研究，2016，34（10）：1498～1506.

［132］何圣东．非正式交流与企业集群创新能力［J］．科学学与科学技术管理，2002，23（6）：44～46.

［133］赫连志巍，邢建军．产业集群创新网络的自组织演化机制研究［J］．科技管理研究，2017（4）：180～186.

［134］侯彦全，程楠．世界级先进制造业集群的内涵及竞争力［N/OL］佛山日报，2019－02－15［2020－03－19］．http：//epaper. fsonline. com. cn/fsrb/html/2019－02/15/content_ 23336_ 130602. htm.

［135］胡黎明，赵瑞霞．产业集群式转移与区域生产网络协同演化及政府行为研究［J］．中国管理科学，2017，25（3）：76～84.

［136］黄春兰，张红梅，叶华．杭集："牙刷之都"的集群崛起之路［N/OL］．中国企业报，2013－04－09（4）［2018－10－06］．http：//epaper. zqcn. com. cn/content/2013－04/09/content_ 13991. htm.

［137］黄纯，龙海波．政府辅助性制度工作、制度逻辑与集群升级——基于余姚和安吉两地集群演化的案例研究［J］．管理世界，2016（6）：148～166.

［138］黄纯．基于焦点企业的集群风险传导与扩散研究：自组织行为的视角［D］．杭州：浙江大学，2012.

［139］黄娟．空间知识溢出的影响因素［D］．杭州：浙江工商大学，2013.

［140］黄凯南．共同演化理论研究评述［J］．中国地质大学学报（社

会科学版），2008，8（4）：97～101.

[141] 黄凯南．论演化经济学与博弈论的关系［J］．社会科学辑刊，2011（2）：72～76.

[142] 黄凯南．现代演化经济学理论研究新进展［J］．理论学刊，2012（3）：48～52.

[143] 黄凯南．演化博弈与演化经济学［J］．经济研究，2009（2）：132～145.

[144] 黄凯南．演化经济学理论创新的综合研究［J］．学术界，2014（7）：21～27.

[145] 黄凯南．演化经济学四个基础理论问题探析［J］．中国地质大学学报（社会科学版），2011，11（6）：85～90.

[146] 黄晓，胡汉辉，于斌斌，等．产业集群式转移的网络结构演化与变迁研究［J］．大连理工大学学报（社会科学版），2015，36（4）：78～85.

[147] 黄晓，胡汉辉．产业集群问题最新研究评述与未来展望［J］．软科学，2013（1）：5～9.

[148] 黄欣荣．涌现生成方法：复杂组织的生成条件分析［J］．河北师范大学学报（哲学社会科学版），2011（5）：28～33.

[149] 黄志启．高科技产业集群中知识溢出效应的模型与实证分析［J］．科研管理，2013，27（1）：154～162.

[150] 吉敏，胡汉辉，陈金丹．内生型产业集群升级的网络演化形态研究——基于启东天汾电动工具产业集群的分析［J］．科学学研究，2011，29（6）：861～867.

[151] 吉敏，胡汉辉．苏南产业集群升级的路径选择——基于产业集群式跨国转移发展的构想［J］．软科学，2009，23（2）：93～96.

[152] 吉敏，谢庆红．集群供应链知识共享与创新机制研究综述［J］．经济问题探索，2013（2）：160～164.

[153] 贾生华，杨菊萍．产业集群演进中龙头企业的带动作用研究综述［J］．产业经济评论，2007，6（1）：129～136.

[154] 焦豪．企业动态能力绩效机制及其多层次影响要素的实证研究［D］．上海：复旦大学，2010.

[155] 金广荣，汪彩君．国内产业集群迁移研究综述［J］．当代经济，2012（12）：77～79.

[156] 金祥荣，汪伟，项力敏．产业区内的知识外溢：一个选择性评述［J］．产业经济评论，2004（1）：28～40.

[157] 金祥荣，朱希伟．专业化产业区的起源与演化——一个历史与理论视角的考察［J］．经济研究，2002（8）：74～82.

[158] 雷俊霞．创意产业集群知识共享的创新策略研究［J］．管理世界，2015（5）：180～181.

[159] 类骁，韩伯棠，尚瑶．长江三角洲地区知识溢出水平研究——基于泰尔指数方法［J］．科学学与科学技术管理，2011，32（6）：81～85.

[160] 李炳炎，徐雷．共享发展理念与中国特色社会主义分享经济理论［J］．学习论坛，2017，33（6）：28～33.

[161] 李慧．复杂装备制造业集群创新网络研究及启示［J］．科学学与科学技术管理，2012，33（11）：52～61.

[162] 李金华．我国创新型产业集群的分布及其培育策略［J］．改革，2020（3）：98～110.

[163] 李菁楠，邓勇，刘合艳．国内外知识共享理论研究综述［J］．图书馆学研究，2010（2）：2～6.

[164] 李俊，赵立龙．吸收能力理论综述［J］．西安电子科技大学学报（社会科学版），2010，20（3）：1～7.

[165] 李玲，党兴华．基于权力依赖的技术创新网络核心企业的识别研究［J］．软科学，2009，23（5）：72～76.

[166] 李平，曹仰峰．案例研究方法：理论与范例——凯瑟琳·艾森哈特论文集［M］．北京：北京大学出版社，2012.

[167] 李燃，王立平，刘琴琴．地理距离与经济距离对创业知识溢出影响的实证分析［J］．科技进步与对策，2012，29（10）：113～118.

[168] 李世杰，唐潇丹．我国电子信息产业集群地区间迁移的研究进

展：动因、路径及效应［J］. 学习与实践，2013（9）：52～59.

［169］李文博，张永胜，李纪明. 集群背景下的知识网络演化研究现状评介与未来展望［J］. 外国经济与管理，2010，32（10）：10～19.

［170］李文博. 产业集群网络中知识溢出关键影响因素的实证研究［J］. 科技进步与对策，2011，28（2）：142～145.

［171］李晓薇. 我国沿海制鞋产业集群的空间转移研究［D］. 金华：浙江师范大学，2015.

［172］李新春，何轩，陈文婷. 战略创业与家族企业创业精神的传承——基于百年老字号李锦记的案例研究［J］. 管理世界，2008（10）：127～140.

［173］李友金. 中小企业集群式创新［M］. 北京：中国经济出版社，2004.

［174］李志国，王伟. 知识溢出与企业集群：文献综述［J］. 技术经济，2013，32（8）：21～26.

［175］梁祺. 产业集群创新知识共享研究综述［J］. 对外经贸，2015（12）：61～62.

［176］林帅，胡汉辉，朱依曦. 产业集群风险与集群式转移问题——基于台资电子类加工贸易集群的实证研究［J］. 科技进步与对策，2011，28（17）：54～57.

［177］刘春玉，杨蕙馨. 产业集聚对经济增长的"后向关联"效应分析［J］. 产业经济评论，2005，4（2）：82～94.

［178］刘丹，闫长乐. 协同创新网络结构与机理研究［J］. 管理世界，2013（12）：1～4.

［179］刘会学，胡蓓，张文辉. 产业集群核心企业异质性特征研究［J］. 科技进步与对策，2015，32（7）：74～77.

［180］刘继军，霍兴华，张红亮. 安吉竹海 安且吉兮——聚焦浙江安吉竹产业发展［N/OL］。中国绿色时报，2016－06－21（A1）［2018－10－05］. http://www.greentimes.com/greentimepaper/html/2016－06/21/content_3290962.htm.

[181] 刘军跃，王海云，汪乐，苏莹. 产业集群转移研究综述 [J]. 重庆理工大学学报（社会科学），2015，29（4）：42～48.

[182] 刘军跃，王敏，李军锋，王伟志. 生产性服务业集聚研究综述 [J]. 重庆理工大学学报（社会科学），2014，28（7）：34～39.

[183] 刘蕾. 基于企业核心业务能力的知识管理策略研究 [D]. 昆明：昆明理工大学，2003.

[184] 刘满凤，吴卓贤. 高新技术产业集群知识溢出的 Mar 效应和 Jac 效应的实证研究 [J]. 科学学与科学技术管理，2013，34(08)：83～92.

[185] 刘启春. 知识生产力的哲学思考 [D]. 武汉：华中师范大学，2012.

[186] 刘芹. 产业集群升级研究述评 [J]. 科研管理，2007，28（3）：57～62.

[187] 刘权，张聪群. 产业集群知识溢出的 Stackelberg 博弈研究 [J]. 科技与经济，2016，29（5）：91～95.

[188] 刘权，张聪群. 核心企业知识分享过程中利益群体策略演化仿真研究 [J]. 科技与经济，2017，30（3）：91～95.

[189] 刘权，张聪群. 政府激励下集群企业合作创新机制博弈仿真分析 [J]. 中国发展，2017，17（1）：67～74.

[190] 刘权. 分享经济新背景下集群知识共享的博弈研究 [J]. 世界科技研究与发展，2016，38（6）：1305～1310.

[191] 刘权. 产业集群内企业知识共享的博弈及仿真研究 [D]. 宁波：宁波大学，2018.

[192] 刘洋，魏江，应瑛. 组织二元性：管理研究的一种新范式 [J]. 浙江大学学报（人文社会科学版），2011，41（6）：132～142.

[193] 刘友金，胡黎明. 产品内分工、价值链重组与产业转移——兼论产业转移过程中的大国战略 [J]. 中国软科学，2011（3）：149～159.

[194] 刘友金，李彬，刘天琦. 产业集群式转移行为的实证研究 [J]. 中国软科学，2015（4）：131～141.

[195] 刘友金，罗发友. 基于焦点企业成长的集群演进机理研究——

以长沙工程机械集群为例 [J]. 管理世界, 2005 (10): 159 ~ 161.

[196] 刘友金, 袁祖凤, 周静, 姜江. 共生理论视角下产业集群式转移演进过程机理研究 [J]. 中国软科学, 2012 (8): 119 ~ 129.

[197] 刘友金, 袁祖凤, 周静. 基于 Logistic 模型的产业集群式转移条件研究 [J]. 湖南财政经济学院学报, 2011, 27 (130): 32 ~ 36.

[198] 刘友金. 焦点企业成长视角的产业集群与创新网络耦合演进——背景、现状与研究框架 [J]. 湖湘论坛, 2010 (5): 60 ~ 63.

[199] 刘禹宏, 蔡志强. 产业集聚技术溢出与创新效应的经济学分析 [J]. 现代财经—天津财经大学学报, 2008 (8): 65 ~ 69.

[200] 龙宁. 基于焦点企业成长的产业集群演进机理研究 [D]. 湘潭: 湖南科技大学, 2009.

[201] 卢纹岱. SPSS for Windows 统计分析 [M]. 北京: 电子工业出版社, 2000.

[202] 陆小成, 罗新星. 产业集群协同演化与策略选择 [J]. 统计与决策, 2007 (22): 45 ~ 48.

[204] 罗若愚, 申瑀琴. 区域产业转移的效应分析及政府引导作用模型 [J]. 区域经济评论, 2013 (3): 23 ~ 29.

[205] 马庆国. 管理统计 [M]. 北京: 科学出版社, 2002.

[206] 毛广雄. 产业集群化转移: 理论述评及启示 [J]. 统计与决策, 2010 (6): 154 ~ 157.

[207] 毛基业, 陈诚. 案例研究的理论构建: 艾森哈特的新洞见——第十届 "中国企业管理案例与质性研究论坛 (2016)" 会议综述 [J]. 管理世界, 2017 (2): 135 ~ 141.

[208] 梅丽霞, 柏遵华, 聂鸣. 试论地方产业集群的升级 [J]. 科研管理, 2005, 26 (5): 147 ~ 151.

[209] 梅述恩, 聂鸣. 嵌入全球价值链的企业集群升级路径研究——以晋江鞋企业集群为例 [J]. 科研管理, 2007, 28 (4): 30 ~ 35.

[210] 潘海平. 浙江块状经济出现 "移动" 倾向 [N]. 浙江日报, 2004 - 11 - 16.

[211] 潘文卿，张晓寒．知识价值导向政策对产业集群发展的影响——来自湖北的经验［J］．中国软科学，2016（12）：182～192.

[212] 彭新敏，吴晓波，吴东．基于二次创新动态过程的企业网络与组织学习平衡模式演化——海天 1971～2010 年纵向案例研究［J］．管理世界，2011（4）：138～149.

[213] 丘兆逸．实施产业集群转移模式实现西部经济腾飞［J］．探索，2006（1）：146～149.

[214] 屈佳英，张聪群．核心企业创新传导视角下产业集群升级的机理研究［J］．中国发展，2016，16（3）：19～23.

[215] 屈佳英，张聪群．基于演化博弈的产业集群核心企业和配套企业协同创新分析［J］．科技与经济，2016，29（4）：27～31.

[216] 屈佳英．核心企业创新行为对集群升级的影响研究——基于知识溢出的中介作用［D］．宁波：宁波大学，2017.

[217] 任岩．企业知识共享影响因素研究综述［J］．情报杂志，2006（10）：106～108.

[218] 阮建青，石琦，张晓波．产业集群动态演化规律与地方政府政策［J］．管理世界，2014（12）：79～91.

[219] 沈潇．国际产业集群式转移的经济动因的文献综述［J］．生产力研究，2015（4）：153～156.

[220] 盛亚，周勇，吴义爽．基于双元性思想的战略创业形成及行为过程研究［J］．科技进步与对策，2013，30（17）：14～19.

[221] 盛昭瀚，蒋德鹏．演化经济学［M］．上海：上海三联书店，2002.

[222] 史江涛．组织内知识共享：概念、测量与整合模型［J］．图书情报工作，2011，55（8）：121～125.

[223] 斯特劳斯，科尔宾．质性研究概论［M］．徐宗国，译．台北：巨流图书公司，1997.

[224] 宋哲．我国产业转移的动因与效应分析［D］．武汉：武汉大学，2013.

[225] 隋映辉，解雪梅，赵琨．全球产业转移：分散化、集群路径与规制 [J]．福建论坛（人文社会科学版），2007（8）：9～13.

[226] 孙冰，周大铭．国外创新网络核心企业研究现状评介与未来展望 [J]．外国经济与管理，2011，33（8）：17～24.

[227] 孙华平．产业转移背景下产业集群升级问题研究 [D]．杭州：浙江大学，2011.

[228] 孙启梦，余璐．战略创业国外研究进展述评 [J]．科学学与科学技术管理，2012，33（7）：143～151.

[229] 谭劲松，何铮．集群研究文献综述及发展趋势 [J]．管理世界，2007（12）：140～147.

[230] 谭文柱，王缉慈，陈倩倩．全球鞋业转移背景下我国制鞋业的地方集群升级——以温州鞋业集群为例 [J]．经济地理，2006，26（1）：60～65.

[232] 唐健雄．企业战略转型能力研究 [D]．长沙：中南大学，2008.

[233] 田钢，张永安．集群创新网络演化的动力模型及其仿真研究 [J]．科研管理，2010，31（1）：104～115.

[234] 万幼清，张妮，鲁平俊．产业集群协同创新风险及其形成机理研究 [J]．管理世界，2015（2）：182～183.

[235] 汪良兵．区域创新网络结构与协同演化研究 [D]．合肥：中国科学技术大学，2014.

[236] 汪少华，汪佳蕾．基于产业集群的区域网络重构研究 [J]．科研管理，2007，28（3）：47～52.

[237] 王传宝．全球价值链视角下地方产业集群升级机理研究 [D]．武汉：华中科技大学，2009.

[238] 王璜，张聪群．试论民营企业持续性创业 [J]．科技与管理，2013，15（2）：77～80.

[239] 王缉慈，等．超越集群：中国产业集群的理论探索 [M]．北京：科学出版社，2010.

[240] 王缉慈，等. 创新的空间：企业集群与区域发展 [M]. 北京：北京大学出版社，2001.

[241] 王建明，王俊豪. 公众低碳消费模式的影响因素模型与政府管制政策——基于扎根理论的一个探索性研究 [J]. 管理世界，2011 (4)：58 ~ 68.

[242] 王娇俐，王文平，王为东. 产业集群升级的内生动力及其作用机制研究 [J]. 商业经济与管理，2013 (2)：90 ~ 96.

[243] 王雷. 集群区域跨国公司子公司知识外溢影响因素的实证研究 [J]. 科研管理，2012，33 (10)：90 ~ 96.

[244] 王立军. 嵌入全球价值链与产业集群升级研究 [J]. 中共浙江省委党校学报，2007 (1)：63 ~ 66.

[245] 王梅，王文平. 基于超网络视角的产业集群升级研究 [J]. 管理学报，2012，9 (4)：570 ~ 577.

[246] 王钦. 技术范式、学习机制与集群创新能力——来自浙江玉环水暖阀门产业集群的证据 [J]. 中国工业经济，2011 (10)：141 ~ 150.

[247] 王伟光，冯荣凯，尹博. 产业创新网络中核心企业控制力能够促进知识溢出吗？[J]. 管理世界，2015 (6)：99 ~ 109.

[248] 王艳，赵立雨，师萍. 知识溢出效应影响因素、机理及测度模型研究 [J]. 图书情报工作，2009，53 (20)：110 ~ 113.

[249] 王益民，宋琰纹. 基于全球产业空间疆域变迁视角的产业集群演化与升级——以新加坡硬盘驱动器 (HDD) 产业集群为例 [J]. 科学学与科学技术管理，2007 (9)：84 ~ 88.

[250] 王重鸣. 心理学研究方法 [M]. 北京：人民教育出版社，1990.

[251] 魏后凯. 产业转移的发展趋势及其对竞争力的影响 [J]. 福建论坛（经济社会版），2003 (4)：11 ~ 15.

[252] 魏江，戴维奇，林巧. 公司创业研究领域两个关键构念：创业导向与公司创业的比较 [J]. 外国经济与管理，2009，31 (1)：24 ~ 31.

[253] 魏江，徐蕾. 知识网络双重嵌入、知识整合与集群企业创新能

力［J］. 管理科学学报，2014（2）：35～47.

［254］魏江，徐蕾. 集群企业知识网络双重嵌入演进路径研究——以正泰集团为例［J］. 经济地理，2011，31（2）：247～253.

［255］魏江. 产业集群——创新系统与技术学习［M］. 北京：科学出版社，2003.

［256］魏晓平，李昆. 基于“复制动态”进化博弈理论的生态工业链接研究［J］. 中国工业经济，2005（12）：49～55.

［257］温忠麟，张雷，侯杰泰，刘红云. 中介效应检验程序及其应用［J］. 心理学报，2004，36（5）：614～620.

［258］文嫮，曾刚. 全球价值链治理与地方产业网络升级研究——以上海浦东集成电路产业网络为例［J］. 中国工业经济，2005（7）：20～27.

［259］翁莉，仲伟俊，鲁芳. 供应链知识共享的决策行为及影响因素研究［J］. 管理学报，2009，6（12）：1648～1652.

［260］吴波，杨菊萍. 区域龙头企业的知识溢出与本地中小企业成长——基于浙江省三个产业集群中小企业调查的实证研究［J］. 科学学研究，2008，26（1）：130～136.

［261］吴波. FDI 知识溢出与本土集群企业成长——基于嘉善木业产业集群的实证研究［J］. 管理世界，2008（10）：87～95.

［262］吴汉贤，邝国良. 广东产业转移动因及效应研究［J］. 科技管理研究，2010（15）：68～71.

［263］吴结兵，郭斌. 企业适应性行为、网络化与产业集群的共同演化——绍兴县纺织业集群发展的纵向案例研究［J］. 管理世界，2010（2）：141～155.

［264］吴明隆. 结构方程模型［M］. 重庆：重庆大学出版社，2009.

［265］吴松强，石岿然，郑垂勇. 产业集群核心能力培育——基于核心企业技术联盟的视角［J］. 工业技术经济，2008（10）：10～11.

［266］吴先明，苏志文. 将跨国并购作为技术追赶的杠杆：动态能力视角［J］. 管理世界，2014（4）：146～164.

［267］吴宣恭. 企业集群的优势及形成机理［J］. 经济纵横，2002

(11)：2～5.

［268］吴义爽，蔡宁．我国集群跨越式升级的“跳板”战略研究［J］．中国工业经济，2010（10）：55～64.

［269］吴义爽．基于商贸平台型龙头企业战略创业的产业集群升级——以海宁皮革集群为例［J］．科研管理，2016，37（7）：54～61.

［270］吴义爽．行为基础观、行为转型与战略创业主导的中国集群升级［J］．经济学家，2013（2）：50～57.

［271］夏业良，程磊．外商直接投资对中国工业企业技术效率的溢出效应研究——基于2002～2006年中国工业企业数据的实证分析［J］．中国工业经济，2010（7）：55～65.

［272］项后军，江飞涛．核心企业视角的集群竞—合关系重新研究［J］．中国工业经济，2010（6）：137～146.

［273］项后军，裘斌斌，周宇．核心企业视角下不同集群演化过程的比较研究［J］．科学学研究，2015，33（2）：225～233.

［274］项后军，朱晓艳，朱瑞忠．企业“集群化成长”理论的重新研究：基于核心企业的视角［J］．科学学研究，2009，27（6）：853～861.

［275］项后军．产业集群中的核心企业成长研究［M］．北京：经济科学出版社，2011.

［276］肖静华，谢康，吴瑶，冉佳森．企业与消费者协同演化动态能力构建：B2C电商梦芭莎案例研究［J］．管理世界，2014（8）：134～151.

［277］谢荷锋．企业员工知识分享中的信任问题实证研究［D］．杭州：浙江大学，2007.

［278］谢识予．有限理性条件下的进化博弈理论［J］．上海财经大学学报，2001，3（5）：3～9.

［279］谢永平，党兴华，张浩淼．核心企业与创新网络治理［J］．经济管理，2012，34（3）：60～67.

［280］谢运．跨国并购与知识扩散［D］．成都：西南财经大学，2012.

［281］徐元国．集群企业网络演进与龙头企业集团的形成机理［J］．

经济地理，2010，30（9）：1492～1496.

［282］许继琴．产业集群与区域创新系统［M］．北京：经济科学出版社，2006.

［283］许强，应翔君．核心企业主导下传统产业集群和高技术产业集群协同创新网络比较——基于多案例研究［J］．软科学，2012（6）：10～15.

［284］许庆瑞，毛凯军．论企业集群中的龙头企业网络和创新［J］．研究与发展管理，2003，15（4）：53～58.

［285］许箫迪，王子龙，谭清美．知识溢出效应测度的实证研究［J］．科研管理，2007，28（5）：76～86.

［286］闫华飞．创业行为、创业知识溢出与产业集群发展绩效［J］．科学学研究，2015，33（1）：98～105.

［287］杨桂菊，刘善海．从 OEM 到 OBM：战略创业视角的代工企业转型升级——基于比亚迪的探索性案例研究［J］．科学学研究，2013，31（2）：240～249.

［288］杨菊萍，贾生华．知识扩散路径、吸收能力与区域中小企业创新——基于浙江省 3 个传统制造业集群的实证分析［J］．科研管理，2009，30（5）：17～24.

［289］杨菊萍．集群企业的迁移：影响因素、方式选择与绩效表现［D］．杭州：浙江大学，2010.

［290］杨苏，梁昌勇，赵惠芳．基于演化博弈的区域产业转移行为研究［C］//第十三届中国管理科学学术年会论文集，2011.

［291］杨月平，张聪群，白泉旺．集群企业群际协同创新的实现机制研究［J］．世界科技研究与发展，2016，38（6）：1300～1304.

［292］杨月平，张聪群．试论战略创业的二元性［J］．科技与管理，2017，19（4）：9～13.

［293］杨月平．核心企业战略创业驱动产业集群升级的机理研究——基于乐清电气产业集群的嵌入式案例研究［D］．宁波：宁波大学，2018.

［294］杨张博，高山行．生物技术产业集群技术网络演化研究——以波士顿和圣地亚哥为例［J］．科学学研究，2017，35（4）：520～533.

[295] 杨之雷．产业集群知识溢出效应下企业技术创新行为的博弈分析［J]．价值工程，2009（4）：60～63.

[296] 杨志锋，邹珊刚．知识资源、知识存量和知识流量：概念、特征和测度［J]．科研管理，2000，21（4）：105～111.

[297] 姚刚，蔡宁，蔡瑾琰，黄纯．焦点企业创业传导与集群升级绿色发展的仿真研究——基于网络视角［J]．生态经济，2016，32（5）：38～43.

[298] 叶丽娟，邝国良．基于公共物品供给视角下政府与市场的角色认识——以广东产业转移承接地的基础设施建设为背景［J]．科技管理研究，2010（18）：201～204.

[299] 易开刚，马骊．转型背景下产业集群升级的传导机制及其实现路径——基于本地知识溢出的视角［J]．经济理论与经济管理，2014（11）：45～56.

[300] 于斌斌，余雷．基于演化博弈的集群企业创新模式选择研究［J]．科研管理，2015，36（4）：30～38.

[301] 余福茂．集群企业知识分享行为影响因素的实证研究［J]．科学学研究，2009，27（10）：1535～1542.

[302] 余佳群．创新网络视角下产业集群升级研究［D]．沈阳：辽宁大学，2012.

[303] 俞国琴．中国地区产业转移［M]．上海：学林出版社，2006.

[304] 袁境．西部承接产业转移与产业结构优化升级研究——以四川为例［D]．成都：西南财经大学，2012.

[305] 臧旭恒，何青松．试论产业集群租金与产业集群演进［J]．中国工业经济，2007（3）：5～13.

[306] 张聪群．产业集群互动机理研究［M]．北京：经济科学出版社，2007.

[307] 张聪群．知识溢出与产业集群技术创新［J]．技术经济，2005（11）：87～89.

[308] 张红姣．产业集群转移机理研究和效应分析［D]．杭州：浙江工商大学，2010.

[309] 张宏娟，范如国．基于复杂网络演化博弈的传统产业集群低碳演化模型研究［J］．中国管理科学，2014，22（12）：41～47.

[310] 张辉．全球价值链下地方产业集群升级模式研究［J］．中国工业经济，2005（9）：11～18.

[311] 张建宇，李逢源．企业吸收能力内涵拓展与构念重造［J］．科技进步与对策，2014，31（17）：80～85.

[312] 张杰，刘东．我国地方产业集群的升级路径：基于组织分工架构的一个初步分析［J］．中国工业经济，2006（5）：48～55.

[313] 张良桥．论进化稳定策略［J］．经济评论，2003（2）：70～74.

[314] 张敏，张一力．距离会导致隔离吗？——海外移民创业网络与东道国集群网络的演化案例研究［J］．外国经济与管理，2017，39（9）：16～31.

[315] 张弢，李松志．产业区域转移形成的影响因素及模型探讨［J］．经济问题探索，2008（1）：49～53.

[316] 张小蒂，曾可昕．基于产业链治理的集群外部经济增进研究——以浙江绍兴纺织集群为例［J］．中国工业经济，2012（10）：148～160.

[317] 张小蒂，张弛．产业集群组织创新与动态比较优势构建——以浙江绍兴为例［J］．浙江大学学报（人文社会科学版），2010（4）：79～87.

[318] 张肖．创意产业集群知识共享影响因素的作用机制研究［D］．北京：北京交通大学，2014.

[319] 张扬．社会资本和知识溢出对产业集群升级的影响研究［D］．长春：吉林大学，2009.

[320] 张耀辉，齐玮娜．互联网背景下专业镇企业的转型机制、障碍及破解研究——兼对揭阳军埔“淘宝村”跨行业转型案例分析［J］．产经评论，2015（4）：80～96.

[321] 张永安，付韬．焦点企业核型结构产业集群创新网络演进模型、问题及对策研究［J］．软科学，2010（2）：64～69.

[322] 张永安，王燕妮．核心企业创新网络结构、类型解析［J］．科学学与科学技术管理，2010，31（12）：50～55.

[323] 张元智，马鸣萧．企业规模、规模经济与产业集群 [J]．中国工业经济，2004 (6)：29 ~ 35.

[324] 张云．基于全球价值链的国际产业转移研究 [D]．武汉：武汉理工大学，2011.

[325] 赵骅，李雁．龙头企业主导型企业集群技术创新模式分析——考虑技术溢出的距离衰减效应 [J]．科研管理，2011，32 (6)：157 ~ 164.

[326] 赵建吉，茹乐峰，段小微，苗长虹．产业转移的经济地理学研究：进展与展望 [J]．经济地理，2014，34 (1)：1 ~ 6.

[327] 赵进．产业集群生态系统的协同演化机理研究 [D]．北京：北京交通大学，2011.

[328] 赵俊风，张聪群，屈佳英．基于演化博弈模型的产业集群式转移条件研究 [J]．中国发展，2015，16 (6)：35 ~ 43.

[329] 赵俊风，张聪群．核心企业驱动产业集群式转移的演化博弈仿真研究 [J]．科技与管理，2016，18 (4)：34 ~ 41.

[330] 赵俊风．核心企业驱动产业集群式转移的演化博弈研究 [D]．宁波：宁波大学，2017.

[331] 赵勇，白永秀．知识溢出：一个文献综述 [J]．经济研究，2009 (1)：144 ~ 156.

[332] 赵运平，綦良群．基于竞合的产业集群技术创新系统机理分析 [J]．系统科学学报，2016，24 (1)：112 ~ 116.

[333] 赵增耀，于海云．基于员工流动的知识整合机制研究——以 FDI 嵌入型产业集群中外企员工流入的内资企业为例 [J]．科学学研究，2012，30 (5)：729 ~ 738.

[334] 郑胜利．复制群居链——台商在大陆投资的“集群”特征分析 [J]．经济评论，2002 (5)：71 ~ 72.

[335] 郑月龙．基于演化博弈论的企业共性技术合作研发形成机制研究 [D]．重庆：重庆大学，2015.

[336] 郑准，王炳富，程志宇．知识守门者行为与产业集群升级——基于“微观异质”与“行为导向”的理论视角 [J]．科学学研究，2014，

32（4）：578～584.

[337] 郑准，文连阳，庞俊亭．我国产业集群双重锁定的形成机理与突破策略——基于集群知识守门者视角的案例研究［J］．经济地理，2014，34（11）：101～106.

[338] 周江华，仝允桓，李纪珍．基于金字塔底层（BoP）市场的破坏性创新——针对山寨手机行业的案例研究［J］．管理世界，2012（2）：112～130.

[339] 周俊，薛求知．双元型组织构建研究前沿探析［J］．外国经济与管理，2009，31（1）：50～57.

[340] 周正柱，孙明贵，张莹．企业迁移区位选择影响因素［J］．经济与管理研究，2015（4）：110～119.

[341] 朱海燕．产业集群升级：内涵、关键要素与机理分析［J］．科学学研究，2009，26（S2）：380～390.

[342] 朱华晟，王缉慈，李鹏飞，李伟．基于多重动力机制的集群企业迁移及区域影响［J］．地理科学进展，2009，28（3）：329～336.

[343] 朱华友，孟云利，刘海燕．集群视角下的产业转移的路径、动因及其区域效应［J］．社会科学家，2008（7）：43～46.

[344] 朱华友，王缉慈．全球生产网络中企业去地方化的形式与机理研究［J］．地理科学，2014，34（1）：19～24.

[345] 朱嘉红，邬爱其．基于焦点企业成长的集群演进机理与模仿失败［J］．外国经济与管理，2004，26（2）：33～37.

[346] 朱建安，周虹．发展中国家产业集群升级研究综述：一个全球价值链的视角［J］．科研管理，2008，29（1）：115～121.

[347] 朱瑞忠．产业集群中核心企业成长研究［D］．杭州：浙江大学，2007.

[348] 朱小斌，林庆．中小企业集群竞争优势来源的演化差异——基于浙江绍兴纺织业集群的案例研究［J］．管理世界，2008（10）：75～86.

[349] 庄小将．产业集群中知识溢出与区域竞争力提升研究［J］．技术经济与管理研究，2011（4）：99～102.

附录 1

国内部分省、市产业集群发展文件汇总

序号	文件名	发布单位	发布时间
1	国家发展改革委关于促进产业集群发展的若干意见（发改企业〔2007〕2897 号）	中华人民共和国国家发展和改革委员会	2007 年 11 月 13 日
2	中共福建省委　福建省人民政府关于加快产业集聚培育产业集群的若干意见（试行）（闽委发〔2004〕13 号）	中共福建省委、福建省人民政府	2004 年 11 月 4 日
3	河北省人民政府关于加快中小企业产业集群发展的指导意见（冀政〔2006〕9 号）	河北省人民政府	2006 年 2 月 14 日
4	湖北省人民政府关于促进产业集群发展的意见（鄂政发〔2007〕69 号）	湖北省人民政府	2007 年 11 月 7 日
5	湖南省人民政府关于大力培育发展产业集群的意见（湘政发〔2007〕1 号）	湖南省人民政府	2007 年 1 月 31 日
6	湖北省人民政府关于促进产业集群发展的意见（鄂政发〔2007〕69 号）	湖北省人民政府	2007 年 11 月 7 日
7	山东省人民政府关于加快产业集群发展的意见（鲁政发〔2008〕75 号）	山东省人民政府	2008 年 7 月 24 日
8	陕西省人民政府关于加快产业集群发展的指导意见（陕政发〔2009〕20 号）	陕西省人民政府	2009 年 3 月 19 日
9	陕西省产业集群发展规划纲要（2009 ~ 2015 年）（陕政发〔2009〕24 号）	陕西省人民政府	2009 年 3 月 19 日
10	河南省人民政府关于进一步促进产业集聚区发展的指导意见（豫政〔2010〕34 号）	河南省人民政府	2010 年 3 月 10 日

续表

序号	文件名	发布单位	发布时间
11	浙江省人民政府关于进一步加快块状经济向现代产业集群转型升级示范区建设的若干意见（浙政发〔2010〕44号）	浙江省人民政府	2010年9月20日
12	辽宁省人民政府关于进一步促进工业产业集群发展的若干意见（辽政发〔2011〕17号）	辽宁省人民政府	2011年4月17日
13	江苏关于培育产业集群促进区域经济发展的意见（苏计产业发〔2003〕1096号）	江苏省发展计划委员会	2003年9月11日
14	江苏省政府办公厅关于转发省经贸委等部门进一步支持重点工业企业重点工业项目特色产业集群和产业基地意见的通知（苏政办发〔2009〕56号）	江苏省人民政府	2009年4月28日
15	湖北省重点成长型产业集群管理试行办法（鄂经县域〔2008〕19号）	湖北省经济委员会	2008年1月29日
16	江西省人民政府办公厅关于在全省工业园区推进产业集群促进集约发展的指导意见（赣府厅发〔2011〕65号）	江西省人民政府办公厅	2011年12月2日
17	广东省经济贸易委员会关于印发广东省产业集群升级示范区建设指导意见（试行）的通知	广东省经济贸易委员会	2005年11月18日
18	关于建设产业升级示范加快产业集群发展的意见（粤经贸技术〔2004〕472号）	广东省经济贸易委员会	2004年11月2日
19	广东省产业集群升级示范区认定管理暂行办法（粤经贸创新〔2007〕106号）	广东省经济贸易委员会	2007年2月27日
20	福建省“十一五”加快产业集聚培育产业集群专项规划	福建省经济贸易委员会、福建省发展和改革委员会	2006年12月
21	辽宁省印发关于推进教育服务工业产业集群发展的若干意见（辽教发〔2011〕204号）	辽宁省教育厅	2011年12月31日

续表

序号	文件名	发布单位	发布时间
22	中共长沙市委、长沙市人民政府关于加快优势产业集群和工业园区建设发展的若干意见（长发〔2005〕21号）	中共长沙市委、长沙市人民政府	2005年6月24日
23	成都市人民政府办公厅关于印发成都市汽车产业集群发展规划（2008－2017年）等10个产业集群发展规划的通知（节选）（成办发〔2008〕71号）	成都市人民政府	2008年9月13日
24	关于印发西安市加快工业和产业集群发展实施方案的通知（市政发〔2009〕102号）	西安市人民政府	2009年9月4日
25	杭州市人民政府办公厅关于加快块状经济向现代产业集群转型升级的实施意见（杭政办〔2011〕7号）	杭州市政府	2011年3月30日
26	中共三明市委 三明市人民政府关于做大做强三大产业集群的意见（明委〔2005〕18号）	中共三明市委、三明市人民政府	2005年4月29日
27	南平市人民政府关于加快纺织服装产业集群发展的实施意见（南政〔2005〕综304号）	南平市人民政府	2005年12月7日
28	中共金华市委、金华市人民政府关于培育产业集群提升工业经济竞争力的若干意见（金市委〔2006〕3号）	中共金华市委、金华市人民政府	2006年2月28日
29	厦门市培育和发展制造业产业集群“十一五”专项规划	厦门市人民政府	2006年7月31日
30	莆田市人民政府关于印发莆田市“十一五”产业集群发展专项规划的通知	莆田市人民政府	2007年6月7日
31	新乡市人民政府关于加快推进产业集群发展的意见（新政〔2007〕33号）	新乡市人民政府	2007年7月2日
32	泉州市“十一五”期间加快产业集聚培育产业集群专项规划	泉州市人民政府	2007年8月21日
33	无锡市“十一五”产业集群发展规划	无锡市发改委	2008年4月23

续表

序号	文件名	发布单位	发布时间
34	中共运城市委 运城市人民政府关于实施五个产业集群发展规划的通知	中共运城市委、运城市人民政府	2009年1月5日
35	宝鸡市人民政府关于促进产业集群加快发展的意见	宝鸡市人民政府	2010年8月10日
36	大连市人民政府关于加快产业集群发展打造现代产业聚集区的指导意见（大政发〔2010〕67号）	大连市人民政府	2010年11月9日
37	泰安市产业集群培植壮大工程规划（2011~2015年）	泰安市人民政府	2011年5月27日
38	鞍山市人民政府办公厅关于印发鞍山市推进工业产业集群发展实施方案的通知	鞍山市人民政府	2011年8月9日
39	开封市人民政府关于加快培育和发展十大产业集群的意见（汴政〔2011〕77号）	开封市人民政府	2011年9月3日
40	滨州市人民政府办公室关于转发市经济和信息化委等部门滨州市产业集群提升培育工程实施方案的通知	滨州市人民政府	2012年1月27日
41	湖州市人民政府办公室关于加快工业产业集群发展的工作意见（湖政办发〔2012〕19号）	湖州市人民政府	2012年2月14日
42	丹东市人民政府关于加快工业产业集群发展的指导意见（丹政发〔2012〕24号）	丹东市人民政府	2012年6月25日
43	启东市政府关于培育壮大产业集群加快工业优化升级的实施意见	启东市人民政府	2009年9月24日
44	思明区人民政府关于印发思明区旅游产业集群发展规划的通知（厦思政〔2009〕131号）	思明区人民政府	2010年1月13日
45	松溪县人民政府关于加快食品加工产业集群发展的实施意见（松政综〔2010〕17号）	松溪县人民政府	2010年3月10日

续表

序号	文件名	发布单位	发布时间
46	潼南县人民政府关于印发潼南县工业“4+1”产业集群发展规划的通知（潼南府发〔2012〕25号）	潼南县人民政府	2012年10月17日
47	关于印发江苏省重点培育产业集群名单的通知（苏中小合〔2007〕72号）	江苏省中小企业局	2007年10月17日

附录 2

问卷调查表

尊敬的女士/先生：

您好!

我们是宁波大学商学院的研究人员，真诚地感谢您抽出宝贵时间填写此次问卷，本问卷旨在了解企业创新行为及知识溢出对集群升级的影响。本次调查受国家社会科学基金《核心企业创新驱动产业集群升级的机理与模式研究》的支持，您的回答对我们十分重要，我们会将它与其他参与者的回答进行综合分析。本调查仅用于学术研究，问卷不记名，请您依据自身情况真实、独立填写这份问卷，所有问卷内容将严格保密。感谢您对我们科研工作的大力支持，祝身体健康、工作顺利!

第一部分：基本信息

1. 您的性别：□男　　　□女

2. 您的年龄：□20 岁及以下　□21 ~ 30 岁　　□31 ~ 40 岁
　　□41 ~ 50 岁　□50 岁以上

3. 您的学历：□初中及以下　□高中或中专　□专科或本科
　　□硕士及以上

4. 您所在企业年龄：□1 ~ 3 年　　□4 ~ 5 年　□6 ~ 10 年
　　□11 ~ 20 年　□21 年以上

5. 贵公司所属行业：

□农、林、牧、渔业　□采矿业　□制造业

□建筑业　□房地产业　□医疗卫生业

□科学研究和技术服务业　□信息传输、软件和信息技术服务业

□交通运输、仓储和邮政业　　□批发和零售业　　□居民服务业
□租赁和商务服务业（咨询、中介、法律、广告）　　□教育业
□文化、体育和娱乐业　　□住宿和餐饮业
□金融保险业　　□其他

6. 贵公司人员规模：□50 人及以下　□51～100 人　□101～500 人
□501～1000 人　□1001～2000 人
□2001 人以上

7. 贵公司资产规模：□2000 万元以下　□2000 万～5000 万元
□5000 万～1 亿元　□1 亿～3 亿元
□3 亿～5 亿元　□5 亿元以上

8. 贵公司营业收入：□2000 万元以下　□2000 万～5000 万元
□5000 万～1 亿元　□1 亿～3 亿元
□3 亿～5 亿元　□5 亿元以上

第二部分：问卷（此部分的所有题项均为企业在产业集群环境中的情况描述，产业集群是指在特定地理范围集聚的某一产业的大量企业和关联机构的集合体，如佛山陶瓷、义乌小商品等）

一、以下是对企业创新行为情况的描述，请您根据实际情况的符合程度在相应分值处打勾，题中 1～5 的分值表示从完全不符合向完全符合依次渐进。其中，“1”代表完全不符合，“2”代表基本不符合，“3”代表一般符合，“4”代表比较符合，“5”代表完全符合。

产品创新	分值				
1. 与前三年相比，公司在产品结构和性能上进行了改进和创新	1	2	3	4	5
2. 与前三年相比，公司在产品生产中使用新材料以改进产品性能	1	2	3	4	5
3. 与前三年相比，公司加大了对新产品/服务的研发投入	1	2	3	4	5
4. 与前三年相比，公司同类产品更新换代速度快	1	2	3	4	5

续表

工艺创新	分值				
1. 与前三年相比，公司采用信息化技术改进现有流程或工艺	1	2	3	4	5
2. 与前三年相比，公司改进和更新了生产设备	1	2	3	4	5
3. 与前三年相比，公司改进和更新了工艺技术	1	2	3	4	5
4. 与前三年相比，公司优化了生产设施布置	1	2	3	4	5
战略创新	分值				
1. 与三年前比，公司对原有业务进行了延伸，扩大了业务范围	1	2	3	4	5
2. 与三年前比，公司对原有业务进行了重组或调整	1	2	3	4	5
3. 与三年前比，公司改变了原有的目标市场/客户群体	1	2	3	4	5
4. 与三年前比，公司改变了原有的竞争策略/方法	1	2	3	4	5
5. 与三年前比，公司开始或加快并购进程	1	2	3	4	5
6. 与三年前比，公司开始或加快国际化进程	1	2	3	4	5
管理创新	分值				
1. 与三年前比，公司对内部运作流程进行了梳理和再造	1	2	3	4	5
2. 与三年前比，公司出台了新的人事管理制度	1	2	3	4	5
3. 与三年前比，公司对组织架构进行了调整	1	2	3	4	5
4. 与三年前比，公司对原有的管理制度进行了调整	1	2	3	4	5
5. 与三年前比，公司引入了新的管理理念和方法	1	2	3	4	5
6. 与三年前比，公司改进了原有的绩效管理制度	1	2	3	4	5
7. 与三年前比，公司改进了原有供应链管理制度	1	2	3	4	5

二、以下是对知识溢出情况的描述，请您根据实际情况的符合程度在相应分值处打勾，题中1～5的分值表示从完全不符合向完全符合依次渐进。其中，“1”代表完全不符合，“2”代表基本不符合，“3”代表一般符合，“4”代表比较符合，“5”代表完全符合。

直接合作	分值				
1. 与三年前比，公司与本地同行的业务往来较多	1	2	3	4	5
2. 与三年前比，公司经常与本地其他企业进行合作	1	2	3	4	5
3. 与三年前比，公司与主要供应商合作交流频繁，信息共享程度很高	1	2	3	4	5
4. 与三年前比，公司与主要客户合作交流频繁，信息共享程度很高	1	2	3	4	5
5. 与三年前比，公司引入了战略合作企业，建立了战略联盟	1	2	3	4	5

续表

员工流动	分值				
1. 与三年前比，公司员工流动率较高	1	2	3	4	5
2. 与三年前比，公司会从同行业企业中引入一般工人	1	2	3	4	5
3. 与三年前比，公司会从同行业企业中引入中高层管理/技术/销售人员	1	2	3	4	5
企业衍生	分值				
1. 企业主有在上游或下游企业的工作经历	1	2	3	4	5
2. 企业主有在科研等其他机构的工作经历	1	2	3	4	5
3. 企业主有在本地竞争对手企业的工作经历	1	2	3	4	5
非正式交流	分值				
1. 与三年前比，公司或员工经常组织或参与其他企业间的联谊活动	1	2	3	4	5
2. 与三年前比，公司或员工经常参加行业协会或商会等组织的技术合作论坛、产业高峰论坛、企业家沙龙等	1	2	3	4	5
3. 与三年前比，除正式业务外，公司或员工与上/下游企业非正式交流较多	1	2	3	4	5

三、以下是对集群升级情况的描述，请您根据实际情况的符合程度在相应分值处打勾，题中 1～5 的分值表示从完全不符合向完全符合依次渐进。其中，“1”代表完全不符合，“2”代表基本不符合，“3”代表一般符合，“4”代表比较符合，“5”代表完全符合。

技术升级	分值				
1. 与三年前比，集群企业年度新产品开发数量情况较好	1	2	3	4	5
2. 与三年前比，集群企业整体技术水平得到提升	1	2	3	4	5
3. 与三年前比，集群产业共性技术水平得到提升	1	2	3	4	5
4. 与三年前比，集群企业整体在生产工艺或生产组织上进行创新和改进的速度快	1	2	3	4	5
5. 与三年前比，集群企业整体生产成本更低	1	2	3	4	5
结构升级	分值				
1. 与三年前比，集群企业之间关系由松散转向紧密	1	2	3	4	5
2. 与三年前比，集群企业之间由竞争关系转向竞合关系	1	2	3	4	5
3. 与三年前比，集群企业之间行为选择以共赢为目标	1	2	3	4	5
4. 与三年前比，集群企业与本地的联系更加紧密	1	2	3	4	5

附录 3

调研提纲

课题

国家社会科学基金项目“核心企业创新驱动产业集群升级的机理与模式研究”（15BGL030）

调研背景

如何突破锁定，保持集群竞争优势，实现集群升级是我国经济发展的重要问题。核心企业作为集群的异质性微观主体，其战略行为对整个集群的发展具有重大影响。乐清工业产业集群是典型的核心企业带动型集群。

调研目的

深入乐清电气产业集群，对集群的微观主体——企业（特别是具有代表性的核心企业，如正泰、德力西等）的创新创业行为进行探究，分析集群企业间集群企业与集群环境间的相互作用机制，探讨微观企业行为与宏观集群升级之间的内在联系，以揭示产业集群升级演化的微—宏观机理。

调研对象

1. 核心企业：正泰集团股份有限公司、中国德力西控股集团有限公司、天正集团有限公司、人民电器集团。与企业高管进行半结构化访谈，参观工厂、展厅。

2. 行业协会：浙江省电气行业协会/温州市电气行业协会/乐清市电气行业协会

3. 政府：乐清市经济和信息化局、乐清市市场监督管理局、乐清市科学技术局

附录 3
调研提纲

访谈提纲

1. 企业：

（1）您认为未来电气行业的发展方向是什么？近年来，公司做了哪些方面的转型？

（2）公司未来的战略规划如何？谈谈公司近期的一些创新创业行为。

（3）贵公司在大战略布局中，有没有与政府或其他企业之间的合作？一般是什么类型的合作？

（4）您怎样理解“优势追求”与“机会追逐”，您认为战略与创业之间是怎样的关系，公司在实际行动中又是怎样协调两者关系的？

（5）贵公司（核心企业）的创新创业活动会对集群中其他企业产生带动作用吗？您认为这种行为是怎样传导的？

2. 行业协会/政府：

（1）您怎样看待乐清工业电气产集群的发展？它转型升级的关键动力是什么？

（2）您怎样看待集群企业间的合作、竞争与模仿？

（3）您怎样看待企业行为与集群环境之间的关系？

（4）您认为正泰、德力西在集群中分别扮演着怎样的角色？它们的行为对集群中其他企业有何影响？

（5）行业协会对集群发展的作用体现在哪里？

后　　记

本书是我承担的国家社会科学基金项目“核心企业创新驱动产业集群升级的机理与模式研究”（15BGL030）的研究成果，课题组成员还有王玉钏、白泉旺、董永虹、徐挺、吴瑶、龚薇、屈佳英、赵俊风、杨月平、刘权。课题组多次深入浙江、江苏、广东、福建等产业集群比较发达的地区进行实地调研和考察，在文献研读、讨论的基础上分专题进行研究。这一段时间是我人生中最难忘的时光，每两周一次的团队研讨持续了近三年的时间，从未间断。每次的研讨都是唇枪舌战，在争论中推进课题研究，在争论中看到屈佳英、赵俊风、杨月平、刘权四位研究生的成长与进步，展现出了智慧碰撞的魅力，她（他）们执笔的专题研究为本书奠定了坚实的基础。本书的执笔人为宁波大学商学院的张聪群、屈佳英、赵俊风、杨月平、刘权，本书也是我与我的研究生们集体智慧的结晶。白泉旺副教授多次参与课题讨论，奉献了他宝贵的智慧；王玉钏副教授为课题的顺利完成做了大量的事务性工作。感谢课题组其他成员在课题申报时给予的大力支持。还要感谢宁波大学商学院已退休的马山水教授和吕建锁教授经常性的鼓励与鞭策，感谢熊伟清教授在课题申报时给予的启发和多次在学术沙龙中的点评与指导，感谢丁元耀教授在研究过程中的鼓励与指导。

诚挚感谢宁波大学商学院原院长、浙江大学公共管理学院博士生导师范柏乃教授和宁波大学商学院彭新敏教授对课题调研工作的支持与帮助。真诚感谢为课题调研提供支持的地方政府部门、工商业联合会、行业协会、企业，由于涉及的单位和朋友太多，在此不一一列举。在我们的研究中，参考了国内外许多学者的研究成果，向各位学术前辈和同仁表示诚挚的感谢。

特别感谢课题成果匿名评审的五位专家提出的中肯意见和建议，我们在力所能及的范围内对研究成果做了修改完善。本书的部分内容已在相关学术期刊发表，衷心感谢编辑提出的修改意见和建议。

最后，还要感谢中国统一战线理论研究会非公有制经济人士统战工作理论浙江研究基地对本书出版给予的经费资助。

尽管我们的研究持续了三年半的时间，我们也竭尽全力，但限于学术水平，不可避免地存在许多不足甚至错误，欢迎读者批评指正。

张聪群

2020 年 1 月